U0927998

作者简介

牛亏环　教育学博士，上海应用技术大学党委学生工作部（处）副教授，副部（处）长。研究方向：教育管理、学习评价、思政教育。曾主持上海市教委大文科学术新人项目，以主要负责人参与国家社会科学基金“十二五”规划教育学课题、教育部人文社科项目、上海市阳光计划项目等。出版有《大学生时间管理的理论与实践》《中国素质教育创新研究》等3本著作，发表论文近20篇。曾获上海市育才奖、中国素质教育先进工作者、全国高校辅导员年度人物入围奖、上海市高校辅导员年度人物提名奖等多项荣誉称号。

大学生学习过程评价研究

牛亏环◎著

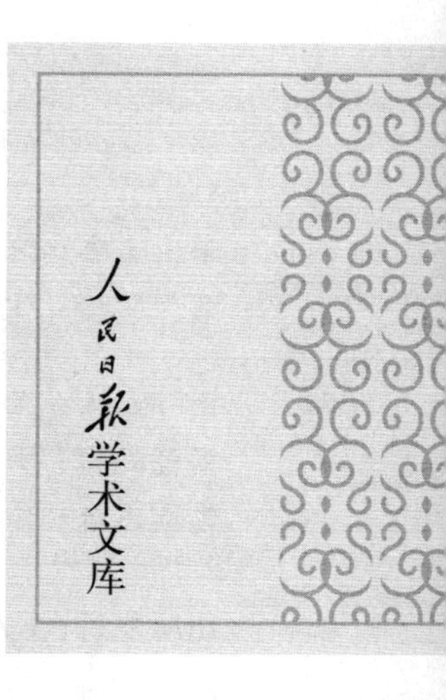

人民日报出版社

图书在版编目（CIP）数据

大学生学习过程评价研究／牛亏环著．—北京：
人民日报出版社，2017.12
ISBN 978－7－5115－5226－6

Ⅰ.①大… Ⅱ.①牛… Ⅲ.①大学生—教育评估—研究
Ⅳ.①G640

中国版本图书馆 CIP 数据核字（2017）第 327120 号

书　　名： 大学生学习过程评价研究
著　　者： 牛亏环

出 版 人： 董　伟
责任编辑： 万方正
封面设计： 中联学林

出版发行： 人民日报出版社
社　　址： 北京金台西路 2 号
邮政编码： 100733
发行热线：（010）65369509　65369846　95363528　65369512
邮购热线：（010）65369530　65363527
编辑热线：（010）65369533
网　　址： www.peopledailypress.com
经　　销： 新华书店
印　　刷： 三河市华东印刷有限公司

开　　本： 710mm×1000mm　1/16
字　　数： 295 千字
印　　张： 17.5
印　　次： 2018 年 1 月第 1 版　　2018 年 1 月第 1 次印刷

书　　号： ISBN 978－7－5115－5226－6
定　　价： 68.00 元

序　一

提起“过程”，似乎离不开怀特海（A. N. whitehead，1861—1947）。英国数学家、哲学家怀特海的“过程哲学”近年来在我国的传播，可以说方兴未艾。其实，怀特海自己认为，他的过程哲学同古老的东方思想更接近，确实如此。所谓过程，是指事物变化、生成的过程，其根本特征是活动，活动即表现为过程。对过程的研究，当然是相对于结果而言，它更注重把事物作为一个有机的整体，审视其发生、发展和变化的过程，揭示事情的来龙去脉及其原因，并探究应对之策。本书对当代大学生学习过程评价的研究，正是基于这种理念而产生的。

评价在整个教育教学过程（包括学习过程）中，具有不可替代的导向作用。失之毫厘，差之千里，指挥棒的方向和角度，举足轻重。学生的学习过程是整个教育教学过程链中至关重要的环节。学生是不是愿学、勤学，是不是乐学、会学，是衡量学生核心素养的重要标准。本书以大学生学习过程为切入口，对评价问题做了系统的研究。全书包括大学生学习过程评价的理念、指标体系、机制、方法、模型及应用等几个部分。作者通过研究，探索形成了“促进学生素质发展、促进多元智力发展、以自主性为主导、以多元化为取向”的评价理念；建立了大学生学习过程评价的指标体系，进而论述评价机制，阐述评价方法，辨析各类评价的区别与联系；构建起评价理论体系模块模型，并探索其在实践中的运用。全书对改善和促进新时代大学生的学习，在理论基础和实际操作上，都具有一定的支撑作用和参考价值。

当代世界教育改革和发展的共同趋势，一是越来越重视学生在教学过程中的主体作用，也即主动参与、自主发展；二是越来越重视课堂教学与课外和校外实践活动结合，尤其是网络信息技术与教学的融合，正在引发课堂教学结构性、革命性的变化；三是越来越重视学生个性化、差异性发展，真正回归教育的真谛和原点——有教无类、因材施教、人尽其才。当今时代的大学生，正是伴随这样的大趋势成长起来的新一代青年群体。千百年来形成的偏执一端的结果性评价制度，对我国大学生来说，已成为抑制他们创新思维萌发、创造能力发展的障碍，成为高校人才培养、质量提升的羁绊，这是不争的事实和普遍的共识。显然，以什么样的观念、理念看待当代大学生，这对于能否正确评价他们的学习过程，具有前瞻性的意义。本书作者长期在高校工作，与一届又一届的大学生们朝夕相处，同呼吸共命运。因此，本书问题的提出和思考来自于教学一线，研究的成果和对策服务于教学一线。作者自始至终坚持这样的理念，对于学习的主体与同伴，在衡量他们的学习过程和效果时，应当突破传统以教师评价为主的学习结果性评价，应当考虑学生自身在整个学习过程中的参与和投入，具有一定的自评、互评部分内容；希望这样的理念能改进和完善学习评价体系，使之更为科学、合理、可行，使高校的教与学能更有效更高效地向前发展。

大学是研究学问、探索真理的高等学府。“玉不琢，不成器；人不学，不知道。”玉石不经过打磨雕琢、精心加工，就成不了精美有用的器物，而与普通的石头差不多；人也一样，不经过教育和学习，不经过培养和锻炼，就不会明白天下的道理。学习，是每个人进步、提高的阶梯；学习过程，是每个人成长、成人、成才、成功的必由之路。梦想从学习起步，辉煌靠本领成就。学习过程看似日复一日、月复一月、年复一年的常态过程，而实际上是一个不断推陈出新、永远日新月异、绚丽多彩、异彩纷呈的变化和生成过程。大学生的学习过程与中小学生的学习过程和终生教育的学习过程，既有区别也有联系。其一，学习过程应当是一个不断思考的过程。“学而不思则罔，思而不学则殆”。学习是思考的基础，而思考将使学习产生飞跃和升华。其二，学习过程应当是一个不断践行的过程。“读万卷书，行万里路”。学习不仅要从书本上学，更要在实践中学。学习就是要把所学的知识内化于心，形成自己的见解，进而外化于行，改造自然，建设社会。其三，学习过程应当是立德树人贯穿始终的过程。通过学习，逐步形成和树立正确的世界观、人生观和价值观，尤其是核心价值观，既有崇高远大的精神追求，又有脚踏实地的自觉行动。明确为谁学习、为谁服务，做什么样的人、怎样做人，立志为民族、为祖国、为人类进步做出自己应有的贡献。

牛亏环老师这本《大学生学习过程评价研究》专著，是她博士学位论文和上海市大文科学术新人项目研究成果的结晶，具有一定的创新性、可靠性和有效性。我曾有机会应聘参加她的博士论文答辩，深知她在研究中所付出的努力和心血。一分耕耘一分收获，功夫不负有心人。在本书正式出版之际，我很高兴作序向大家推荐，相信广大老师和同学都会从本书中获得有益的启示。我期盼并深信，经过实践的检验和时间的考验，大学生学习过程评价必将更加完善、有效，作者将会奉献新的研究成果与大家分享。

吕　达

2017 年 7 月

（吕达，曾任人民教育出版社副总编辑、全国教育学研究会理事长，教授、博导）

序　二

时光飞逝，转眼间，本人指导的博士生牛亏环已顺利完成学业，毕业整整两年了。还记得在毕业之时，她就说要在教育研究的道路上继续奋力前行，坚持把对大学生学习过程评价的研究成果整理成书稿出版，立志为高等教育学习评价研究推上一个新台阶。如今，时间刚好过去两年，她因身体健康原因耽误了一年多的时间后，还不忘初心、坚守学问理想，把博士期间的研究成果整理成书稿，即将出版。对此，作为导师，我由衷地为她感到欣慰，特作此序，以示祝贺。

在教育学浩瀚的海洋中，学习过程评价虽只是沧海一粟，却关系着每个学生的成长与发展，尤其在人本主义强调“以人为本”的教育发展史上，国家要求“以学生为本”的当今时代，关注学生个体、关注学习者主体、关注学习过程，已愈来愈受到广大教育者、研究者和管理者的重视。古往今来，学习评价也在不断地进步与完善，发展至今日，已有很多的改革措施在国家政府的推动下取得了很大的进步，然而这还不够。世界各国竞争激烈，而各国要在各种竞争中获胜，首先依靠的是人才，当前，人才资源已成为国家参与竞争的核心竞争力。为谁培养人才、培养怎样的人才、如何培养人才，成为高校工作的一条主线。要有效地展开这条工作主线，就需要合理地开展大学生学习过程评价，合理地评判大学生学习过程的质量，发现、分析和解决大学生学习过程中存在的问题，以不断地改进大学生学习过程的质量。该书的出版具有重要意义。

身为高校教育研究管理队伍中的一员，牛亏环博士非常好学与专注，攻读博士以来就对大学生学习过程评价表现出了浓厚的研究兴趣，她查阅中外文献、厘清问题思路，与本人一次次沟通后逐渐确立了自己独特的研究主题，结合理论基础与实践探索，搭建结构框架并进行实证调研。经过一系列的努力，她取得了体现在本书中的研究成果。我们所敬仰的吕达先生，在牛亏环博士论文写作、毕业论文答辩、书稿出版的过程中，也都给予她许多宝贵的指导意见，特此感谢！

这本著作《大学生学习过程评价研究》的主要内容，也是牛亏环博士毕业论文的主要研究成果，看着她一步步走来，把自己的研究心血进一步升华凝练，公开出版，使其在更大的范围内发挥作用，作为导师也感到十分宽慰，希望她在以后的研究道路上不断攀登、突破自我、丰富人生意义。

黄金无足色，白璧有微瑕，由于每个研究者的理论知识与实践水平都需要进一步学习提高，本书也难免会有一些不足之处，还请各位读者体谅，提出宝贵指导意见，以便牛亏环博士在以后的修订再版过程中进一步补充完善，也期待以后学界有更多更好的这类研究成果与读者见面。

上海师范大学教育学院教授、博士生导师

2017 年 6 月 26 日

目　录
CONTENTS

表目录

图目录

导　论

当前，高等教育质量问题已经成为教育的重要问题之一。大学生学习过程的质量，不仅是构成高等教育质量的一个关键因素，而且是影响整个高等教育质量的一个重要因素。为提升大学生学习过程的质量，本人着手系统地研究大学生学习过程评价。大学生学习过程评价，是根据大学生学习特征，采用自评和他评的方式，对大学生学习过程的构成要素进行研究分析和价值评判的过程。本书的研究问题是“如何通过大学生学习过程评价来改进大学生的学习过程”。本人试图围绕此问题展开较完整的研究。

本书研究内容主要包括以下几个部分：大学生学习过程评价的理念、指标体系、机制、方法、模型及应用，且以指标体系为核心，理念、机制、方法和模型应用紧密联系。第一章绪论，介绍了研究的背景与缘由、意义、过程与方法等，并梳理了国内外已有研究文献；第二章评价理念，通过研究探索形成了“促进学生素质发展、促进多元智力发展、以自主性为主导、以多元化为取向”等四个理念，并分别展开阐述；第三章评价指标体系，构建了指标体系，并解析评价了四个一级指标、若干二级指标及三级主要观测点；第四章评价机制，介绍了组织机构、主客体职责的划分，对运作方式进行阐释，并对运作程序进行说明；第五章评价方法，对评价方法的基础进行了论述，并对自我评价、他人评价、定性评价、定量评价、综合评价、及方法实践进行了辨析；第六章评价模型及应用，对评价理论体系模块进行了模型构建，并探讨实施了实践运用；第七章总结与展望，对研究成果进行了简要的概括、讨论及展望。

为了提升研究成果的科学性，本书主要运用了文献分析法、理论构建法、调查研究法和个案研究法四种研究方法。其中，文献分析法主要用于前期文献综述部分；理论构建法主要适用于理论体系几个部分的系统性研究；调查研究法主要用来对学习过程及评价问题进行实际调查和比较研究，体现在四个方面：

构建评价指标体系时的专家访谈，对全国 16 所本科高校的 2100 余名学生进行学习过程及评价的实践调研，对一所普通大学进行学风情况调研，并对部分学生实施学习过程评价的事后调研；个案研究法主要体现在以一所普通本科高校的一个自然班级学生为个案研究样本，进行了为期一个学期的跟踪调研，并对个案样本进行了调查分析和比较判断。

本研究的过程有序推进，主要包括研究设计、实施、结果形成、结果的实证分析四个部分。研究设计与实施的技术路线具备严密的逻辑性：确立研究问题后，在分析文献资料的同时，着手进行理论研究，构建了理论体系模块的五个部分，并进行广泛的调查研究，对研究结果进行了实证检验，对存在的问题进行了原因分析和对策研究，最后对研究问题给出确切的结论回答；研究结果主要表现在理论部分内容的研究构建；研究结果的实证分析主要表现在实践部分的验证，且经检验，理论和实践的研究成果与研究目标表现出了统一性和一致性。

通过理论构建与实证分析，本人厘清了大学生学习过程评价问题的根源和本质，获得了三项研究结论：一是大学生学习过程的成效，可以通过评价指标的方向性引导得到改善提高；二是大学生学习过程的评价体系，可以利用实践对于理论的补充检验获得科学性完善；三是大学生学习过程及其评价的系统性研究与实践性改革，可以促进人才培养体系建构和培养质量的提高。

本书研究的创新性则主要体现在以下三个方面：一是研究选题的创新，对大学生学习过程评价的各个主要维度进行了梳理、研究和分析；二是研究结果的创新，构建了一个较为完整的大学生学习过程评价体系，研究取得新进展；三是研究方法的创新，利用定量实证分析对定性理论研究进行补充和验证，提高了研究的有效性和可靠性。

大学生学习过程评价作为一种研究领域，基本上仍处于起步阶段，因此本书也会存在一些不足。期望通过此项研究，能推进该领域的可持续性深入研究，以促进高等教育的改革与科学发展。

Introduction

Nowadays, the quality of higher education has become one of the most important educational issues. The quality of undergraduate students' learning process is not only a key component element of the quality of higher education, but also a significant factor that influences the whole quality of higher education. In order to improve the quality of undergraduate students' learning process, the author sets about the systematic study on the evaluation of undergraduate students' learning process. Based on the characteristics of undergraduate students' learning, it is the process of researching, analyzing and value judging the elements of undergraduate students' learning process by self – assessment and peer assessment. The topic of this dissertation is "How to improve undergraduate students' learning process by means of the evaluation of it". The author tries to have an integrated research on this topic.

The research contents mainly includes the following several parts: the idea, index system, mechanism, methods and models as well as application of the evaluation of undergraduate students' learning process. They centre on index system and are tightly connected to each other. What's more, Chapter I is an introduction that introduces the research background and reasons, significance, process and methods, etc., and combing the existing research literature at home and abroad. Chapter II is mainly about the evaluation idea. By exploration and research, four ideas are formed: enhancing the development of students' quality, promoting the development of multiple intelligences, dominating by autonomy, orientating for diversification. They are elaborated respectively. Evaluation index system is discussed in Chapter III. The index system has been established. It is also explained that the evaluation has four first grade assessment indicators, several second grade assessment indicators and primary observation of the third grade. Chapter IV evaluation mechanism introduces instructional framework and the partition of the subject and object responsibility. The operation modes and operation procedures has been explained. In Chapter V evaluation methods, it expounds the basis of evaluation methods and makes discrimination among self - assessment, peer assessment, qualitative evaluation, quantitative evaluation, comprehensive evaluation, and the application of methods. In Chapter VI evaluation models and application, the module of evaluation theoretical system has a model construction. The theories have been put into actions. And the application has been explored. In Chapter VII summary and outlook, the brief summary of relevant research results has been concluded, discussed and prospected.

In order to improve the scientificalness of the research results, the dissertation mainly use four kinds of methods: document analysis, theoretical construction, investigation research and case study. Therein, document analysis is mainly used in the former literature review part; theoretical construction mostly applies in the systematic research of several parts of the theoretical system; investigation research is primarily used to make the actual survey and comparative study on the learning process and evaluation issues. It reflects in four aspects: expert interviews in constructing evaluation index system, practical investigation on the learning process and evaluation of more than 2, 100 undergraduate students in 16 universities throughout the country, investigation and survey on academic atmosphere of a standard university, and also investigation and survey after the event on the learning process evaluation of part of the university students; case study is embodied in this situation: students in a natural class of a standard university, as the sample of the case study, are tracked and investigated in a semester. And the sample has been diagnosed and compared.

The process of this research, carrying forward orderly, is primarily constituted by research design, research implement, research result formation and research result the empirical analysis. The technical routes of research design and implement have tight logicality: Firstly, after entrenching the research topic, the document literatures are analyzed. At the same time, the author starts on theoretical research and establishes five parts of the module of the theoretical system. What' s more, it has been investigated far and wide. The research result has been empirically tested. And there are reason analysis and countermeasure research on the existing questions. In the end, exact response and conclusion have been given on the research issues. Secondly, the research result is reflected in the theoretical constitution of theory contents. Thirdly, the empirical analysis of research result mainly performed in verification of practical part. After verified, the theory result and practical result of the research shows up uniformity and consistency.

By carrying out the research of theory construction and empirical analysis, the author identifies the roots and essence of the evaluation of undergraduate students' learning process. Three conclusions have been made: firstly, the efficiency of undergraduate students' learning process can be enhanced by directional guidance of the evaluation index system; secondly, the evaluation system of undergraduate students' learning process can be scientifically improved by the supplementary which practice gives to theory; third, it can improve personnel training system and cultivation quality that systematical research and practical reform put in undergraduate students' learning process and its evaluation.

The innovativeness of the research mainly manifests in the following three aspects: firstly, it is the innovation of selecting the research topic. It hackles and studies on and analysis every major dimension of undergraduate students' learning process evaluation. The second is the innovation of research result. A relatively complete system of undergraduate students' learning process evaluation has been constructed. The research makes new progress. The third is the innovation of research methods. It makes good use of quantitative empirical analysis to complement and verify the qualitative theoretical research. The effectiveness and reliability of the research has been promoted.

As a kind of research area, the evaluation of undergraduate students' learning process is basically in early stages. Therefore, there may be some kind of deficiency in the dissertation. By this research, it is expected to propel further sustainability research on this area and to promote the advancement of higher education reform and the scientific development.

第一章

绪　论

一、研究背景与缘由

（一）研究背景

21 世纪是信息化的时代，是学习科学革新的时代，全世界对创新学习和终身学习的追求已逐渐形成共识。在新时代条件下，高等教育要注重培养大学生的创新思维、实践能力和创新能力，着力提高大学生的综合素质与科学素养，这是高等教育在新时代的目标和理念，也是高等教育应承担的责任和使命。

高等教育已从单一的“精英化”教育向多元的“大众化”教育转变。近年来，我国高等教育事业快速发展，高考报名人数、录取率均出现快速增长的现象。自 1999 年起，高考报名人数出现了连续 10 余年的快速增长，所以，1999 年也被称为中国高考扩招的“元年”。伴随着报名人数的增多，高考录取人数同步增长：自 1998 年起，已连续 13 年快速增长，至 2011 年，高考报名人数为 933 万，计划录取人数为 675 万，比 2010 年增长约 2.7%。虽然自 2008 年起，高考报名人数出现“过山车式”的下滑现象，但高考录取率在近年却一直呈现快速攀升的现象。根据教育部数据显示，在全国高考录取率 2010 年高达 69.5%[①]后，2011 年录取率升至 72.3%，2012 年录取率则达到了 75%；2013 年全国高考报名人数为 915 万，录取率为 76%[②]；而 2014 年全国高考报名人数为

① 王津. 历年全国高考报名人数与录取率［N］. 生活报（第 74 版），2013-06-06.

② 中国教育在线. 2014 年中国教育在线高招调查报告［DB/OL］. http://www.eol.cn/html/g/report/2014/report1.shtml#baogao1-1/2014-12-22.

939 万人，录取率约为 74.3% ①。这些高考报名人数与录取率持续增高的数据表明，我国高等教育已基本实现从单一的“精英化”教育向多元的“大众化”教育的转变。高校人数的急剧增加，也给教育领域和全社会带来了另一个现实性问题：高等教育的质量如何保障，尤其是高校本科生的教学水平和毕业生质量？

传统学习评价方式亟须改革。评价，作为高等教育管理中的一个重要环节，对于保障高等教育水平，提高高等教育质量，实现高等教育目标，都有重要的意义。然而事实表明，传统评价方式也存在着许多历史误区，如评价功能的局限性、重结果轻过程的评价倾向、单一的评价形式、评价主体的单一性等，它已不再适应新时代的需求，这促使我们必须对学生的学业评价、学习过程进行重新审视。在新一轮课程改革背景下，人们对传统的教学评价也在不断进行反思和革新，如淡化分数，凸显评价的诊断、激励和发展功能，突出学生的学习主体地位，倡导多元化评价主体的参与，实施多元化的评价内容和标准，关注对学习者情感态度价值观的评价，关注学生个体差异，突出评价过程性，采取多元化评价方法等，目的就是为了能够进一步完善评价制度，促进学生全面发展。

作为高等学校教育教学工作的基本组成部分，学生学习评价对于学生学习的督促、学生管理的加强，教学质量的检查和教育教学改革的推动，都有着重要的指导意义和现实意义②。对学习评价进行研究，是高校推进创新人才培养、促进学生发展的关键。而教育教学评价工作，则对学生学习发挥着诊断、反馈、改进、激励、强化等功能③。目前，学业考试制度是我国高校主要采用的学习评价方式，测试手段也以纸笔测验为主；学习评价的结果也多以简单的考试分数形式呈现，不能全面体现大学生的学习水平、学习质量和学习能力。从文献分析研究中可以发现，西方先进的教育评价理论，也为我国研究专家或学者所用，为改进学习评价实践进行了一些本土化研究，这为高等教育发展提供了一定的前瞻性指导。

（二）选题缘由

在以上社会与教育发展的综合研究背景下，研究者对于研究选题的确立，

---

① 中国教育在线：高考频道 . 2014 年全国高考录取率约 74.3% ［EB/OL］. http：//gaokao.eol.cn/kuai_ xun_ 3075/20140609/t20140609_ 1129694.shtml/2014 – 06 – 09/2014 – 12 – 22.

② 张红梅 . 美国高校学生评价方法研究［D］. 上海：华东师范大学硕，2005：2.

③ 孙士杰，张国荣，冯喜英 . 高校学生学业成就评价现状及改革的研究［J］. 河南师范大学学报（哲学社会科学版），2000（5）：106.

主要基于以下四个方面的缘由：

首先，这与笔者对学习科学研究兴趣的指向直接相关。一直以来，本研究者都对学习科学颇有兴趣，对大学生的学习特点、学习过程及其评价的现状、存在的问题，也积淀了一定的实践经验，有了一定的体验认识。特别是进入博士课程研究学习以来，又在博导恩师的指导与影响下，对学习科学、评价研究的兴趣更加明确而强烈。

其次，在学习过程中受到的启发。笔者在博士研读阶段，不仅认真研修了课程与教学论课程的学习，还扩充修读了高等教育研究的课程学习；同时参与了关于教育评价、学习评价、大学生学习性投入等学习科学类研究课题；并在老师们的带领下，多次参加了课程与教学论的国际及全国的学术研讨会、高等教育学会的学术年会等，使本研究者受到了深刻的启发。

再次，结合在高校工作的实际，决定从“课程与教学基本理论”的研究方向，过渡到在高等教育的课程与教学论的研究领域内进行选题。笔者自大学毕业后多年来一直在高校工作，既从事过高校数学类课程专职任课教师的教学工作，也从事过大学生学生管理与部分教学同时兼职的工作，此选题与工作内容高度相关。

最后，是实际学习、研究与工作中的问题与困惑。一方面，实际中遇到的问题。在实际学习研究和工作的过程中，笔者发现，“当代大学生的学习现状、学习过程、学习评价都存在一定的问题”。比如，现代大学生普遍表现出学习兴趣低（见图 1 – 1 所示，基于对一所 S 大学的调研）、学习功利化，学习无用论现象日益突出（见图 1 – 2 所示，基于对全国 16 所本科高校的调研），这些现象或问题的背后暗藏着一定的教育危机。这不由得引起了笔者的思考：现有的学习评价对大学生的学习过程产生了什么抑制作用？理想的学习过程及其评价，又是如何进行的？另一方面，是自来实际工作中的困惑。对于有着多年高校教育和管理双重工作经验的笔者来说，对目前大学生的学习问题一直存在着这样的困惑：如果把大学生从高中状态“输入”到大学，再从大学“输出”到社会，那么学生在中间的这个大学“学习过程”中（如下图 1 – 3 所示），到底发生了什么？大学生在这个过程中经历了一个怎样的学习加工过程？这个过程又如何影响输出结果？以上就是本人选题的几个缘由。

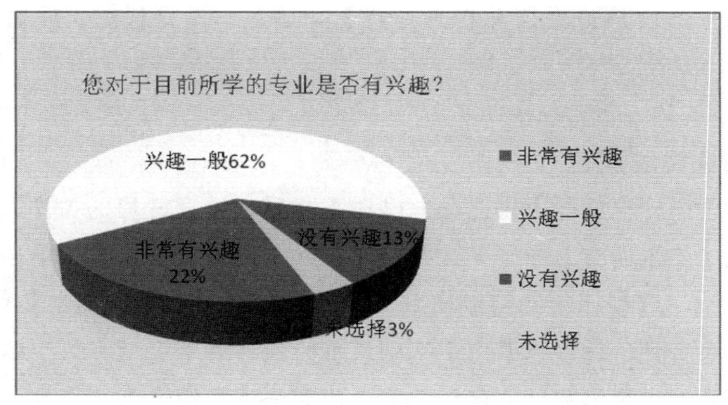

图1－1 学生专业学习兴趣饼形图

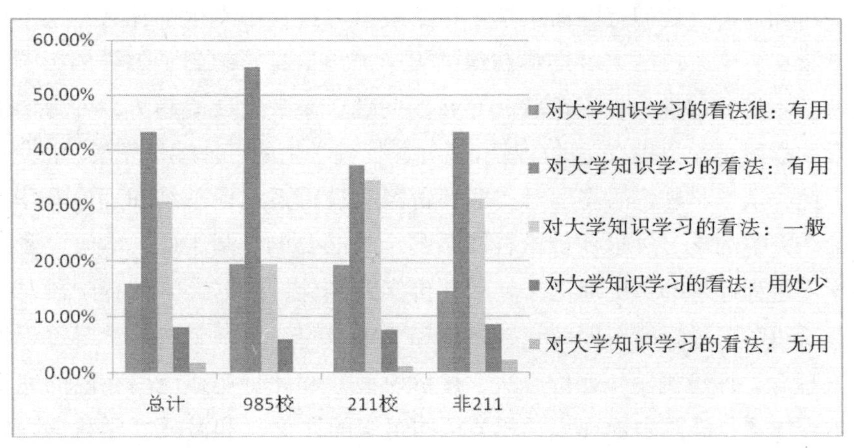

图1－2 大学生对知识学习的看法柱形图

图1－3 大学生学习过程图

鉴于以上这些缘由，经过慎重思考与选择后，本研究者最终确定了目前的研究主题。并在三年时间内，围绕教育评价、学习评价等方面内容撰写、发表了多篇研究论文，期待以后能在大学生学习科学方面进一步开展深入研究并有所建树，对于教育理论发展和高等教育人才培养与质量保障，能做出一定的贡献。

二、研究视域界定

大学生学习评价问题由来已久，已愈来愈受到社会各界的关注，世界各国也相继进行了广泛而深入的研究，并积累了一定的经验，取得了丰硕的研究成果，这些为学习过程评价的持续研究奠定了坚实的基础。同时，我们应看到，目前的学习过程评价较多地聚焦于基础教育阶段，对于大学本科生的学习过程评价研究则相对少得多；目前存在的理论研究缺乏系统性和综合性；实践研究范围比较狭窄，严重制约了学习过程性评价活动的开展。通过对大学生学习过程的分析和评价，我们可以揭示学生在学校学习过程中发生了什么，这个过程对于学生在大学阶段结束时终将获得的大学产出信息，起到了怎样的影响？可以了解学生学习过程的发展现状、存在的问题、未来发展的趋势，可为学生下一阶段的学习过程提供有益的建议和指导，促进学生的可持续性发展。

因此，从学科理论的高度对实践评价经验进行系统地总结和理论升华，构建全面、完整的学习过程评价学科体系是十分必要的。基于此，本研究者潜心钻研学习过程评价的历史理论文献和评价实践经验，根据大学教育阶段对于基础教育阶段学习过程的不同特点、目标和要求，构建了一个包括学习过程评价理论（理念、评价机制、评价方法、评价模型）和评价实践应用在内的完整的理论内容体系，涉及中观（大学相关机构组织的评价）和微观（学科课程的学习评价）的应用，以满足不同类型、不同层次的科学评价活动的参考和需要，期待此研究能对高等教育质量的提升、人才培养模式的革新，提供科学的理论价值和实际的指导意义。

有研究学者认为，有机体的根本特征是活动，而活动表现为过程，过程则是构成有机体的各个元素，它们之间具有一定的内在联系，是一个持续的创造过程。这表明，一个有机体可以转化为另一个有机体。因而，整个宇宙可以表现为一个生生不息的活动过程。① 在教育愈来愈受到世界各国、社会公众普遍重视的今天，我们现行的学习评价体系对于大学生学习过程产生了怎样的抑制作用？学习过程评价的目的，是为了促进学生的学习过程，而理想的大学生学习

① ［英］阿尔弗雷德·诺思·怀特海著，杨富斌译．过程与实在［M］．北京：中国城市出版社，2003：30.

过程及其评价，又是如何进行的呢？大学生在大学学习过程中的“理想状态”，是需要或者应该学习掌握哪些素质和能力？如何正确评价大学生的学习过程和学业成就，如何改进大学生学习过程问题、完善其评价体系，如何运用学习过程评价的理论体系来指导实证研究的开展？

（一）研究问题

基于目前大学生学习过程及其评价问题背景的引入，为了厘清以上问题与研究对象之间的关系，本研究将从“如何通过大学生学习过程评价，来改进大学生的学习过程”这个研究问题出发，重点探索研究大学生学习过程及其评价方面的问题。此问题可以分解为以下两个子问题：

1. 大学生学习过程的现存问题是什么

2. 如何构建我国大学生学习过程评价体系，并通过此评价体系改进大学生学习过程

为了解答上述问题，本书将相对系统而全面地构建大学生学习过程评价理论体系，以期在实证中能够成为传统学习评价方式的有益补充，能够通过学习过程评价体系来改进大学生学习过程存在的问题，提高学习过程的兴趣、成效与质量，使高校在对大学生学习评价的过程中能够找到客观、公正和高效的理论依据与实践支撑，充分发挥学习过程评价在培养大学生学习能力、解决问题能力、创新能力方面的素质提升作用和价值引领作用。

（二）研究假设

通过以上两个研究问题的确立，本研究者形成了这样的研究假设，并进行了后期检验和证明：即通过研究并构建大学生学习过程评价，能改进大学生学习过程。在这项研究过程中，能发现大学生学习过程及其评价的现存问题，能促进大学生学习过程的改进，提高大学生学习成效，提升人才培养质量水平。本假设主要包括以下两个方面的内容：

1. 通过学习过程评价，发现和解决大学生学习过程存在的问题

大学生是学习活动的主体，主体的真实体验和深刻理解，是研究学习评价的重心，是检验高等教育实践质量的有效标准。科学合理的大学生学习过程评价，可以提高学生学习过程的有效性、对学习的兴趣性。受计划经济思维习惯的影响，传统的学习评价侧重于人才的统一标准，对大学生对象而言，学习评价就是对其学业成绩的评价，很显然，这种评价目前已无法适应市场经济背景下对创新人才的培养。因此，构建新的学习评价体系，就成为教育发展的一种必然要求。这种新型的学习评价，应以学生过程性学习成长为纽带，建立在

“以人为本”的理论基础上，即以人本主义学习理论、认知主义学习理论、多元智力理论、建构主义理论、参与学习理论、学习性投入理论等为理论支撑；以大学生的学习过程与学习构成因素为评价内容；对起点评价、过程评价和结果评价进行综合运用。

2. 通过学习过程评价，改进大学生学习过程，提高学生学习兴趣和学习质量

传统的学习评价，实际上往往就是学业成就评价，仅仅能够表明学生学到了什么、学习的程度，而不能解释学生在学习中间是如何学、怎样学，以及教师在其中是怎样教、发挥的作用及程度如何，这些都是无法进行准确、细致地衡量的。传统的学习评价，作为学习过程评价的衡量工具之一，将学习活动与学习评价基本上机械地割裂开来。事实上，学习活动是一项动态的、多维度的社会活动过程，对学习过程进行详细的描述和分析，及时反馈和修正信息，是高校提升人才质量和促进学生学习质量的有效措施。清华大学前校长王大中认为，具备综合性、创造性、国际化的高素质人才，才是现代社会所需要的真正人才。学习过程评价，能改进学习过程的结果，能推进大学对于创新人才的培养。大学生学习过程评价，是一种具备动态性、多元化和发展性等属性特征的评价，是一种注重学生学习过程的主观性与客观性变化的评价，可以促进学生成长，达到促进高校培养创新人才、实现学生个性化发展的目标。另外，对大学生学习过程评价的实践研究，还可以促进学生对于学习方法的掌握，促使其学习效能、问题解决能力的提升。

（三）核心概念

在研究问题与假设确定之后，笔者对本研究所涉及的几个核心概念，如大学生、学习过程、评价、学习过程评价、大学生学习过程评价等，分别进行了界定和论述，并对学习过程评价与形成性评价联系和区别进行了辨析，对学习过程评价的发展趋势进行了分析。

1. 核心概念界定

（1）大学生

本书中大学生指的是，包含独立学院在内的普通高等学校的全日制在校的本科大学生，简称“大学生”。

（2）学习过程

①学习的过程性

但凡活动，必然有其开展过程，并且一般是用过程来对其进行描述的。对

于人类来说，学习本身就是一项具有特殊性的活动，它以掌握个体或社会经验为目的，有计划地进行开展。从学习活动的内涵来说，学习者内部状态和外显行为变化的过程，就构成了其学习过程。由此可见，由学习者、学习环境和学习成果这三个基本要素构成了一般意义上的学习过程；其中，学习者是学习活动的主体，学习环境（学习对象）是学习活动的客体，而学习成果（学习者在经验积累与行为倾向方面的变化）则是由学习活动的主体和客体相互作用后所产生的变化[①]。大学生的学习是在高校环境中，以教师的教和学生的学为共同作用的学习，它与一般意义的学习有所不同：不仅包括学生对知识本身的学习，还有学生对专业技能、学习能力和创新能力的学习。因此，这种学习的过程是复杂的。

②学习过程（大学生）

与基础教育阶段学生相比，大学生的学习具有以下显著特点：在学习意愿的主观能动性上（包括更多的自由支配的时间、对学习内容有较大的选择权等）更大，学习目的具有较高层次的职业定向性，还有自主性的课外学习、多样化的学习途径、创造性的学习成效、个性化的学习方式，并且具备了一定的科学研究和探索事物本质的性质[②]。另外，大学生作为成年人群体，决定了其学习过程还具备循序性、建构性、进阶性的特征，这些特点决定了其学习过程存在着一定的特殊性和复杂性。可以说，大学生的学习过程是一个封闭的循环链，意指只要大学生进入这个循环域，就可以充分发挥自身的主观能动性，促进新知识不断形成提升的循环过程。

我们并不排斥大学生学习过程本身就是一项复杂的系统的说法。按照不同的研究视角，其可以分为不同的类别，具备不同的含义：

a. 根据大学本科生学习时间的进程，可以将学习过程分成四个阶段：一年级阶段（以入校教育、基础知识学习为主）、二年级阶段（以专业基础知识学习为主）、三年级阶段（以专业技能学习为主）、四年级阶段（以专业实习、毕业设计或论文写作为主）。这是人们一般情况下所理解的最直接、最简单、最普通的大学生学习过程含义。

b. 根据大学生学习的特点分成四个环节：即经验认知学习环节、课堂理解

---

① 叶瑞祥．学习学概论［M］．广州：广东高等教育出版社，1997.

② 赵小青．基于创新型人才培养的大学生学习过程评价研究［J］．湖南医科大学学报（社会科学版），2008（2）：230.

学习环节、课外强化学习环节、建构生成进阶环节。这是从教育哲学的角度所理解的学习过程概念。

c. 从学习的影响因素入手，可以包括学习理念、学习目标、学习内容、学习方法、学习策略、学习动机、学习态度、学习者的个性心理、学校环境、师资水平、家庭状况、社会因素，以及学习能力、创新能力等。从这些影响因素来分析学习过程，也许会比较全面，但其含义相对前面几种则更复杂，更难于操作。

在本研究中，作者把那些无关于研究目的的含义统统抛开，从学习过程中抽丝剥茧，按照下面的含义给出本书中“学习过程”的界定。

d. 从学习过程活动中学习变量的输入、加工与产出的过程性特点及构成要素入手，大学生的学习过程可以看作是由学习过程的投入度、学习过程的自主性、学习过程的创造性、学习过程的个性化等四项基本要素构成的相关学习活动（这也是本研究中所指的大学生“学习过程”的含义）。由于这四个要素还分别设有二级指标体系和主要观测点，在学习过程中存在着一定程度上的逻辑关系和影响因子，且可以从二维自由变量（第一维是学习过程的投入度、自主性、创造性和个性化，第二维是学习方式、学习途径、学习流程和学习速度）的角度进行有效验证，所以从此角度界定大学生的学习过程是比较合理的，研究角度也相对更加科学。另外，本研究采取理论分析构建与实践调研相结合的方法，对于大学生“学习过程”限定一定的范围，赋予一定的含义，利用理性、合理的科学研究工具对研究数据进行了分析，研究结果将更加科学、可信、有效。

（3）评价

①评价的内涵[①]

拉丁语“assidere”是“评价”（assessment）一词的词源，其原意为“和某人坐在一起（to sit with）”[②]。新西兰林肯大学的西蒙·斯沃菲尔德（Swaffield, S.）教授认为，“坐在旁边”的评价暗示着教师不但要收集证据，还要解释证据，把以下信息传递给学生：学生学到了什么、教师的教学是否成功、学生在下一阶段应该做什么，还要对学生的作品及质量给予关注，进行信息反馈，鼓

① 赵士果. 促进学习的课堂评价研究［D］. 上海：华东师范大学，2013：24－27.

② Satterly, D.. Assessment in school［M］. New York: Blackwell Ltd., 1989: 1.

励优势，指出不足，为学生提供清晰、具体的指导建议①。德拉蒙德（Drummond，M.）认为，评价就是教师对学生学习进行观察或关注，尽量去理解学生的学习，促进学生的学习过程②。贝里（Belly，R.）提出，评价是一种有意识、有系统的活动，它是师生在收集、分析和解释信息的基础上，进行认真推断后给出明智决定，并以正确的行动和方法，来改进教师的教学和学生的学习③。马仕（Marsh，C.）提出了评价的解释，即教师用来收集学生知识、技能和态度的相关信息活动；它们包括教师收集正式的和非正式的评价数据的活动，正式的数据如通过目标性考试，非正式的数据如使用观察核查表；一般情况下，教师都会对学生完成的作业（如一个课题或一个书面考试）给出一个具体的等级或分数④。阿什（Airasian，P.）认为，评价是指对信息进行收集、分析与解释，并做出决定的过程：从最真实和广泛的意义上讲，评价不仅包括实施管理，给学生的纸笔考试评分和定级，还包括教师对学生的课堂表现所收集到的全部信息；这能促进教师对学生信息的充分了解、对教学进程信息的准确把握，能促进教师对有效课堂的情景创设，多样化收集、处理和解释信息的手段和途径⑤。著名的美国教育家布卢姆（B. S. Bloom，1913—1999）则认为⑥，评价的含义主要包括以下几点：①评价是一种获取和处理证据的方法，用来判断教学有效性与学生水平；②评价是一种丰富的考试证据，比一般的期末纸笔测试内容更多；③评价既是一种辅助手段又是一种过程，既对教育目标与教学任务的长期性、重要性、终极性进行简述，又对学生按理想方式进展的程度进行确定；④评价是一种“反馈—矫正”系统，用于判断和保障该系统在教学过程中各个环节上的有效性；若无效，则需及时采取应急措施以促改革；⑤最后，评价是一种工具，主要是在教育研究与实践中实现教育目的之时，用来检查可供选择程序的有效性程度。

---

① Swaffield，S.. Getting to the heart of authentic assessment for learning [J]. Assessment in Education：Principles，Policy & Practice. 2011，18（12）：443 -449.

② Drummond，M. J.. Aessing children’s learning [M]，London：David Fulton，2003：13.

③ Berry，R.. Assessment for leaning [M]. Hongkong University Press，2008：6.

④ Marsh，C.. Planning，management& ideology：Key concepts for understanding curriculum [M]. London：Falmer Press，1997：169.

⑤ Airasian，P. 著，徐士强译．课堂评估：理论与实践 [M]. 上海：华东师范大学出版社，2008：9.

⑥ [美] B. S. 布卢姆等编，邱渊等译．教育评价 [M]. 上海：华东师范大学出版社，1987：5.

学习评价，是指依照教育教学目标，运用恰当的工具和有效的途径，对学生的学习过程和学习结果，进行事实把握和价值判断，以考察与促进学生学习。它通常体现在学生的学习情况、成绩进退、个性、风格、能力或其他内容。评价的目的在于能准确地为教师和学生提供反馈信息，促进学生学习，提高学习质量①。学习评价注重对学生的学习过程和学习结果进行动态性把握，对学生学习策略具有一定的倾向性支持，以促进学生学习效果，兼顾学生学习的过程和结果②。

②评价的类别及关系

a. 起点评价

起点评价，一般都是以预测性测验的方法来开展，而在西方教育统计学中，预测法早在20世纪上半叶就开始出现，并逐渐被运用。如对学生学业现状进行成就评价的时候，既可以使用单科学业的成就测验（主要用来判断学生的单科学习优势及困难情况），也可以使用整套的学业成就测验（也称一般教育发展测验，主要用来判断学生整体学业进展状况）。另外，还有一种类似于未来倾向性测验的方法，最早出现在20世纪40年代，自50年代以来有了较快发展。如对学生的未来学业成就实施的预测性测验，一般用于对学生的学业表现进行预测，或者用于考察被测者对学习任务完成所做的知识或技能的准备情况，在测验内容方面与成就测验有着较高的相似度。

国外（如美国）常用的预测性测验主要有下面几种：第一，美国大学在招生时自主使用的测验方法；第二，美国大学或研究机构研究生的入学考试；第三，美国的都市准备（或成就）测验（Metroplitan Achievement Test，简称MAT；最早在20世纪30年代开始出现，并有着较为广泛的应用）。这几种预测性测验都属于标准化测验，是由测验或学科专家根据测验或教育原理编制的，有着严谨的编制程序，具有较高的可信度和有效度。然而在实际工作中，由于标准具体使用的差异性问题，在大部分情况下，特别适合于某一特定学校、特定班级或特定地区的标准化学业成就测验，比较难于匹配。因此在经常情况下，以使用教师编制的标准测验为主。我国各级教育阶段学校举行的各种考试，基本都采取了由地区教育部门统一编制的测验（主要用于统考），或者由学校内部教师编制的测验（主要用于校内测验）。

---

① 张海燕．网络学习评价系统的设计与实现［D］．曲阜：曲阜师范大学，2005：6.

② 张海燕．网络学习评价系统的设计与实现［D］．曲阜：曲阜师范大学，2005：11.

在我国，大学生起点评价最重要的依据，就是高考招生考试录取时的测试成绩。不论是大学生招生考试，还是研究生招生考试，都属于预测性的成就测验。目前，这种测验的标准化程度还较低，也存在着一些不足。主要表现在以下几个方面：

第一，在题目数量上表现不足，缺乏一定的代表性题目；第二，在题目内容上，存在知识偏多、能力偏少的倾向性；第三，在题目属性上，客观性的较少、主观性的较多，致使评分具备一定的非客观性；第四，在预测方法上，没有对题目进行项目性预测和分析，难以从测量学上保证试题指标的完备度；第五，在计算方法上，忽视了对预测效度的要求，采用简单的分数合成法来计算；第六，在分数解释上，难以对其微小差异现象做出有意义的解释。

随着国家及教育部门的重视，近几年，我国教育部考试中心组织有关专家，在高考的标准化测验方面开展了大量的深入研究，围绕高考的命题、评分、分数等值，以及标准分转换等许多方面，采取了切实有效的改革性措施，取得了一定的成效。但是事实同时证明，统一标准化的起点评价模式也出现了一定的弊端。十八届三中全会的召开，推动了高考改革的进一步发展，例如取消高考文理分科，将对高中阶段的终点评价（近似等同于大学阶段的起点评价）产生一定的冲击，这项改革举措的后续影响到底如何，我们可以拭目以待。

b. 过程评价

过程评价的理念是，学生通过课程学习活动获得一定的发展。它是这样的一种评价，即在实施教育、教学计划的活动过程中，对相关信息进行及时反馈与调节，并根据各阶段过程的动态性发展情况，不断改进计划和方案，促进预期目标顺利实现。过程评价的方式具有多样性的特征，可以运用直接测验的定量评价形式，可以运用观察或交流的定性评价形式，也可以利用作品展示或动手操作等形式，进行自评与互评相结合的综合评价方式。过程评价在一定程度上，是能够体现学生的学习水平、学习能力和学习的基础差异。其特征为：第一，关注学习过程。第二，重视非预期结果。

价值判断是评价的本质。评价的过程，从操作层面的角度来看，主要包括评价方案的设计和评价工具的确定，通过工具来完成对数据资料的收集，对信息进行分析后得出评价结论，并对结论进行说明或解释。因此，实施过程评价工作，应主要从以下四个环节展开：

第一，明确评价的内涵和标准；第二，设计评价的方案和工具；第三，说明并运用学习过程质量反馈的结论；第四，反思与改进过程评价的方案。

c. 结果评价

结果评价指的是在教育活动结束后为判断其效果而进行的评价，我们在一个单元、一个模块或一个学期、学年的教学结束后对最终效果所进行的评价，都可认为是结果性评价。这种评价模式，主要是以量化评价的方式对学生的学习成绩进行测验，以了解学生的学习掌握情况，并为后一步学习提供反馈信息①。

d. 三者关系

过程评价、起点评价、结果评价三者是辩证统一的关系。一方面，过程包含起点和结果，自然界中的任何事物都是由点组成的，按照运动规律来说，组成事物的任何一个点，都可以同时被看作前一阶段的终点和后一阶段的起点；另一方面，教育过程中学生每经历一次认知、情感和技能的转变过程后，都会以一种结果的形式呈现，教师、学生应善于及时认识、把握学生和自身的动态变化，进行适时、有效的指导和调整，由此所获得的教育成果，最终才会最有效。

（4）学习过程评价

①学习过程评价的定义

学习过程评价与学习起点评价、学习结果评价有所不同。它是指系统地搜集学习者（本书指“大学生”）在学习过程中的相关资料，对其学习过程进行分析和价值判断，对学习过程中存在的问题进行解决，从而达到改进学习过程的目的的一种评价。这里的“学习过程”具备一定的特殊含义，包括学习过程的投入度、学习过程的自主性、学习过程的创造性和学习过程的个性化等学习活动指标。学习结果是学习过程的产物，过程是结果的前提，优化的学习过程可以促成优质的学习结果，若对学习过程进行改进，则必须依靠科学合理的学习过程评价②。

学习过程评价与关于学习的过程性评价，二者相互交叉融合，有着紧密联系的关系，概念内涵也存在着较多相通之处，可以互为借鉴补充。在教学过程、学习过程与过程性评价三位一体的概念中，学生的学习过程是其中最核心的部分，教学过程与过程性评价的主旨，都是为了服务于学生学习的促进。过程性学习评价的含义，主要体现在以下三个方面：对学习过程的评价、在学习过程

① 姜艳华．试论过程性评价与结果性评价的同一［J］．当代教育论坛，2007（4）：52.

② 丁念金．中学生学习过程自我评价机制探讨［J］．全球教育展望，2013（9）：71.

中实施的评价、为促进学习过程实施的评价，而学习过程评价的含义与其基本相通。二者都是一个动态的评价流程，伴随学习过程、教学过程的开展，而不断地进行修正、补充、提高评价效果的过程。相对而言，学习的过程性评价更加强调其监测功能。

根据实施进程，学习过程评价可分为评价准备、学习过程的信息收集与信息整理阶段、学习过程信息的判断分析和评价结果反馈等几个阶段。

②学习过程评价的内涵

本书中，大学生学习过程评价关注学习过程和对学习的过程性评价，立足于学生学习过程中收集的相关信息，以其为依据，重视学生作为评价主体身份的参与，其内涵可以从以下三个方面进行阐述：

一方面，是对学习过程的评价。学生的学习是一个动态的、持续性的、不断发展的过程，在此过程中，蕴涵着丰富的信息。学习过程评价的中心，就是根据这些信息所反映出来的学生的学习方式、学习策略、情感态度价值观、每一个阶段的起点、过程和结果性呈现等，来促进教师教学策略的改进，促进学生学习过程的改进，以及在师生管理效果的改进方面，学习过程评价都起着重要的影响作用。

另一方面，是在学习过程中实施的评价。学习过程评价是伴随着学生的学习过程和教师的教学过程的，高效的学习过程离不开教师的有效教学和学生的高效学习。换句话说，学习过程是在持续不断的教与学的过程中，不断地进行收集、诊断、反馈、修正和提高的，具备步步衔接、环环相扣、层层提高的特征。

第三方面，改进学生的学习过程。学生是学习活动的主体，改进其学习过程，也是学习过程评价的目的。对此，澳大利亚评价专家的看法是，促进学习的评价是一项在教学过程中正常发生的活动，可以运用此活动中获得的信息来促进教学的过程①；2009 年，在新西兰达尼丁召开的第三届促进学习的评价会议上，形成了“促进学习的评价”的含义，它是一项经常性的实践活动，通过教师、学生及同伴每天对相互沟通或互动时的表现进行观察，对生成的信息进

① Assessment for learning [EB/OL]. http://cms.curriculum.edu.au/assessment/whatis.asp, 2005/2013-02-21.

行收集、反思和反馈，来促进学生学习过程的持续改进①。通过对教师、学习者及同伴共同收集到的证据进行分析和推断，来评判学习者现在的状态（What），将来要去何处（Where），以及如何（How）更好地到达目标的过程②。人们需要关注学习的过程，注重评价的目的，最终目的是为了改进学习过程，促进学生发展。

（5）大学生学习过程评价

本研究中的“大学生学习过程评价”，是指在大学本科学习所具有的内容选择多样性、学习切入多开端性等特点的基础上，根据大学生学习过程中输入的投入度、方式的自主性、成效的创造性、输出的个性化等学习特征，采用自评和他评的方式，对大学生学习过程的投入度、自主性、创造性及个性化等构成要素进行研究分析和价值评判的过程。其目的性在于，依据大学生学习过程特点，研究大学生学习过程及其评价问题，改进大学生学习过程，促进大学生学习过程效能的提升，提高人才培养质量水平。

2. 学习过程评价（Process evaluation）与形成性评价（Formative evaluation）的比较③

（1）形成性评价

随着社会的变迁，科学技术的进步，知识周期的缩短，形成性学习评价在教育改革的全球化浪潮中不断发展，逐渐成为世界各国教育评价研究的重点。学习评价的类别，按照评价功能的不同，分为诊断性评价、形成性评价和终结性评价三类。长期以来，人们对形成性评价的概念，还存在着不同的看法。布莱克（P. Black）与威廉姆（D. William），以及波市顿（Carol Boston）)，作为在形成性评价研究方面享有国际盛誉的专家，他们曾在《形成性评价的概念》中指出，评价的概念既包括教师对学生学习和教室讨论活动时的观察，还包括对学生学业质量的分析，如日常作业与课程测验等④。

通过分析研究文献资料，我们对形成性学习评价（简称形成性评价 forma-

---

① Davies, A., et al.. Position paper on assessment for learning from the Third International Conference on Assessment for Learning [EB/OL]. http://annedavi-es.com/pdf/11D_ Position Paper AFL-NZ.pdf, 2009/2013-10-06.

② Assessment Reform Group. Assessment for Learning: 10 principles [R]. Cambridge: University of Cambridge, 2002.

③ 牛亏环．西方形成性学习评价的进展分析［J］．外国中小学教育，2013（8）：48-52.

④ 陶百强．国外形成性评价相关研究［J］．基础教育课程，2005（23）：30，30-31.

tive evaluation，本书简写为 FE）的定义给出了这样的界定：它是在教育教学过程中开展的一种系统性教育评价，通过持续性获取教学信息，一方面促进教师专业成长，另一方面改进学生学习效果，共同形成学生学习的不断提升。形成性评价贯穿在教育教学活动中，可以对教育教学工作中发现的问题及时进行改进，促使教学与学习的双向螺旋上升。形成性评价与传统学习评价相比，其在历史进程、存在问题及发展规律等方面存在着一定的特点，对 FE 进行适量分析可对学习过程评价研究有着一定的参考意义。我国形成性学习评价的发展，在西方形成性学习评价进程的基础上，具备着综合化、多样化的发展新动向。

跟随着学校和教育发展的步伐，学习评价也在不断地成长进步。在西方形成性学习评价发展的过程中，英国和美国的教育评价的发展历程具有一定的典型性和引领性，作者在其基础之上对西方形成性学习评价进行总结，总体可以概括为四个发展时期：

①第一时期：FE 的创建初期。这一时期是指从 20 世纪 50 年代初开始，到 50 年代末为止的时间阶段内。在 20 世纪 50 年代，布卢姆与同事一起，在实际工作中发现泰勒（Ralph. W. Tyler）模式在实践中存在一定的不足，在此背景下他们提出了教育史上著名的概念——目标分类学，并对其进行了分类。他们认为，教育评价按照一定的属性，应该可以分为诊断性评价、形成性评价和总结性评价三类。当时这些概念，对于后期教育评价模式的发展和评价思想的推进，发挥了一定的推动作用。所以长时间以来，人们普遍认为在教育史上最早提出 FE 的学者就是布卢姆。然而，在之后相当长的时间之内，FE 都没有在理论上和实践应用等其他方面取得什么进展。

②第二时期：FE 的应用初期。这一时期是指从 20 世纪 60 年代初开始，到 60 年代末为止的时间阶段内。FE 被布卢姆等提出后的几年内，其发展曾一度停滞不前。直至 1967 年，来自美国教育研究协会的斯克列汶（Scriven）在对课程进行相关改进研究时，才对“形成性评价”的概念进行了首次使用[①]。从此以后，FE 才真正在评价的过程中明确地使用起来。在斯克列汶看来，对教育计划、课程方案或教育活动过程中存在的问题提供信息诊断，及时为教育活动进行意见反馈，对教育实践活动的质量实施准确评判，是形成性评价的主要工作。当时，在其著作《评价方法论》（《Methodology of Evaluation》）中，还有一些早

① ［美］B. S. 布卢姆等著，邱渊等译．教育评价［M］．上海：华东师范大学出版社，1987：228.

期的其他著作中，评价主要用来对学生的信息进行收集，促进学生成绩的提高，其概念的内涵还比较狭隘，丰富程度远不及现代这样广泛。实施 FE 的目的，不是为了对被评价者进行等级鉴定，也不是为了评判评价对象的优劣水平；是为了促进教育计划或课程方案的形成性目的，而开展的一种系统性评价，也就是说，在编制和实验一项新的教育计划或课程方案等的过程中，根据修改完善需要的反馈信息，而对计划或方案进行的评价。

③第三时期：FE 的线性发展期。这一时期是指从 20 世纪 70 年代初开始，到 70 年代末为止的时间阶段内。1971 年，布卢姆及其同事的著作《the Handbook of Formative and Summative Evaluation of Student Learning》(Bloom, Hasting, &Madus, 1971)，即《学生学习的形成性评价与终结性评价手稿》得到了出版，并获得了一些新发展，对教育学界产生了积极的影响，使人们对 FE 的含义形成了较为普遍的认识，而这些是离不开布卢姆等人于 1956 年提出 FE 概念所做的杰出贡献①。布卢姆认为，FE 也可以充分发挥在教学过程中的作用，是他将 FE 在教学活动中进行了首次应用，极大地影响了世界各国的教育学界。布卢姆在教学中将教学指导和 FE 进行了结合，充分发挥评价的信息反馈功能，使其既可以促进教师的教学工作，还可以促进学生学习成效，促进学生多元智力发展，使学生的潜能得到充分激发；布卢姆的教育评价思想，有利于人们探索出一条适合教育对象的教育途径，对社会产生了广泛的影响②。

④第四时期：FE 的转型期。这一时期是指从 20 世纪 80 年代以来的时间阶段。布卢姆认为，调整教学过程、强化学习活动、发现学习问题和矫正学习效果，是 FE 的四项主要工作③。人本主义教育思潮，自 20 世纪 80 年代后获得有效发展，促使美国教育评价的中心逐步实现从“决策”到“人”的转变。在教育评价的发展过程中，其工作的中心由最初的“测验”，逐步过渡到“目标”“决策”，再过渡到现代的“人”，实现了四个发展转型期的完成。在布卢姆的评价理论中，我们可以看出，FE 的中心也随着教育评价中心的发展，而逐步发展为“学生的学习”。并且，随着教育评价的发展，教育专家或机构对学习评价

① Heidi L. Andrade, and Gregory J. Cizek. Handbook of Formative Assessment [M]. Routledge: Taylor&Francis Group, 2010: 5.

② 张生. 混合式学习环境下给予学习活动的形成性评价的理论与实践 [D]. 吉林: 东北师范大学, 2008: 21.

③ 张生. 混合式学习环境下给予学习活动的形成性评价的理论与实践 [D]. 吉林: 东北师范大学, 2008: 21-22.

的研究焦点也一度聚集在 FE 方面，使“促进学习的评价”（assessment for learning）研究范式形成了一定的系统性。

在重视教育评价的发展方面，美国走在了西方和世界各国的前面。2001 年，美国政府通过了教育法案《the No Child Left Behind Act of 2001》，2009 年，美国国会又通过了“力争上游”的教育计划，这些教育法案或教育计划的实施，目的就是为了加强各州政府或教育部门对于学习评价的重视，促使人们使用教育评价对学生学习进行测量，提高学生学习兴趣，激励教师应用 FE 对学生不断进行指导，引领学生学习成绩获得明显提高①。NCLB 规定，各州或各级教育部门应承担如下的职责内容：a. 州内每个学校学生的平均成绩须年年有进步；b. 定期向区域公众汇报测验成绩情况；c. 对州内学校进行关闭或重组（在规定的学生成绩未达到时）；d. 各州要向美国教育部提交“问责制”计划：学生学习的效果要求由学校、学区和教师负责。其中，第三条“问责”内容具有一定的狭隘性，在当时曾引起了很多教师与学校的反驳，还引起各州不得不通过采取降低评价标准的方法来应对的消极后果；第四条内容，则成为美国各学校、学区和州政府自 20 世纪 80 年代以来，一项极为重要的研究课题②。

德国的 Margaret Heritage 在马克斯·普朗克研究所（Center for Research and Exploration in Space Science and Technology，CRESST）工作时，对学生的学习进程进行了设计，以学习目标和成功标准为基点，形成了一个以“获取学习的证据→解释证据→诊断差距→提供反馈→调整教学→搭建支架→缩小差距”为过程的“形成性评价环（the formative assessment cycle）”③，我们也可以称之为形成性评价工作模型，见下图 1 -4 所示：

① Black，P.，&William，D.. Assessment and Classroom Learing［J］，in Assessment in Education：Principles，Policy and Practice，1998.5（1）：7 - 74. Black，P.，&William，D.. 2004. The Formative purpose：Assessment Must First Promote Learing［C］，in Wilson M.（Ed.），Towards Coherence between Classroom Assessment and Accountability. Chicago：University of Chicago Press. 2004.

② 王晓阳．美国当前教育改革的观念与趋势［J］．教育研究，2012（3）：141.

③ Heritage，M.. Formative Assessment：Making it Happen in the Classroom［M］．Thousand Oaks：Corwin Press. 2010.

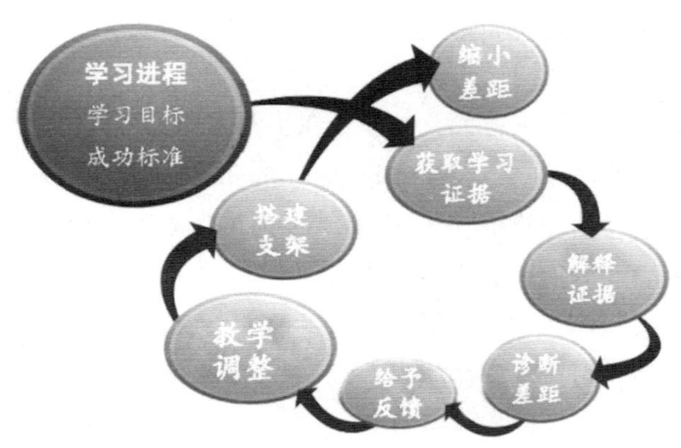

图1-4 形成性评价环

(2)过程性评价与形成性评价的联系与区别

目前，社会各界对于学生学习实行评价的目的，已基本达成了共识：是学习过程的活动之一，是为了促进学生学习，促使其学习目标的实现。不管是形成性评价，还是学习过程评价，“促进学习”是二者的共性追求。对此，我国学者崔允漷教授的看法是，“促进学习的评价”作为学习评价的一种新范式，正在成为学习科学发展的主流①。

①过程性评价与形成性评价二者之间的联系为：

a. 在学习动机方面存在联系。这两项评价均具备最终能促进学生学习目标实现的倾向性。从学习者的角度来看，学习动机因素不仅对他们的学习兴趣有着直接的刺激作用，还对他们的学习方法和学习努力投入程度发挥着间接的影响作用，而学习效果又较大地受到这些学习因素的影响，因而可以说，其在学习过程中的重要性是显然的，学习动机对学习结果起着间接决定和直接影响的作用。澳大利亚的教育学者比格斯（Biggs）认为，学生学习的总体方向由学习动机决定，学习总体目标的实现离不开学习策略（或学习技能），学生的学习动机、学习策略与学习方式（learningapproach）之间都存在着密切的关系②。

b. 在教学规划方面存在共通性。完整的教学活动包括教师的教和学生的学两个方面，教学的目标、内容、方法、过程、时间、测评等内容共同组成了教学规划。在传统教学活动里，教学规划的主体是教学，而在现代教学活动里，

① 崔允漷. 促进学习：学习评价的新范式［J］. 教育科学研究，2010（3）：11.
② 吴维宁. 过程性评价的理念与方法［J］. 课程·教材·教法，2006（6）：19.

形成性评价和过程性评价活动的主体是学生和教师，其教学规划的主体自然也包括师生。

c. 在教师为学生提供的情感反馈方面存在相关性。自古以来，传播知识是教师职业承担的职责，教师也被人们公认为是最具有权威地位的职业之一，得到了社会的普遍尊重，尤其是学生，对教师反馈的情感和评价非常看重。教师的专业技能是衡量教师绩效的重要凭证，不仅包括相关理论的基本知识和实践技能，还包括素质教育创新教育的方法，提升教师的教学观（含情感态度价值观），是新时代发展的要求。在学生学习过程中，教师要及时给予正向的情感支持和信息反馈，并运用恰当评价，可有效激发学生的学习潜能，促进学生学习效果的提高。

d. 在培养学生的自评能力方面存在共性。美国当代心理学家、教育学者奥苏伯尔（David P. Ausubel）曾指出，学习者成就动机的内驱力包括认知的驱动力、自我提高的驱动力、附属的驱动力，其中，最为稳固和最重要的就是认知驱动力①。这两种评价的出发点和归宿点，都是提高学习者的综合素质，促进他们的全面发展。二者均鼓励学习者对评价活动的积极参与，使学生注重于反思自身发展，通过反思过程展望未来，提高自我教育管理能力。经研究证明，与对外评价相同，自我评价活动也拥有人类的本质属性，应该具备一定的客观性和普遍性，为个体开展自我评价活动提供了基本的可能性和非私人性。

e. 在对学生的正向激励与引导方面存在相同性。形成性评价和过程性评价，均尽量给学生留出一定的发展空间，尽力发挥自主性学习的优势特点，对每一个学生的成绩评定保持公平平等的态度；均对学生在各个方面取得的成绩表示认可和尊重，并给予适当的鼓励和支持；均鼓励学生展示自身优势，挖掘自身潜力，引导学生收集、整合学习信息和学习资源，促进他们的个性化发展；均给学生以基本的尊重，让他们能够在学习过程中享受到自我实现带来的快乐感、成就感和自由感等积极性体验。正向激励与引导，是教师最重要的专业技能之一，能促进教师有效改进教学效果，提高自身素质能力的同时，能促进学生全面发展的实现。

②过程性评价与形成性评价二者之间的区别为：

a. 存在评价定义方面的区别。形成性评价，是在教学活动中进行的一种评价，能促进教学目标的快速完成；它关注的不是成绩本身，而是利用成绩来判

① 丁念金. 学习兴趣源之探讨［J］. 教育学术月刊，2012（7）：12.

断学习效果，能及时了解阶段教学的结果和学生学习的进展情况、存在问题，以此来调整教学方案，进而及时调整和改进教学过程。而过程性评价是一种对个体内部进行差异性评价的活动，它是以个体评价对象为中心，对其多个维度之间或者过去与现在之间进行比较，从而得出结论的评价。过程性评价具有及时性特点，它对于反映学生学习质量、促使学生自觉反思总结，具有时间上的即时性；另外，它还具有阶段性、丰富性和延续性的特点，对于学习者的学习动机、学习过程和学习效果构成的三位一体，实施课程意义上的学习评价。

b. 存在评价主体方面的区别。在过程性评价中，教师和学生都是评价的主体，同时学生还是评价的客体，具有双重身份，可以形成一个特殊的“整合体”。过程性评价，利用这种“整合体”的作用，通过促进学生民主参与教学过程，和教师进行交往和协商，一起对渗透在过程中的学习成果价值进行判断，并通过相互反馈，不断优化学习过程，由师生一起对评价活动的理解与把握上形成共同认识。而形成性评价则没有较多地注重发挥学生的主体作用，学生仅仅是作为被评价的被动性客体。

c. 存在评价内容方面的区别。过程性评价的观念是，力主通过多样性的评价方式来促进其多元化理念的实现，对学习动机、学习过程和学习效果实施三位一体的评价，应当认可与支持评价过程中任何有价值的教育结果。而在形成性评价中，对于具体的智力范围和动作技能范围进行测量比较容易，可依据相应的具体知识和具体技能的标准或常模实施；然而实际上，平时的学习过程也组成了最后学习结果每一个部分，纵使 FE 的教育目标中也包括有情境范围的内容，但如果不匹配具体实施方法的话，就不能对这种渗透在过程中的成效进行准确测量。

d. 存在评价方法方面的区别。在过程性评价中，“量化”的测量方法和“质性”的评价方法具有同等重要的地位。它重视对评价对象开展内部与外向相结合的评价过程，通过采用多元化的方式或手段，将贯穿于教学中的评价，始终“嵌入”在整个教学过程中。而 FE 则比较注重采用客观性试题或标准化测验，对量化的评价工具更加具有倾向性。

e. 存在价值取向方面的区别。在学习评价中，学习过程和学习成果都具有一定的价值，学习成果反映了学习的有效性，学习过程则反映了学习的质量水平。形成性评价以达到教学目标为趋向，因此它本质是目标取向，即使和教学过程也有一定的关系。而过程性评价则是根据教学目标与教学效果的相似性，开展的一种即时性评价，比较重视过程在实现目标中体现出来的价值，具备了学习过程与学习目标同等重要的价值取向。

f. 存在评价功能方面的区别。过程性评价着重过程中的收获，它的功能主要体现在以下三个方面：对学习信息进行诊断导向、对学习质量进行衡量、让学生理解并学会评价，引起各方对学习整个过程的全面重视。而形成性评价，则在评价的诊断功能上给予比较多的重视。

3. 学习过程评价的发展趋势

（1）评价机制趋向于学生自评与他评的整合性

教学过程中学生学习的当下行动状态，是过程性学习评价的聚焦点，尤其是通过学生的自我教育管理与评价，以及自我评价与他人评价（含教师评价、同伴互评和专家评价、家长评价等）的有效整合，可以促进学生在自我认知、自我剖析、自我修正、自我提高中更具客观性和全面性，实现学习过程的阶段性预期目标。它是对学习过程的动态性诊断、反馈、调控，在教学过程中持续贯穿发生，通过评价信息，为下阶段的教与学的过程提供双向反馈，并采取措施进行矫正。

即使学习过程评价机制主张参与主体的多元化，但也强调学生的主体评价地位，把学生自评发展成为整合型评价机制的一部分。多年来，学生自我评价在方式上取得了一定的进展，比如“成长记录档案袋”，就是美国近年来开始流行的一种有效性自我评价方式，目前在国内的基础教育阶段也有一定的实践运用。评价内容主要从学生的日常作业或任务、提问互动、测验或测试、项目研究等多个方面的表现情况开展；学生自己或他人收集、记录或存档的学生作品，均可以作为评价信息，用来展示或判断其学习过程的成长效果。其中，展示作品可以是由老师挑选出的学生的优秀作品，也可以是由学生自己挑选出感兴趣的事物或典型性作品。这种评价的优势，就是可以为学生自评和矫正提供依据，还发现学生平时隐藏或潜在的能力与亮点，增强学生的自信心，充分发展多元智力。

（2）评价内容趋向于侧重学生学习的过程性

过程性评价的目的，不是为了对学生学习的优差性进行区分，更不是为了对学生的杰出性进行选拔，而是为了在学习过程中挖掘学生的潜能，为教师反馈提供信息，改进学生学习过程[①]。另一方面，教育改革发展是为了促进个体人

---

① 施良方，崔允漷．教学理论：课堂教学的原理、策略与研究［M］．上海：华东师范大学出版社，1999：336.

的自主性发展，要想实现这个教育目的，就要着重激发与培养学生的自主学习能力，而人的自主性发展是有一个的过程，体现在具体的学习过程之中。人本主义理论认为，社会群体是由每个不同的个体单元组成的，人只是群体中的一元，不同的人与人之间也总是存在着或多或少的个体差异性。社会就像一首协奏交响曲，需要不同的人们弹奏不同的音符、发挥不同的智力组合功能，才能弹奏出最美丽的和谐发展之曲。而人作为人本体，要重视其个性化发展。高校在教学活动中，要注重对学生开展学习过程评价，可以优化教学过程，提升学生学习质量水平。

（3）评价标准趋向于关注学生个体差异性

20 世纪 80 年代末，美国政府对教育标准进行了立法。2001 年通过了《不让一个孩子掉队法》，要求各州政府对学生原来的学习成绩标准实行改革，至少以高级、熟练与基本 3 个水平为基本等级进行考评，加强了联邦政府对各州教育的影响。美国各州在 2004 年为止，都尊重国家政府要求设置了新的课程内容标准。2009 年 1 月，美国教育部又对各州的课程标准提出了更严格的要求，对学生测评的数据系统进行革新①。

建构主义理论认为，重视培养学生的发散性思维，倡导问题解决的情景化意境，注重发展学生的个性②。在实施形成性评价时，我们要全面了解学生的学习状态与进程，了解学生的个性特征、学习兴趣和思维特点，掌握学生的学习规律、学习方法和问题解决方式，结合学生的学习投入度、个体差异性，发现学生学习潜能并进行激发和鼓励，通过评价提高学生学习活动的参与度，探索与学生个性化特征相匹配的自主性学习技巧与策略，树立学习愿景，实现理想的学习效果。

（4）评价方法趋向于信息的多样性

现代社会是个信息化的社会，对事物对象进行评判，需要比较广泛、丰富、有效的信息量，如此才能满足社会发展的多元化、综合化需要。在评价时，对于方法的选择，也要对其各指标维度的影响要素进行综合考虑，还要规避信息单一可能带来的偏性结论；因此，要尽量收集多样化的信息，依靠系统性的科学工具，结合可靠的理论依据，为决策服务提供科学合理的有力支撑。近代科

---

① 王晓阳．美国当前教育改革的观念与趋势［J］．教育研究，2012（3）：141.

② 余胜泉，何克抗．基于 INTERNET 的教学模式［J］．中国电化教育杂志，1998（4）：58－61.

学技术，由单纯的质性研究或量化研究，已逐步转向由定性和定量结合的综合研究方法，运用多样化的系统研究工具，就是为了能尽量全面地揭示事物本质，为科学决策提供合理依据，促进科学向着实证研究的方向前行。

（四）研究内容

根据研究思路框架设计，本书的研究内容核心主要包含以下几个部分：

1. 大学生学习过程评价研究的理论内容

（1）大学生学习过程评价理念

（2）大学生学习过程评价指标体系

（3）大学生学习过程评价机制

（4）大学生学习过程评价方法

（5）大学生学习过程评价评价模型及应用

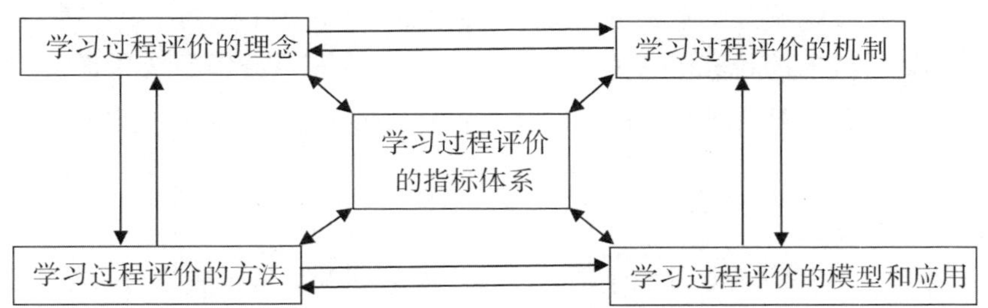

图 1－5　学习过程评价理论框架图

这几个研究内容之间存在着相互影响、相互促进的关系，理论框架图如上图 1－5 所示。评价的理念是构建评价指标体系的前提和依据，评价的指标是整个评价体系的核心和关键，评价的机制是实行评价的保障和基础，评价的方式是评价实施的手段和渠道，而评价的模型和应用则可以为评价体系的有效性、科学性进行检验证明。本书也对这五部分内容，分别按章进行了研究探讨和详细论述，具体内容请参见论文第二章至第六章部分。

2. 大学生学习过程评价体系的实证研究

本研究中的实证研究主要分为两部分，一是实践调研，二是实践应用。

（1）调查研究大学生学习过程及其评价的现状问题

本研究进行实践调研的内容主要是，以覆盖全国东部、南部、中部、西部、北部区域的 16 所高校的全日制在校本科学生为调研对象，对学习过程及其评价问题进行了调查研究。参与调研高校的类型、学科、规模等情况，按我国现行分类标准总体分为 985 类高校 1 所、211 类高校（不含 985 类）3 所、非 211 类高校12所（其中一所高校调研含独立学院），学科类别涵盖大文科、理科、工科、艺术、体育、医学、农学、其他类，且抽样分布年级情况包含大一至大四的所有年级（考虑医学大五年级学生主要在医院实习，未在计划分布范围内）。为了提高有效回收率、降低随机分布时学科过于集中对研究结果产生的影响，采取统筹规划的方法，对各个高校调研学生的学科类别、年级情况进行了引导性问卷发放，除了个别高校部分专业的调研未完全符合初步规划外，绝大部分高校都依调函所示，按照计划分配的学科类别和年级，实施了学习过程及其评价的实践调研。

（2）实践应用案例

本研究中采取选择东部区域的一所非211高校——S大学的一个自然班28名学生作为研究样本，对其《高等数学》（上）课程进行了为期一个学期的学习过程情况的跟踪调查和案例分析研究，对此同一群样本的每一个调研个体进行了分学习阶段的诊断分析研究，根据每一个个体同一数据的变化特征，总结规律，发现问题，总结研究结论，对理论研究成果进行了实践验证和分析说明。

三、文献综述

21世纪，人类进入空前的学习化时代。国家间的竞争，成为对科技、人才、经济和民族素质的竞争，而学习则成为竞争的核心。因为，唯有学习，才能掌握科技、成为人才、增强经济、提高素质。而学习科学的改革，也被认为是“通向二21世纪的个人护照”，引起了国内外众多专家学者或研究者的重视。

（一）国外研究综述

1. 国外教育评价的发展变迁及动向

学习过程评价属于教育评价的范畴，其本质是一种学习评价，随着教育评价的发展而产生，国外教育评价的发展对其发挥了较大的推动作用。美国教育评价发展的其中一个阶段就是教育测量，从开创到兴盛，它历时20多年（1904—1930）①。1929年，美国的经济危机对社会的各行各业产生了严重的影响，引发了许多工厂倒闭、大量工人失业的社会后果，导致了一大批之前对高校和学习基本没有什么兴趣和愿望的社会青年，在找不到工作的情况下只好涌入学校学习。然而，当时美国的中学课程主要是为进入大学者提供准备服务，

① 李国庆. 从评价到评定：美国基础教育课程评估的转向［J］. 辽宁教育研究，2006（3）：82.

这就使学校的课程与学生的需要之间发生了尖锐的矛盾。在这种情况下，就需要一种新的科学的课程体系和评价体系，来满足学校和学生双方的需要。于是，美国教育评价史上闻名的“八年研究”（1933—1941），就是在这种形势下开始运作了起来①。

评估工作是“八年研究”项目中一项重要的检查工作。所以，一个以俄亥俄州立大学教授拉尔夫·泰勒为首的评估委员会，就由实验指导委员会特地下设成立。评估委员会在泰勒的率领下，专门设计了200多种标准测验，以便能对所实验的中学毕业生在其进入大学或学院后的表现和能力等进行评价。这些测验根据新教育理论和心理学原理，以全面发展人的才能为目标，反映了当时社会的需求和学生的需要。评估委员会之后所提出的“史密斯—泰勒”报告，也被后人称为“划时代的教育评价宣言”。这项报告对关于教育评价较为完整的思想进行了首次正式的提出，先是影响到美国各地，继而影响到西欧各国②。“八年研究”这项纵向的实验研究对美国教育具有重要的影响，因为它“产生了评估领域，同时也强调了在目标制定、课程计划和评估过程之间的整体关系”③。泰勒提出了以教育目标为核心的教育评价理论——教育评价的泰勒模式，并且把教育评价与教育测量区分开来，明确地提出了教育评价的概念。西方现代教育评价史上第一个较为完整、影响较大的理论模式，就是泰勒的评价理论模式。

国外现代教育评价研究深入而充分，美国评价专家库巴和林肯在对评价领域批判的基础上，将教育评价发展的历史阶段划分为测验和测量时期、描述阶段、判断时期以及建构时期④⑤。教育评价是随着对课程改革运动的深刻反思而产生，20世纪80年代初是其发展的建构时期，目前则处于全面发展的“第四代

---

① 李国庆．从评价到评定：美国基础教育课程评估的转向［J］．辽宁教育研究，2006（3）：82.

② 李国庆．从评价到评定：美国基础教育课程评估的转向［J］．辽宁教育研究，2006（3）：82.

③ 滕大春．外国教育通史（第五卷）［M］．济南：山东教育出版社，1993：275.

④ 何苗．从第四代评价视角看我国本科教学水平评估的完善［J］．理工高教研究，2008（1）：58.

⑤ 李国庆．从评价到评定：美国基础教育课程评估的转向［J］．辽宁教育研究，2006（3）：85.

教育评价”阶段，以“共同建构、全面参与”为主要思想①。我国学者李国庆认为，在美国学习评价的发展历程中，教育评价理论的产生，正是源自于学业考核改革这个引火线；而布卢姆教育评价理论对泰勒理论的异议，也加快了教育评价的专业化发展，引导了教育评价的发展方向；另外一方面，质性评价方法的产生，则促使了评价向评定的范式转向②。

正是在20世纪30年代，开始了以泰勒为核心的教育评价运动，对当时的教育评价发挥了重要的指导作用。然而，到20世纪50年代后期，情况却发生了较大的变化：有人对泰勒的评估理论和方法进行了重新审视，指出这种评估理论其实存在着根本的缺陷。在这种背景下，原来一直倍受人们推崇的泰勒模式受到了严重的挑战，各种新的评价模式也因此应运而生③：如斯塔弗尔比姆（D. L. Stufflebeam）作为一名美国课程理论家，他在1966年提出了“CIPP模式”（Context-Input-Process-Product Mode）；美国教育家和心理学家斯克列汶（M. Scriven）1967年对“目标游离模式”（Goal Free Mode）进行了提议；美国教育专家斯塔克（R. E. Stake）在1974年对“应答模式”（Responsive Evaluation Mode）进行了提议等。

评价的理论研究，自20世纪80年代起，在四代理论的根基上又出现了诸如开始重视质性评价、强调过程性评价、强调评价情境的真实性等一些新的发展动向；同时，也出现了诸如苏格拉底（Socrates，公元前469—公元前399）研讨评价、档案袋评价、表现展示评价等许多新的评价方式，还形成了一个新的表现性评价体系。

（1）将科学性和人文性进行有机结合的多元评价，成为国际学习评价改革的方向④。在采用各种传统标准化测验手段的基础之上，还可采用其他多种“另类评价”，来获得学生学习过程的表现。多元评价的主要特点有：通过观察、记录、让学生完成作品或任务、团体合作项目、口头演说、辩论、展示、实验、调查问卷等多种方式进行，而非以单一的多项选择方法；从广泛的过程背景中，

---

① 李国庆．从评价到评定：美国基础教育课程评估的转向［J］．辽宁教育研究，2006（3）：85.

② 李国庆．从评价到评定：美国基础教育课程评估的转向［J］．辽宁教育研究，2006（3）：82－84.

③ 李国庆．从评价到评定：美国基础教育课程评估的转向［J］．辽宁教育研究，2006（3）：83.

④ 曹梅．网络学习中学习评价的要求及实施［J］．中国远程教育，2002（1）：47.

收集体现学生学习情况和多种能力的信息，而不纯粹依靠单一的考试背景；评价主体可以是学习者自己和学习同伴等，而不仅是教师。采用“另类评价”法，不仅可使学生保持知识学习的求知欲，激发学习者有意义、有创造的学习，发展他们的批判性、创新性、创造性思维，使学习活动与真实的生活经验尽可能地相联系①。

（2）进一步加强自评和他评。现代教育从以教为中心逐步转向以学为中心，随着这种教育理念的转变，在评价中教师角色的相对性隐退，学生角色的相对性凸现，促使学生成为学习活动的主体，学习过程评价也应从以传统师评为中心，逐渐转变为以学生自评为主、他人评价为辅，形成以师评为线、生评为面的全面化全新型评价的宗旨。学生的自我评价，包括借助信息化课程提供的评价方式进行自我测评，也包括学习过程中的自我反思、自我修正。俗话说，“外因通过内因起作用”，学生的自我评价，可以对其学习兴趣、学习过程和学习效果起着最直接的影响作用。学生学习的主动性、兴趣性与自主性，促使学生对自身的学习具有一定的责任感和使命感，感受远离成绩排名、享受学习过程带来的成就感，感应学习过程带来的愉悦情绪体验，将使学生的自我评价变得较为客观而真实。

（3）促进教、学、评一体化的发展。课程设计内容的组织与呈现、学习策略的引导，往往形成人们过于注重教学而对学习过程及其评价忽略的现象。在进行课程设计的同时考虑学习过程评价的设计，可将学习过程评价按模块进行适当分解，分布于课程的阶段性内容中，并与学生的学习日志或学习记录档案袋结合起来，可以促使学生在学习过程当中，选择性地进入必要的诊断、评估、反馈、修正环节并获得提高。这样的教学、学习和评价一体化设计，真正地关注学生的学习过程，可以更好地发挥出学习评价对于学习过程的诊断、监控、反馈作用。

2. 国外大学生学习过程评价的研究基础、现状及现存问题

国外高校学生学习过程评价的文献历史和研究现状表明，了解评价的特点和趋势，重视评价内容的全面性、强调评价实施的过程性、突出评价功能的形成性、注重评价类型的多样性，将起点性评价和结果性评价结合有效起来，注重及时反馈学习和教学信息，掌握学生的学习过程动态，反思教学效果，及时调整教学措施和学习策略，成为学生学习过程评价的发展动向。

---

① 曹梅．网络学习中学习评价的要求及实施［J］．中国远程教育，2002（1）：47.

(1) 学习过程评价的基础——CIPP 模式

CIPP 模式具体地讲，是由美国著名教育评价专家斯塔弗尔比姆及其同事在 1966 年提出。他们认为，教育活动中的评价应不仅仅局限于确定目标的达成，而应该是广义的；评价的根本目的在于，为教师、学校行政人员和领导提供信息，以便在必要时对方案给予修正；评价最重要的意图是为了改进，而不是为了证明。他们把评价过程分为四个阶段：Context Evaluation（背景评价）、Input Evaluation（输入评价）、Process Evaluation（过程评价）、Product Evaluation（结果评价），而 CIPP 就是这四个阶段性评价的英文首字母组合①。

对方案出台的背景及方案目标确定依据的评价，即为背景评价。它在本质上是属于诊断性的，对泰勒模式的框架进行了突破，拓宽了评价范围和评价内容，也表明了人们对教育评价认识的进一步深化。输入评价，是对能够达到目标的几种可能性方案设计的优劣而进行的评价。在本质上，输入评价可以理解为是对方案、计划可行性的评价，它涉及的问题主要包括目标实现的可能性、各种方案的成本、评价的合法性与道德性、评价的优势与劣势、相关人员的发挥以及对外界资源的需要等。过程评价，是对所确定方案实施过程的评价，为方案的制定者提供反馈信息，用于发现方案实施过程中的潜在问题。结果评价，则是对一个方案获得的成就所进行的测量、判断及解释，评价的重点在于目标达成的程度，是质量控制的一种手段。结果评价的目标，是全面判断方案符合需要的程度，切实考察方案实施的效果，如正面效果与负面效果、预期效果与非预期效果等。CIPP 模式以改良取向（improvement - oriented）为的基本特征，这与泰勒目标达成模式的控制取向（control - oriented）形成鲜明对照。CIPP 模式在评价实践中比较受到组织方的欢迎，是因为其具有较强的可操作性。但值得一提的是，由于 CIPP 模式本质上是对“实践理性”的追求，所以它具备一种迎合实践的倾向，对实践缺少反思性的批判精神。这也是 20 世纪 70 年代所形成的评价模式的共同特征②。

CIPP 模式以决策为中心，注重对决策的全过程评价，评价实施受决策者控制。背景评价为形成决策提供服务，输入评价为组织决策提供服务，过程评价为实施决策提供服务，成果评价为维持、终止或修订决策提供服务。其中的过

---

① Stuffebeam, D., &Shinkfield, A.. Systematic Evaluation [R]. Boston, MA: Kluwer - Nijhoff, 1985.

② 李国庆. 从评价到评定：美国基础教育课程评估的转向 [J]. 辽宁教育研究, 2006 (3): 83 - 84.

程性评价，即为本书中所论述的学习过程评价部分；其中的背景评价和输入性评价，即为所指的起点评价；其中的结果评价，即为与本项研究过程性评价相对应的阶段终结部分。

（2）学习过程评价的研究现状

本研究者在上海××大学图书馆学术资源统一检索系统中，曾进行了“外文搜索”检索，发现检索结果中包含“evaluation”（评价）的研究很多，已有相关文献1284766篇，其中包含“learning process”（学习过程）、“Process evaluation”（过程性评价）的研究也不少，已有相关文献分别为16499篇、19763篇；而包含“Learning process evaluation”（学习过程评价）、“Evaluation of learning process”（过程性学习评价）的则相对较少，目前各有相关文献仅355篇，均含18本图书、251篇期刊、13篇学位论文、73篇会议论文；详见下表1－1所示；包含“Learning process evaluation”（学习过程评价）或“Evaluation of learning process”（学习的过程性评价）和“undergraduatestudents”“College students”“university students”（大学生）的则更是稀少，均仅有下列8篇期刊文章，详见下图1－6所示。调查资料显示，对“大学生学习过程评价”和“大学生学习过程性评价”研究目前是较少的，亟须专家或学者对此方面开展广泛而深入的研究。

表1－1 Learning process evaluation&Evaluation of learning process

主题词	文献总量	图书	期刊	学位论文	会议论文
Evaluation	1284766	31505	1016807	18404	218050
learning process	16499	1332	11385	437	3345
Learning process evaluation	355	18	251	13	73
College students' learning process evaluation	3	0	3	0	0
Process evaluation	19763	650	13549	471	5093
Evaluation of learning process	355	18	251	13	73
Evaluation of learning process, college students	3	0	3	0	0
Evaluation of learning process, university students	3	0	2	0	1
Evaluation of learning process, undergraduatestudents	2	0	2	0	0

(3) 现存问题

关于大学生学习过程评价的研究，国外分别从不同的视野角度出发进行了有关探讨。对此，有学者认为，可以着重从主观和客观两个方面因素进行思考。

其一是主观因素，主要考察学习者本身的因素：①知识的掌握与运用方面。主要包括考察学习者的知识基础、逻辑分析能力、知识扩张能力、思维发散性、接受力、理解力、对知识的灵活变通力、实践运用能力；②综合素质方面。主要包括人文素养、沟通交流能力、语言表达能力、组织策划能力、团结协作能力；③自我学习能力方面。主要包括知识检索能力、阅读理解能力、写作能力、动手操作能力，还可考察是否能掌握正确的学习方法，或者知识分解法、知识整合法、毅力持续法、步骤实施法、学习技巧法、善做笔记法等来自学；④探索与创新精神方面。主要包括求知欲、问题意识、创新意识、探究能力、质疑批判精神。

其二是客观因素，主要考察学习者本身之外的其他因素：①硬件条件方面。主要包括图书馆建设、教室实验室条件、校园信息服务等；②人文环境方面。主要包括校内师生或生生关系的和谐度、师生素质水平、校园环境文明度等；③学术氛围方面。主要包括所在高校的校风学风、科技创新、学术研究氛围等。

对大学生的学习过程进行评价，如若既能对学习阶段或学习环节进行评价，又可以对学习影响因素进行测量评价，信息资料的获取与评价则会更具有全面性。

虽然国外历来重视学生的学习过程、学习评价、教育评价，甚至包括以哈利·布莱克（Black，H.）和威廉姆（William，D.）领导的英国评价改革小组也提出了“促进学习的评价（Assessment for learning）”（指教师与学习者收集及解释证据，以决定学习者现在在哪里，将来要去哪里，以及如何更好地到达那里的过程[①]），但是这些不同层面的研究视野，从一方面来讲，虽然在一定程度上反映了教育评价的思维，体现了重自由、轻过程、强实用的思想，但也造成了研究成果的片面化，没有形成系统、全面和完善的“大学生”的学习过程评价理论体系；另一方面，这些评价较多地注重于教师评价和自我评价部分，但对于学生的同伴评价研究还相对不够丰富和深入，同时，在专家评价研究方面的表现则更为不足。

---

① Assessment Rerorm Group. Assessment for Learnning：10 principles ［R］. Cambrige：University of Cambrige，2002.

（二）国内研究综述

通过文献分析法研究发现，我国教育评价研究者对西方先进学习评价理论的本土化研究，可以为我国高校师生改进学习评价的实践研究，提供一定的预设性理论指导。

1. 我国教育评价的研究现状、问题及趋势

（1）我国教育评价的研究现状

①初步确立教育评价在教育活动中的地位和作用，成为教育发展的必要。

②对国外教育评价的理论与实践工作有了较为全面的了解，对于国外教育评价方面的文献有了较大量的翻译出版。如陈玉琨与赵永连选编的《教育学文集·教育评价》、王冀生等的《高等工程教育评估考察团访问美国、加拿大的报告》[①]，为建立中国教育评价理论提供了借鉴，使其他学者或研究者可以较为快捷地对西方教育评价理论和实际工作进行调查研究；

③对我国教育评价理论和方法体系有了初步建立，开展了较为深入的研究。近年来，国内学者和专家围绕教育评价的基本内容如本质、目的、基本原则、准则、过程、标准、类别、功能、指标体系及设计等，开展了深入的探讨和研究，涌现出一批研究成果。

④开展了各种类型的教育评价实践活动，形成了具有中国特色的教育评价模式。比如对各类学校在教学评价、课程评价、课程管理评价、教师评级、德育评价等教育教学内容，进行了多方面的测量与评价，为教育评价的前进和发展奠定了一定的基础。

⑤我国教育评价制度的基本框架已初步形成。教育评价已成为学校管理和教育政策制定不可或缺的基础与有效手段，国家教委1990年发布的《规定》，确立了我国教育评价制度的基本框架，代表着我国教育评价进入一个新的时期。

⑥成立了一批研究实施教育评价的专门机构与组织，出版了一系列教育评价学术专著，创办了有关刊物，积累了一定的研究成果。

（2）我国教育评价存在的问题

①传统评价模式为“指标体系—权重系数—量化测定—加权求和”。这种模式在突出学生学习主体、注重个性化发展的今天，已不能满足现代化发展需求。

②存在的主要问题大致有：其一是教育评价的价值取向强调的是教育的工

① 吴钢．现代教育评价基础［M］．上海：学林出版社，1996：51.

具价值，却忽视了教育主体的发展性价值；其二是教育评价注重外部目标的实现，却忽视了评价对象的内部需要，未能利用评价机制来激发主体的内部动机和促进评价对象的主动发展；其三是教育评价的模式单一；其四是忽视了教育评价的有效性；其五是评价者的素质不高；其六是教育评价的基础理论研究还比较薄弱。

3）我国教育评价的发展趋势

在国外教育评价发展的带动下，我国教育评价的发展趋势表现出如下特点：其一是倡导发展性的评价目的；其二是注重多元性的评价内容；其三是运用多样化的评价方法；其四是突出评价对象的主体地位；其五是实现价值取向的多元化。

同时，在我国教育评价价值取向多元化的发展趋势中，还表现出了几个统一：a. 价值取向的时代性与前瞻性相统一；b. 价值取向的多元性与一元性相统一；c. 价值取向的个人需要与社会需要相统一。

2. 我国大学生学习过程评价的研究现状及存在问题

（1）研究现状分析

通过查阅中国期刊网的文献资料我们可以得知，1988—2001 年，题名中（精确）包含“学习评价”的文章比较少，14 年间只有 43 篇；自 2002 年开始，关于“学习评价”方面的研究才有所增加；从 2002—2003 年，题名中（精确）包含“学习评价”的文章数量有了较大增幅，共有 119 篇；2004—2014 年，题名中（精确）包含“学习评价”的文章数量则出现飞跃式发展，共有 1881 篇，年均出版量达 171 篇，且 2012 和 2014 年单年出版量均超过 200 篇。另外，还有一些专著和学位论文，对学习评价也进行了相应探讨，取得了一定的成果。如著作有《学习科学与技术——信息时代大学生学习能力培养》（桑新民）①、《课堂评价——促进学生的学习和发展》（杨向东，崔允漷）等，学位论文有《教育信息环境下，面向学习过程的发展性评价的研究》（上海师范大学，杨烨）、《高校学生学习评价系统研究》（中南大学，张宝峰）等。

本研究者在中国期刊网进行了细致的检索（匹配 = 精确），发现题名中包含“评价”的文章有很多，至 2013 年年底已有 457154 篇；同时包含“评价”和“学习过程”的研究却不多，仅有 104 篇文章；而题名中包含“学习过程评价”的则更少，至 2013 年年底仅有 32 篇文章、3 篇论文、1 篇报纸文章，详见下表

① 张海燕．网络学习评价系统的设计与实现［D］．曲阜：曲阜师范大学，2005：2.

1－2 所示；包含“学习过程评价”和“大学生”的更是少之又少，仅有 1 篇文章，详见下表 1－3 所示。调查资料显示，目前对“大学生学习过程评价”研究是比较少的，亟须专家、学者或研究者在此方面开展深入而广泛的研究。

本研究者拥有 16 年的高校教龄，拥有高等学校数学专任教师和大学生学生管理工作的双重工作经验，对于大学生的学习过程及其评价的现状、问题有了一定的理解和思考。尤其是进入博士阶段学习以来，对学习科学的研究兴趣愈发的明确而浓郁，希望通过对大学生学习科学、学习评价方面进行深入研究，能推动高等教育人才培养质量与水平的提升。在导师的悉心指导下，几经思考、斟酌，进行许多沟通后，结合自身本硕数学学科学习的统计应用优势和实际工作特点，慎重选取确定以“大学生学习过程评价研究”为研究主题，开展深入研究。

表 1－2　学习过程评价研究现状

序号	题名	作者	文献来源	发表时间
1	中学生学习过程评价指标体系探索	丁念金	【期刊】当代教育科学	2013－08－15
2	程序设计课程学习过程评价方法研究与实践	孙宪丽、吕海华	【期刊】中国电力教育	2013－08－02
3	程序设计课程学习过程评价方法研究与实践	孙宪丽、吕海华	【期刊】中国电力教育	2013－07－10
4	口腔修复学网络课程学习过程评价方法的研究与应用	柴治国、田敏、吉兆华、方明、吴国锋、张玉梅、张少锋、陈吉华	【期刊】牙体牙髓牙周病学杂志	2013－05－15
5	高中生数学学习过程的评价研究	原玉娟	【硕士论文】华中师范大学	2013－05－01
6	基于 Vague 集相似度量方法的学习过程评价研究	贾伟	【期刊】西安文理学院学报（自然科学版）	2013－01－15
7	素质文化视野中的中学生学习过程评价要领	丁念金	【期刊】教育学术月刊	2013－01－05
8	小学生学习过程评价的入学基础	丁念金	【期刊】教育测量与评价（理论版）	2013－01－01

续表

序号	题名	作者	文献来源	发表时间
9	学习过程评价对组织学实验考核成绩的影响	孙美群、邹维艳、严海芹、尹海燕	【期刊】基础医学教育	2012-11-26
10	基于 PCA—DEA 的英语有效学习过程评价模型研究	陈美华	【期刊】东南大学学报（哲学社会科学版）	2012-11-20
11	学习过程评价的理念	丁念金	【期刊】当代教育科学	2012-06-15
12	学习过程评价的方法探讨	丁念金	【期刊】基础教育	2012-06-06
13	学习过程评价的基本构架	丁念金	【期刊】教育测量与评价（理论版）	2012-06-01
14	基于 SCLEs 的网络学习过程评价方法研究	万正刚	【期刊】科教导刊（中旬刊）	2012-03-15
15	政治课学习过程评价方法浅探	韦世艺	【期刊】吉林省教育学院学报（上旬）	2012-03-05
16	关注学习过程　促进学生全面发展——关于数学学习过程评价的探索	郭书生	【期刊】科教文汇（下旬刊）	2011-04-30
17	加强学习过程评价　提升学生综合素质	李文敏、程小萍	【期刊】卫生职业教育	2011-02-10
18	有效开展学习过程评价	丁念金	【期刊】教育测量与评价（理论版）	2011-01-01
19	抓住学习过程评价　扬起自主学习风帆——新课程下小学生自主学习数学能力培养初探	倪火明	【期刊】教育教学论坛	2010-08-05
20	小学数学学习过程评价	马小兵	【报纸】江苏教育报	2010-05-10
21	网络课程中学习过程评价的方法研究	王娜	【硕士论文】东北师范大学	2010-05-01

续表

序号	题名	作者	文献来源	发表时间
22	基于模糊综合评判的网络化学习过程评价	陈小燕、罗敏	【期刊】现代远程教育研究	2008-09-25
23	基于朴素贝叶斯方法的数字化学习过程评价	谭小球	【期刊】现代计算机（专业版）	2008-07-25
24	立足过程评价　促进学生发展——关于小学数学学习过程评价的思考	杨福斌	【期刊】教育科研论坛	2008-07-20
25	让学生在语文学习过程评价中快乐成长	冉伟、王朝蓉	【期刊】科学咨询（教育科研）	2008-07-20
26	支持学习过程评价的虚拟学习社区创建方法研究与实现	林素仙	【硕士论文】浙江师范大学	2008-03-31
27	基于创新人才培养的大学生学习过程评价研究	赵小青	【期刊】湖南医科大学学报（社会科学版）	2008-03-15
28	构建语文学习过程评价体系的实践与反思	孙洁	【期刊】江苏教育研究	2007-07-15
29	高中物理新课程学生学习过程评价的建议	陈龙法	【期刊】福建教育学院学报	2006-03-25
30	新课改下中学数学学习过程评价的理解	李静	【期刊】教育实践与研究	2006-01-25
31	基于粗糙集理论分析的学习过程评价模型	李艳、吴彦文	【期刊】现代计算机	2005-11-30
32	基于数据挖掘的远程学习过程评价系统设计与实现	刘革平、黄智兴、邱玉辉	【期刊】电化教育研究	2005-07-30
33	数学学习过程评价的探究*	程惠东	【期刊】当代教育科学	2004-06-15
34	数字化学习过程评价的客观指标	郝增明	【期刊】现代远距离教育	2004-04-15
35	对“开放教育”英语本科课程学习过程评价的思考	鲍勤、郭若瑞、王景政	【期刊】云南电大学报	2002-02-15

表 1-3 大学生学习过程评价研究现状

序号	题名	作者	文献来源	发表时间
1	基于创新人才培养的大学生学习过程评价研究	赵小青	【期刊】湖南医科大学学报（社会科学版）	2008-03-15

通过分析研究以上两个统计表格 1-2 和 1-3，我们可以看出，大学生学习过程评价问题的研究现状主要表现在以下几个方面：

①从研究时间维度来看，对学习过程评价研究的时间主要集中在 2002 年以来，特别是 2008 年以来，研究有逐渐增长的趋势，各年研究项目数及研究走势分别详见下图 1-6 所示。对大学生学习过程评价的一篇期刊研究也是在 2008 年出现的。

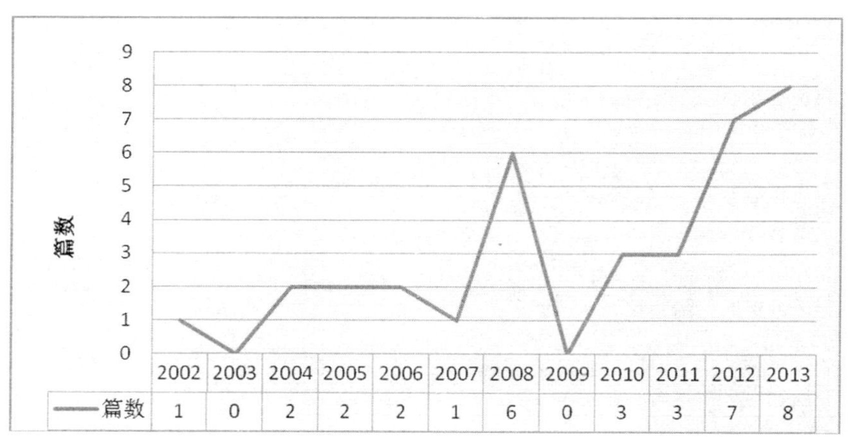

图 1-6 学习过程评价研究年度情况分布图

②从学科研究特点来看，对学习过程评价的研究主要集中在单学科课程，如数学（7 篇）、数字化网络课程（8 篇）、英语（2 篇）、语文（2 篇）、物理（1 篇）、政治（1 篇）等，而对系统性、全面性的科学学习过程评价研究的则较少。

③从研究的深度来看，对学习过程评价的研究主要以浅度为主，仅有 3 篇学位论文，且均为硕士论文，其余均为期刊论文或报刊文章，没有博士论文的深入性研究。

④从研究的群体来看，主要集中在基础教育群体——中小学生阶段（10

篇)，对高等教育群体——大学生的研究，则相对较少。

⑤从研究的内容来看，主要体现在学习过程评价体系的某个单项内容方面，如评价的理念、评价的机制、评价的方法等，而对其进行全面、系统的体系构建，研究则较少。

鉴于“学习过程评价”与“过程性学习评价”的密切关系（含义类似，也有学者把“学习过程评价”与“过程性学习评价”完全等同)，为了便于参考和研究思考，本人曾多次进入××大学学术统一检索系统，在中国期刊网围绕“过程性评价”进行检索（匹配=相关)，发现包含“过程性评价”的文献有很多，已有23069篇；同时包含“过程性评价”和“学习”的研究也不少，已有7496篇文献；而题名同时包含“过程性评价”和“大学生学习”的则相对少些，目前共有168篇文献。但若以“题名匹配=精确”搜索，则“过程性评价”有247篇文章，“学习过程性评价”有49篇文章，“大学生学习过程性评价”有30篇文章，具体情况见下表1－4和表1－5所示。各主题词的研究文献年度分布情况状态，详见下表1－6所示。

表1－4　过程性评价有关研究情况（题名=精确）

主题词	文献总量	期刊	学位论文（硕+博）	会议论文	学术辑刊	报纸
过程性评价	247	192	9+1	3+1	1	8
学习过程性评价	49	31	13+1	2	0	2
大学生学习过程性评价	30	19	8	1	0	2

表1－5　大学生学习过程性评价文献研究情况（题名=精确）

序号	题名	作者	文献来源	发表时间
1	注重过程性评价对学习的促进作用	高凌飚	【报纸】中国教育报	2013－04－24
2	从美、日学习评价改革谈高职体育课程过程性评价的构建	曹桂霞	【期刊】内江科技	2012－11－25
3	学习主体自我过程性评价的认知缺失与策略建构	梁春琳	【期刊】广西社会科学	2012－11－25

续表

序号	题名	作者	文献来源	发表时间
4	成人学习过程性评价指标体系的构建研究——以电视大学为例	藏鸿雁、梁晓琦、颜煜宇	【期刊】教育探索	2012-10-25
5	成人学习的过程性评价实证研究	藏鸿雁	【期刊】开放教育研究	2012-10-05
6	基于课程学习过程性评价的电子档案袋系统设计与实现	熊明福	【硕士论文】华中师范大学	2012-05-01
7	认识论视野下学习过程性评价探析	韩叶秀、杨成	【期刊】教育探索	2012-02-25
8	学习者自主视野下的英语自学考试过程性评价	马建桂、牟慧中	【期刊】科教导刊（中旬刊）	2011-10-15
9	网络学习的过程性评价研究	秦换鱼	【硕士论文】徐州师范大学	2011-06-01
10	重视过程性评价，促进学生自主学习	漆彦绪	【报纸】甘肃日报	2011-05-13
11	Wiki在探究学习过程性评价中的应用	郑志群、黄成	【期刊】河北广播电视大学学报	2010-09-20
12	大学生学习质量过程性评价：理念、指标与应用	吴桂翎	【期刊】池州学院学报	2010-08-28
13	南京广播电视大学网络学习过程性评价浅析	董瑶	【期刊】南京广播电视大学学报	2009-09-20
14	开放教育网络学习的过程性评价研究——以企业战略管理课程为例	卢慧芳、方锦文	【期刊】湖北成人教育学院学报	2009-07-25
15	过程性评价：关于学习过程价值的建构过程	谢同祥、李艺	【期刊】电化教育研究	2009-06-01
16	基于网络课程学习的多元化过程性评价的设计与实践	梁斌	【期刊】电化教育研究	2008-12-01

续表

序号	题名	作者	文献来源	发表时间
17	南京广播电视大学网络学习的过程性评价研究	董瑶	【硕士论文】南京师范大学	2008－06－30
18	在线学习的过程性评价设计	李红梅	【硕士论文】河北大学	2008－06－01
19	以过程性评价促进探究学习的开展	叶丽红、谢捷琼	【期刊】浙江教育学院学报	2008－05－15
20	电子学档：远程学习中一种有效的过程性评价工具	钟志贤、吴初平	【期刊】中国远程教育	2008－05－06
21	建立学习档案袋，对学生进行过程性评价	张翠女	【期刊】科学教育	2007－12－01
22	论信息科技课程学生学习过程性评价	李杨伟	【期刊】辽宁教育行政学院学报	2007－11－20
23	英语阅读学习的过程性评价	尹磊	【硕士论文】湖南师范大学	2007－05－01
24	对数学学习过程性评价内容与实施的思考	吴有昌、高凌飚	【会议论文】全国高师会数学教育研究会 2006 年学术年会论文集	2006－11－01
25	我国普通高中体育与健康课程学习过程性评价研究	魏毅	【硕士论文】西南大学	2006－04－01
26	对职业院校学生数学学习过程性评价的思考与研究	左峰辉	【硕士论文】首都师范大学	2006－04－01
27	关于学生学习的过程性评价理论与方法探究	黄韶斌	【硕士论文】华南师范大学	2005－05－01
28	高校体育学习过程性评价的探讨	华音	【期刊】武汉体育学院学报	2005－04－30
29	大学生体育学习的过程性评价与终结性评价的比较研究	赵云龙	【期刊】南通职业大学学报（综合版）	2001－12－25
30	大学生体育学习的过程性评价与终结性评价	赵云龙	【期刊】山东体育学院学报	2001－12－15

表1-6 过程性评价有关研究年度分布情况（题名=精确）

主题词	2013	2012	2011	2010	2009	2008	2007	2006	2005	2004	2003	2002	2001	2000
过程性评价	32	31	35	28	19	29	23	18	17	9	3	0	2	1
学习过程性评价	2	9	3	3	4	7	6	6	2	2	2	0	2	0
大学生学习过程性评价	1	6	4	2	3	5	3	3	2	0	0	0	1	0

从以上三个表格可以看出，对“学习过程性评价”的研究成果比“学习过程评价”的多（这与“过程性评价”词源的传统性、权威性、普及性有关），但二者年度走势基本一致，亦呈逐年增加之势（2008年是一个小高峰，这与2007年5月18日，教育部的《国家教育事业发展“十一五”规划纲要》被国务院进行批转，要求坚持教育优先发展的精神是紧密相关的），表明为了顺乎时代发展的需要，越来越多的专家和学者都已经认识到了对学生学习过程进行评价的重要性。

（2）存在的问题

经资料文献研究与实际工作经验发现，在我国大学生学习评价中，目前，各高校所采用的最主要的评价方式仍是学业考试。对于高校学业考试，虽然有关专家学者已有深入研究，但与基础教育阶段主要用于升学的测评考试功能相比，缺少外部因素的监管和控制是高校学业考试的显性特征，考试内容和形式更具灵活性，师生的自主性也较强。学业考试具有教育、管理、导向、激励的积极作用，是高校教学活动中的重要一环。然而，学业考试制度及其实施机制，在教学评价实际工作中还存在不少缺陷，对高校教学质量和创新型人才培养产生了较大影响。

通过分析可知，我国大学生学习过程评价的现存问题主要体现在以下几个方面：①长久以来应试教育、结果评价起决策作用的负面影响根深蒂固，教师、学生、家长的惯性观念在短期内不易改变，单纯的学业考试也不能体现创新教育的指导思想；②教考普遍不分离，学业考试成为知识学习评价的简单测试；

③学业考试作为评价方式形式单一；④考试成绩为主的评价机制，不能体现对学习过程的评价；⑤目前实行的学业考试方式不能体现学生的主体性，评价主体单一化；⑥学业考试欠缺灵活化、操作性强的实施机制，不适宜经常性评价。①

此外，经笔者查阅研究文献还认识到，目前，大学生学习过程评价研究方面的问题主要表现在以下三个方面：①对学习过程评价内容和范围的研究，过于空谈、泛化，而对于具体学习情境方面、实践个案研究方面则开展的比较少；②对学习过程评价进行研究的内容，基本以描述性介绍评价的原则、方法、模式、工具等内容为主，而对评价的组织过程、获取有效评价信息的方法、评价是怎样促进学生学习过程等方面的研究，则开展的比较少；③对学习过程评价的研究，较少考虑学生自我评价部分，一般都是来自教师他评（主要在于作业评价和课堂观察），全面性客观性不够；④高等教育大众化背景下，教育质量有所滑坡，以高等教育质量保障为中心开展的研究不少，但围绕大学生学习过程进行的评价研究则较少，通过评价学习过程来提高大学生质量的理念，还未被社会推广和普及。

（3）我国大学生学习过程评价的发展趋势

随着高等教育质量观和现代大学教育观的改变，人才培养质量观也必定会发生较大的改变。大学生学习过程评价，作为一种全新的评价体系，是对高等教育质量保障的重要体系，也就应该在传统学习评价的基础上进行相应的改进，顺应时代需要而发展。目前，我国大学生学习过程评价发展趋势体现在以下几个方面：

①成为大学生学习评价的主流意识。作为学生学习评价的主体，高校和教师，都应摒弃以试题测评为主的传统学习评价方法观、教学观、学习观，把评价对象——学习者及其学习过程作为主体，把对课程或学业的过程评价作为结果评价的重要评定依据，成为大学生学习评价的主要方法。

②成为促进学生素质发展的重要手段。学习过程评价能为学生提供进行自主性学习的机会，如自我设计、自我监控、自我反思、自我总结、自我管理能力，通过自主性学习，可以培养学生的学习能力，促进学习者的学习素质的提高。

③成为创新型人才培养的有效途径。通过学习过程评价，能促使学生积极

---

① 张宝峰．高校学生学习评价系统研究［D］．长沙：中南大学，2008：9.

参加学科技能竞赛和科技创新活动，拓宽学习路径，重视与培养自身问题意识，增强创新精神和思维训练，提升思考问题和解决问题的能力，发挥学习行为的创造性功能，推动创新型人才发展。

④成为学生全面发展与个性化发展的需求。学习过程评价，需要对学习者学习过程中的相关活动内容信息进行系统、全面地搜集和评价，让学生充分认识到：高校学业评价进行过程性考量的发展趋势，改变以往“平时不努力，临时抱佛脚”的学习方式，更改以学业水平测试为主的学习评价观念，全面发展自身综合素质，适应社会对综合型创新性人才的需求，同时实现本体个性化发展需求。

⑤成为高校提高教育质量的关键。过程性评价观念渗透着大学教育质量提高的内涵，它不仅在促进学习者学习过程的同时，还能促进高校里的教学者、科研者和管理者的自我反省、内涵建设、自我提升力，能扩展学习者的发展潜力空间，达到真正可以促使高校人才培养水平和教育质量标准提高的内涵要求。

⑥成为当代学习科学快速发展的要扼。学习科学要发展、要进步，就要坚持用科学的理论为依据，以科学的方法为工具，激发学习者内在的和外在的学习动力，使其真正全身心地投入学习科学中，产生驱使学习科学发展的行动力。

四、研究方法与创新

在对一个事物对象或者项目课题开展研究的过程中，研究方法、研究创新与发现的重要性是显而易见的，并且二者之间具有密切的关系。方法是操作的关键，是行动的指南，是到达研究目的的桥梁，是实现研究创新的重要手段；而创新与发现，是研究的灵魂与关键，是研究方法在一定条件下的产物。

（一）研究方法

众所周知，方法的种类有很多，根据不同的标准可以分为不同的类别，在一项研究中，具体方法的选择或确定要根据研究对象的特征属性、研究内容的可行性条件而定。本书中，主要通过文献分析法、理论构建法、调查研究法以及个案研究法四种方法，来对研究主题具体开展实施研究。

1. 文献分析法

文献分析法，主要是指对文献资料进行搜集、甄别、整理，并通过对过去和现在已有文献信息的分析研究，对既有事实形成科学认识的方法，是一种非接触性研究方法。在本书中，主要用于前期文献综述和开题报告部分的研究完成。一般情况下，文献分析法的操作实施具备五个步骤：确定研究主题、收集相关文献、整理分析文献、撰写初步分析、修改分析定稿。总体上来说，它是一种经济有效、快速便捷的方法，但同时也具备信息收集不完备特点，及时性和有效性有所欠缺。

2. 理论构建法

理论构建（theory construction）法，泛指提出或建立理论体系过程的方法。根据美国社会学家华莱士（W. Wallance）的“科学环”含义，是指以事物经验的观察（可定性或定量）出发，利用经验概括（可解释）或假设（须用可测量或操作化的方法进行检验）的方法，对研究对象进行归纳或推理，得出对观察事物可解释的理论，可分为归纳法和演绎法两种构建方法。归纳理论建构法的主要步骤为进入实地研究、对实际发生的事实或现象进行描述和陈述、观察概括出具有普遍意义的模式。演绎理论构建法，美国社会学家布莱洛克（Hubert M. Blalock）在其著作《理论构建》中进行了详细的介绍，其主要步骤为明确和确定研究主题和内容、了解相关研究经验知识、用新的概念来理论组织研究主题、用变量和指标来表达概念内涵、建立命题演绎系统、用经验资料来检验理论。

本书中理论构建法主要适用于理论体系几个模块的系统性研究，在对文献进行分析的基础上，作者用新的概念，用变量和指标进行内涵表达，思考构建出了包含理念、指标、机制、方法、模型在内的学习过程评价理论体系，并进行了相关的实证性研究进行验证。

3. 调查研究法

调查研究法，主要是指通过对事物对象进行客观考察和了解，直接获取相关信息资料，并对它们进行分析和解释的研究方法。本书对调查研究法的运用，主要体现在对学习过程及其评价问题的实际调查和研究，主要体现在三个部分：运用专家访谈法，对 6 所高校、1 所研究部门的 11 位博导教授或专家，进行邮件或面访式专家访谈，有效采集到 8 位专家的回复邮件或谈话，对学习过程评价指标体系进行指标体系的修改和完善、学习过程及其评价相关问题的意见征询（具体访谈内容见附录）；运用问卷调查法，对 16 个本科高校的 2123 名学生进行了学习过程及其评价的调研、对 S 大学的 3526 名学生进行了学风调研、对 384 名学生进行学习过程评价的事后反馈调查。

（1）问卷调查法

问卷调查法是指对调查问题或项目进行精细设计后，向调查对象收集信息的方法[①]。根据回答问卷的方式，问卷可分为封闭式（结构式，问题为选择式、量表式、排列式）和开放式（非结构式，问题为填空式、自由问答式），若两种类型结合起来使用，则利于收集信息的全面和完整。问卷法的实施，包括选取调查对象、发放问卷、回收问卷。成功实施问卷法的关键是编制良好的问卷（问卷的基本结构包括标题、指导语、问题和答案、结束语四个部分，其编制基本原则是重点突出、结构合理、问题明确、数量适当、便于处理），问题（项目）则是问卷的主体。本书中用来调研大学生学风建设、学习过程及其评价的现状与现存问题。

采用调查法的优点和缺点。问卷法的优点在于，这是一种标准化的调查方法，可以进行广泛而富有代表性的取样，从不同的研究对象那里获得同样形式的数据，客观性程度比较强；具有很好的匿名性，对于被调查者具有具有一定的保护性，也可以真实性反映、获取被调查者的真正情况和想法；可以节省人力、物力和时间，简便省时，可以在较短的时间内调查到对象的多方面内容，比当面访谈操作实施更加简便，时间方便灵活，效率高；格式客观统一、标准化，易做科学性量化分析，可以避免主观偏见因素的干扰；还可以设置开放性题目增加开放性。问卷法的缺点是，表达方式上存在一定的局限性，主观题目内容和数量有限，缺乏一定的灵活度，个别调查者存在部分应付现象，回收率不够高，影响数据采集的可靠性。对此，本研究者在各高校负责问卷调研的人员方面，使用了可靠的社会资源，利用问卷发放负责人员的权威性和便捷性，现场发放和回收问卷等方法，以及安排认真得力的学生干部进行问卷输入，尽量克服问卷调查法的不足，在一定程度上保障了研究的高回收率96%和数据的有效性95%。

（2）访谈法

本研究中主要用访谈法来对专家对于学生学习过程及其评价指标体系的设置，以及教师、学生、家长对于评价对象在问题信息方面的收集，调研问卷、量表的结构要素的设计。访谈法分为结构性访谈和非结构性访谈、个人访谈和团体访谈、直接访谈和间接访谈、正式访谈和非正式访谈等类别。访谈法的实施过程包括访谈设计、访谈人员的选择和培训、访谈实施和记录整理。

采用访谈法的优点和缺点。访谈法的优点在于，操作形式简便易行，利于双向交流、交互作用，实施程序灵活、可控性强，具备一定的及时性，可以缓

① 金娣，王刚．教育评价与测量［M］．北京：教育科学出版社，2002：136.

解访谈对象对部分问题的规避，适用面广、开放性强，能有效收集资料，利于访谈者对于被访对象进行观察，引导其反映真实想法和感受，利于问题的启发、促进和进一步的根源挖掘。访谈法的缺点表现在，需要访谈者做好充分的准备，实施过程费时费力、样本小、成本高，需要访谈者预先与对方建立合作关系，对访谈者要求高，需要先进行技能的培训，能控制访谈对话的进行，理解力强，处理问题能力和应变能力强，了解访谈内容或领域。

（3）观察法

本研究中主要由教师、学生、家长用来观察记录学生在学习过程活动状态中的表现力指标。观察法的特点主要有，直接性、真实性、情感性、重复性、目的性、计划性、系统性。观察法的类型主要分为，自然观察、控制观察，直接观察、间接观察，参与观察、非参与观察，结构性观察、非结构性观察等。常用的观察法主要有，实况详录法—连续记录法、日记描述法—日记法、轶事记录法—记事法、事件取样法、时间取样法、行为检核法—清单法等。

观察法优点和缺点。其优点是，能获得相对真实可靠的材料、在自然状态下的观察能获得生动的资料，简单易行费用低廉、能收集到一些意外的材料；观察法也存在一定的缺点，比如受时空条件的限制、受观察对象的限制、受观察者自身的限制，观察资料具有片面性、偶然性、表面性，操作的时候费时费力，不适应于对大面积对象进行观察等。

4. 个案研究法

个案研究法，又称“案例分析法”“个案分析法”，最初是由哈佛大学于1880年开发完成的，意指对于某一个体或群体组织，在较长时间内（几个月、几年乃至更长时间），连续进行调查和了解，收集较为全面的资料，从而研究个案对象的心理、行为发展变化的全过程的方法。对学生学习过程的个案研究，是对个别学生的日常观察、谈话和行为指导综合起来，研究个别学生学习过程发展的方法。本研究中采用的个案研究法，主要应用在对个案样本的调查分析和比较判断方面。即用于对S大学的一个自然班28名学生的《高等数学》课程的学习过程个案样本，进行一个学期的跟踪调查分析研究。对学生学习过程的个案研究，首先要求研究者对该学生对象进行全面深入的了解，比如了解学生的学习成绩、兴趣、爱好、特长、家庭情况、身体状况等等。其次要针对性地运用有关的教育理论和教育方法，实施教育干预。最后，要根据教育干预后学生的反应，采取进一步的措施或提出建议与意见。

本研究中，研究者作为该研究个案对象所在学院的学生工作负责人，对该班级的任课教师教学过程、辅导员管理过程、学生学习过程，都比较熟悉和了解，也比较便于进行多方协调沟通、构成合体，实施教育干预措施，促进了个案研究法对于本项研究结果成效的提升。个案研究法一般具有以下几个显著特点：

其一，实际性。个案研究来源于教育教学实际，这是它的显著特点之一。案例可以取之课内，也可以发生在课外；可以存在于师生之间、教师与教师之间、学校领导与教师之间；可以是对某个优秀生的教育研究，也可以是对某个中间生、后进生的教育研究。

其二，适时性。个案研究的案例，应以关注今天所面临的教育教学中的热点难点问题为主。个案研究所运用的教育理论可以是稳定的，但展示的事实材料应具有时代性，是与当前的教育时间相适宜的。

其三，多样性。个案研究的内容是多种多样的，既可以是针对某个学生、教师、学校领导的个案研究；也可以是教学、课外活动、班主任工作中的某个典型事例的个案研究。教育活动中，只要涉及教育教学实际的个别人和事，都可以作为个案研究的内容。

（二）主要发现与创新

经过系统而全面的理论与实践的研究，作者主要获得以下一些发现与创新：

1. 主要发现

（1）大学生学习过程的成效，是可以通过评价指标的方向性引导得到改善提高。评价的引导性功能，在本书可以通过评价指标体系的设置而进行适当发挥。

（2）大学生学习过程评价的体系，是可以利用实践对于理论的补充检验获得科学完善。理论与实践的有效结合，是形成科学性研究成果的重要保障。

（3）大学生学习过程及其评价的系统性研究与实践性改革，是可以促进人才培养体系和培养质量的提高。同时也可以促进社会对于复合型人才的培养需求。

在本书第六章后面实践部分，进行了学习过程评价的事后学生反馈调查分析（含7门课程的384名学生），证明了学生对学习兴趣、学习质量、学习能力有较大提升，且有超过一半的学生认为，学习过程评价促进了自身学习过程，实施效果良好。也进一步验证了前期研究假设第二部分内容的成立。

2. 主要创新

（1）研究选题的创新，对大学生学习过程的各个主要维度进行了梳理、分析和研究。研究成果可进行持续性后续研究，根据时代发展趋势，以后可在社会中进行实践应用的尝试性推广，具备可持续性研究发展力。

（2）研究结果的创新，系统构建了一个较为完整的大学生学习过程评价理论框架，主要包括大学生学习过程评价的理念、机制、方法、模型及实践应用等内容，研究取得新进展。以过程性评价的视角对大学生进行学习评价，能进一步推动学习科学的发展。

（3）研究方法的创新，利用定量的实证分析，对定性的过程性学习评价的理论研究进行了补充和验证，提高了本项研究的有效性和可靠性。特别是通过实践论证，进一步发现和解决了大学生学习过程的主体性忽略、重结果轻过程、学习兴趣低、创新能力不足、过程性学习评价体系不完整等现存问题，验证了前期研究假设第一部分内容的成立。

五、研究过程

（一）研究设计

1. 研究目标

目前，我国大学生学习过程评价主要采用平时课堂出勤表现、作业提交情况，期中、期末学业考试等方法。其中，纸笔测验是主要的测试手段和测量方式，然而诸多事实表明，纸笔测验对于大学生学习过程及效果的衡量存在一定程度的弊端：评价结果多以简单的考试分数成绩呈现，但这些数字却无法全面体现大学生在学习过程中的学习自主性、学习性投入、学习能力、学习水平和学习效果等。

大学生学习过程评价，作为高等学校教育、教学、管理工作的重要组成部分，对于督促学生学习、激发学生学习兴趣、加强学生管理、培养学生创新能力，以及检查教学质量、推动教育教学改革，提升人才培养质量，都有着极其重要的战略意义。研究学习过程评价，强调对学生学习的判断、反馈、改进、激励、提高等功能，是教育教学评价工作的重点①，是促进学生发展、深化教育发展改革、提升人才培养质量水平的关键。

（1）根据大学生学习过程的特点和规律，研究大学生学习过程的现存问题。

（2）针对大学生学习过程及其评价现状及问题，进行实践探析、原因探究

① 孙士杰，张国荣，冯喜英．高校学生学业成就评价现状及改革的研究［J］．河南师范大学学报（哲学社会科学版），2000（5）：106.

及对策研究。

（3）基于理想的大学生学习过程，设计大学生学习过程评价体系模块。

（4）探索大学生多元化学习过程评价模式，构建大学生学习过程评价的理论体系，并进行实证分析，验证理论的有效性。

2. 研究技术路线

根据以上研究目标和研究开始阶段确立的研究问题，本研究者在分析文献资料的同时，着手理论研究，构建了理论体系模块的五个部分，并进行了广泛的调查研究，对研究结果进行实证检验，对存在的现状问题进行了原因分析与对策研究，最后对研究问题给出了明确的结论回答。对于研究技术路线的设计，如下图 1－7 所示：

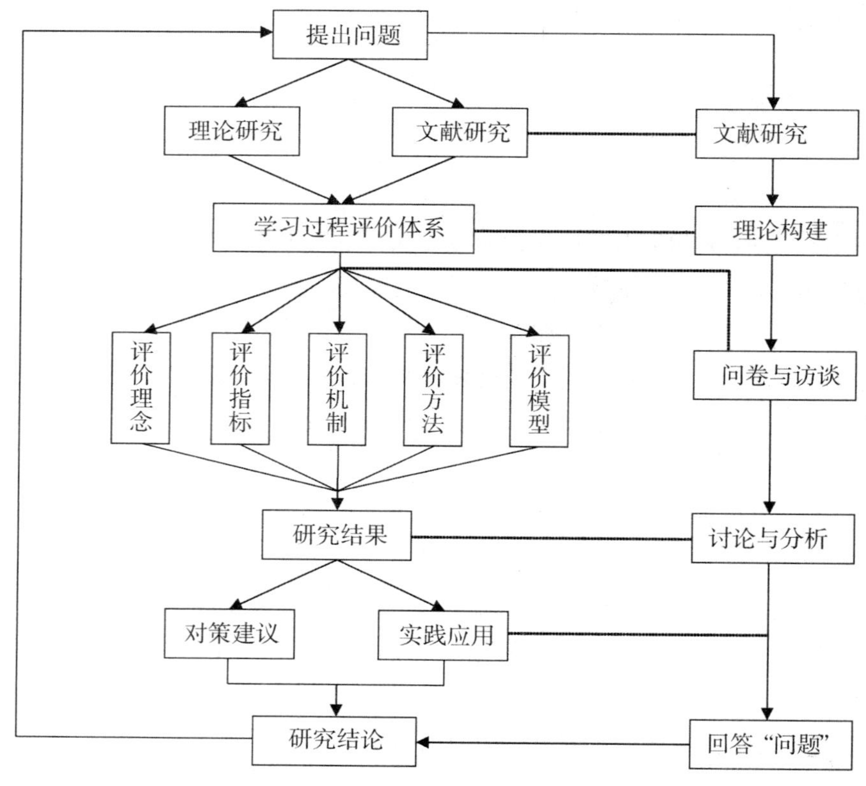

图 1－7　研究技术路线图

（二）研究实施

本书作者在本研究主题确立后，首先，从文献查找统计分析入手，了解了国内外大学生学习过程评价的形成背景和发展历程，思考了学习过程及其评价在当前的存在问题、研究现状与发展趋势，完成了文献综述分析报告。

其次，梳理了学习过程评价的理论基础，寻找支撑本研究的理论依据和现实依据。先与大学生学习性投入理论与实践的研究课题相融合，研究了学习过程评价的基本理论部分；接着掌握了评价理念的构成要素，分析了评价理念的体现；然后对评价的机制和方法，也进行了深刻的思考和研究，分别单独成章进行了详细分析和阐述；后来对评价的模型，又进行了理论构建、分析论述与实践应用。

再次，设计研究学习过程评价的指标体系，这是整个评价体系的核心部分。本研究者结合研究对象的实际情况，花费了半年以上的时间对其不断地进行修改调整和补充完善。其间，拟好初稿后，先向国内部分重点高校和教育研究部门的教授或专家，以面谈或邮件的形式进行了结构性访谈，综合考虑专家和导师的意见，结合自身的思考，并经小范围的样本试测后，达到了进一步的修改完善，形成了本研究的《大学本科生学习过程及其评价研究》的调研问卷定稿（见附录一）。问卷主要分为七个部分，分别包括背景信息、大学生学习的总体情况、学习过程评价的四个纬度（按问卷顺序排列）——学习的个性化、学习的自主性、学习的创造性、学习的投入度，还有学习过程及其评价的其他开放性问题部分。整个问卷共包括70道题目（含324个选择项、2个开放性题目），问题基于学生的日常校园学习生活，内容格式参考了美国印第安纳大学编制的《大学生就读经验问卷》（College Student Experiences Questionnaire，CSEQ）、上海师范大学高耀明教授主编的《大学生学习问题研究》一书中关于大学生学习生活的调查问卷、西南大学冯廷勇教授等的《大学生学习适应量表的编制》等，结合自身实际研究对象和研究目的进行内容编制，能够真实地反映出大学生的学习过程及其评价的状态。

在多位老师、同事、同学和朋友们的帮助下，于2014年10月底开始，在全国东部、西部、中部、南部、北部所有区域的16个高校进行了广泛的问卷调查研究。调研学科领域广泛，涵盖了大文科、理科、工科、艺术、医学、体育、农学等多学科，共发放2123份调研问卷实施调查，实际回收问卷2059份，其中有效问卷2052份。根据调研结果进行了数据统计分析，一方面用于体现实证部分，验证理论研究成果的有效性，另一方面也可以补充、修改或完善理论研究的内容。

最后，在一所非211高校——S大学，选择了一个样本班级（共28人）进行个案研究，对整个班级进行了学习过程评价的跟踪调查分析，对前期研究成果进行了实践应用，促进笔者发现一些潜在问题和不足，为下阶段的研究进行补充。

（三）研究结果形成

研究结果的形成主要通过七个部分来体现。第一部分为基本理论部分，以绪论为主，主要介绍研究背景、研究问题、核心概念内涵、文献综述、研究方法与创新、研究过程等；第二部分为学习过程评价的理念，主要介绍理念提出的依据、理念的构成及理念的体现等；第三部分为学习过程评价的核心部分，对指标体系进行详细的解析，从理论分析和调查的途径介绍指标体系的构建过程，并介绍指标体系的构成，进行细致的解析；第四部分为学习过程评价机制的论述，主要从评价的职责划分、运作方式、操作程序等方面开展研究讨论；第五部分为学习过程评价的方法，在介绍方法的基础上，分析评价的基本方法，并对方法的实践应用进行了说明；第六部分为学习过程评价的模型建立及应用部分，构建模型并对内容模式进行解释，进一步对依研究结果的实证分析而构建的模型进行分析说明；最后一部分为结语，对本研究结果进行了反思与展望。

另外，需要说明的一点是，在论文进行预答辩后，根据答辩评委老师的指导意见和核心概念的内涵，对评价指标体系中一级指标的先后顺序又进行了调整，最终形成了本书的研究结果。

（四）研究结果的实证分析

随着创新教育被提上日程，其地位一路攀高，直至国际领域级别；同时，世界各国对提升高等教育质量的需求迫切；二者的巧妙结合，可以促进人们朝着理想高等教育的方向快速迈进，而“协同创新”，就是一条光明灿烂的通达道路。所谓“协同创新”，是指通过有效整合创新要素和资源，打破创新主体间的壁垒，焕发其相互之间创新因素的生机，实现创新主体在“人才、资本、信息、技术”等多方面的密切合作。而“高等教育的协同创新”，其寓意为：一是高等教育对于国家来说，本邦的要融入全球的，沿着区域化、国际化和全球化的目标（这是高等教育发展的必然趋势）路线，提升国家高等教育发展水平；二是深化校企合作、推进产学研发展，共享资源、共谋发展，共同研究创新，实现高校教学、企业利益、教育发展三位一体的共同协作发展。关于“协同创新是高等教育发展的新增长点”这一观念，在下面三个国际级别的报告中都有所体现：《支持经济增长和就业——欧洲高等教育系统现代化议程》（欧盟）、《2009年世界高等教育大会公报》（联合国教科文组织）、《发挥高等教育的作用：促进东亚技能与科研增长》（世界银行）。而大学生学习过程评价研究，就是协同高等教育学、课程与教学论、教育评价、学习科学等多学科综合交叉，进行创新性研究和实践，可以促进教育理念的创新发展。

本研究在前面用较大部分篇幅内容系统性地对理论模块进行了学理性分析阐述和研究讨论，根据大学本科生学习过程评价的理念、指标体系、评价机制、评价方法内容，理论建构了大学生学习过程评价模型结构。然后，在理论推理的基础之上，结合实证研究，对理论研究结果进行了实践分析、成果验证和有效性检验，选择在华东地区的一所本科高校开展了实证研究，选择适当的班级作为试验样本对理论研究成果进行一定的应用分析，开展了一个学期的跟踪调查和分析，并以此细节性呈现和详细描述了学习过程评价模型在大学生学习过程中的实践运作过程、发展特点和研究趋向。

六、研究意义

第二次世界大战结束以来，“整个人类历史上，90% 以上的科学家与发明家，都生活在我们这个年代”①。特别是进入 21 世纪以来，新兴技术、科学研究的迅速发展，使得知识在传统特点的基础上，又具备了延展性、无限性和快捷性。它可以被源源不断地研究开发创新出来，导致知识的总量空前增长，呈现出两个显著性趋势特点：一是知识总量的递增速度愈来愈快；二是知识陈旧的时间周期愈来愈短。据统计，知识陈旧的时间周期长短变化具体情况为：18 世纪是 80 – 90 年，19—20 世纪初是 30 年，20 世纪下半期是 15 年，21 世纪以来又缩短为 5 – 10 年②。对大学生学习过程及其评价进行研究，不论是对于学生个体发展，还是社会发展、科学进步，意义都非常重大。

1. 理论研究的意义

（1）构建与完善学习过程评价理论体系，能促进学习科学的快速发展。不仅能填补在大学生学习过程评价方面研究知识的空白与不足，还能把对学习过程评价方面开展的单学科、片面化研究的知识内容系统化、全面化，对于单学科和综合学科的创新研究发展，具有重要的指导性和参考性意义。

（2）构建与完善学习过程评价理论体系，能有效指导学习评价的实践发展。能够指导实践研究在传统考试评价方式的基础上，将适合现代大学生的评价内

① 联合国教科文组织国际教育发展委员会编著，华东师范大学比较教育研究所译．学会生存——教育世界的今天和明天［M］．北京：教育科学出版社，1996：117.

② 教育部高等教育司组织编写，王言根主编．学会学习——大学生学习引论［M］．北京：教育科学出版社，2003：3 – 4.

容和评价方式相融合，并以先进的评价理论为引导，是促进高校在教育教学评价活动中，对先进学习评价理论进行较好应用的有力保障。

2. 实证研究的价值

以全国16所高校的本科生抽样调查为例，以一所普通高校的学风调研为基，以其中一个本科自然班级为个案研究，以部分实施学习过程评价课程的事后评价为证，进行了大学生学习过程评价的实证分析，检验了理论推理的现实价值和现实意义。

（1）利于发现大学生学习过程评价现存的问题

对大学生学习过程评价进行系统研究的主旨是，以起点评价为基础，以指向过程的多元化方法为工具，与结果评价相整合，对学生学习的阶段性过程与阶段性成果，实施动态、连续、灵活和弹性的评价，提供数据分析和策略支持，并在评价中开展有效自我评价，突出学生的主体地位，既利于发现学习过程及其评价中的真问题，又利于启发学生的创新精神、增强创新能力。

（2）利于改进大学生学习过程评价的现状

对大学生学习过程评价进行全面而系统的研究，具有可以解决与改善高校学习过程评价问题与现状的重要意义，通过实行多元化的学习过程评价方式方法，能对有效教学和高效学习具有较好的指导性意义，可以促进学习、教学、评价理论的先进性研究。

（3）利于促进人才培养质量的提升

我们通过将数学模型评价技术引用到大学生学习过程评价中，利用数据实证分析，能有力支撑教师的教学过程考核和学生的学习过程评价，能更有效地推进高校教育评价信息化的进程，推动教学实效的高效开展，助推人才培养质量得到提升。

世界经济合作与发展组织（OECD）于2012年5月公布了《更好的技术、更好的工作、更好的生活：技能政策的战略方针》，报告中明确指出，“技能已成为21世纪经济的全球货币”，而“资格和能力”作为人类之间一种新式的“共同货币”，可以在不同国家或不同领域的人们之间，进行自主使用与自由流动。人们需要对这项技能进行不断地增强，才能真正立足于社会之中。否则，再先进的技术也不能促进经济增长，不能促使国家竞争力的提高，因为这是一个一切以知识为生命本源与生长活力的现代性社会。对大学生学习过程及其评价进行研究，可以有效地促进高校对于大学生学习能力、技能训练的培养，促进国家科学技术的进步，提升国家社会的发展竞争力。

第二章

大学生学习过程评价理念

所谓理念，是指人们用语言形式对事物现象进行解释时，所归纳或总结出来的思想、观念、概念或法则。评价理念是指对事物对象进行价值分析判断时，所凝练出来的思想观念或参考依据。对大学生学习过程进行评价时，需根据学习评价的目标和过程性实施原则，遵循一定的评价法则，即学习过程评价的理念。

一、理念的依据

理念的依据主要从两部分来进行阐述，一是理论依据，二是现实依据，二者相辅相成、互为补充，共同为理念的依据形成了基础上的支撑。

（一）理论依据

理论依据是一切研究问题的基础，是实施研究的参考。本书中的大学生学习过程评价理念的理论依据，主要来源于几个重要的相关学习理论，分别有人本主义学习理论、认知主义学习理论、建构主义学习理论、多元智力理论、参与学习理论、掌握学习理论、学习性投入理论。这七个学习理论各具特色，层层推进，共同构成了大学生学习过程评价理念的重要基础，下面将分别展开进行介绍。

1. 人本主义学习理论

此理论从“人是完整的人”的观点出发，强调人在学习过程中的主体作用，强调学习是人的自我实现的过程，强调自主学习、自主发展，学习原则的核心是要让学生自由的学习，使学生的学习更具有个人意义。人本主义学习理论代表人物为美国心理学家罗杰斯（Carl Ransom Rogers，1902—1987），他曾为美国心理学会主席，加利福尼亚西部行为科学研究所研究员。罗杰斯于 20 世纪 40 年代提出了“患者中心疗法”，于50 年代提出了个性及其变化的“自我理论”，于 1969 年出版了一本著作《学习的自由》，对人本主义学习观和教学观进行了解释。

“意义学习”是罗杰斯从人本主义的角度出发，在激发个体“潜能论”思想与追求“自我实现”理念的共同引导下，而提出的一种建设性的观念。所谓“意义学习”，是指对个体自主学习的本原潜能进行充分激发，以追求个体的“学习自由”与“自我实现”为方向，使个体可以具有对自身需要或感兴趣的知识经验进行学习选择的自主性，具备“本体主动地自我学习”的特点，是一种真正完全自由、自主的学习，不受任何的外在压力①。意义学习包括了一系列的假说，如学习的根本、学习的内容、学习的目标，以及学习的方法与过程、学习的条件等。罗杰斯认为，这种意义学习的过程不仅包括学习者的认识过程，还包括其情感过程。因为情感过程影响了学习者的态度、认识、情感、行为和生活，促使人在这些方面发生变化，从而涉及学习者的个性化发展。

大学生学习过程评价的哲学依据，是人文主义的世界观和方法论。评价内容重视学生学习的多元性，包括学习评价的事实领域和价值意义；对评价对象既注重其客观本质现象，又注重其动机、情感、信念、意志等主观精神现象；评价过程强调被评价者的主体性，充分发挥学习评价的功能；评价方法与手段突出客体的直观感受、自我反思和积极体验。

在大学生学习过程评价的发展过程中，人文主义世界观和方法论的根本特点发挥了一定的指向作用，同时依照其对学习评价的基本要求，在进展方面表现出了一些新的动向②：

（1）重视自我评价。改变被评价者传统的被动式接受状态，使其认识到评价活动是进行自我完善、自我发展的有效手段，充分发扬个体自我评价的主观能动性，倡议客体主动参与到评价过程中来。

（2）倡行形成性评价。对以往完全以分数对学生进行优良性选拔、对教育功能有所忽视的情况进行改观，切实发挥评价的改进、激励等其他方面功能。

（3）注重评价者的参与。重视学生对有关活动参与的主体感受，建议凭借理解和解释，对学生进行自然性观察，对教育现象反映的内在价值进行把握。

（4）侧重分析个体活动的本质。个体同周围其他事物之间有着一定的联系，在开展活动时，具备与周边环境之间起着相互交叉作用的实质，因此，要对其

① 张奇，林崇德．学习理论［M］．武汉：湖北教育出版社，2012：327.

② 沈志莉．发展性高等教育评价研究［D］．武汉：华中师范大学，2003：32－43.

活动背后暗含的本质属性进行重点分析，利于发现事物的本质特征。

（5）转变学习评价的模式。从现代评价观来看，传统的学习评价方式比较单一，也表现在对指标体系的分析过于依赖定量，忽视了质性在分析事物本质中的重要作用。过程性学习评价应转变为由定量与定性分析相结合的综合模式。

总之，人本主义的学习过程观，是学习者的一种“自我自由”意识到“自主学习”意境的过程，是以激发学习者的自主性学习潜力为根本，以自主学习、自我实现为方向，对学习内容依照自身兴趣进行选择性学习。人类教育的本质是社会性的教育，注重个人的发展是社会性的个人发展，尊重学生个性，给学生学习和发展的相对自由，这样才能慢慢把“应试教育”带来的负面问题，逐渐湮灭在“素质教育”的铁轨下，促进全体受教育者的全面、可持续、终身发展。

2. 认知主义学习理论

学习是对环境关系的理解，是人在与环境的相互作用中获得知识，并运用知识解决问题的过程。认知主义理论中的格式塔学派代表人物，有马克斯·韦特海默（Max Wertheimer，1880—1943）、库尔特·考夫卡（Kurt Koff ka，1886—1941）和沃尔夫冈·苛勒（Wolfgang Köhler，1887—1967）等。其中，美籍德国心理学家苛勒在约5年（1913—1917年）的时间内，以黑猩猩为实验观察对象，对其“问题解决行为”进行了一系列研究，然后提出了首个认知学习理论“学习顿悟说”（也称为“完形——顿悟说”），因为内容与当时已被广泛流行的“联结——试误说”（桑代克）相对立，也曾经引起了人们的一些争议，后来发展成为德国格式塔心理学派的一种代表性学习理论。其观点主要有：①学习是通过顿悟过程实现的；②学习的实质是在主体内部构造完形；③刺激与反应之间的联系不是直接的，而是以意识为中介。美国心理学家布鲁纳（J. S. Bruner，1915—）和奥苏伯尔对学习的看法是，通过认知获取意义和意愿、形成认知结构，并对认知结构进行组织与再组织的过程①。

另外，还有美国心理学家托尔曼（Edward Chase Tolman，1886—1959）的“认知——期待说”，是一种以动物的学习模式为基础的符号学习理论。他认为，动物的学习不是形成简单的动作反应，而是形成对“目标——对象”和“手段——对象”的认知性期待。美国儿童认知发展和认知学习的心理学家、教育学家布鲁纳的“认知——发现说”是指，人的认识过程是把要学的信息和以前

---

① 郝贵生．大学学习学［M］．北京：人民出版社，2001：22.

学习所形成的心理框架（或现实的模式）联系起来，积极地构建认识过程，而对认知结构进行组织与重新组织的活动就是学习。布鲁纳对于知识学习的观点是，既可以通过习得过程积极认知，又可以通过发现学习积极获取。

美国教育学家加涅（Robert M. Gagne，1916—2002）的认知学习理论，说明了学习和记忆的信息加工过程，他把学习过程划分为八个阶段：动机阶段；注意和选择性知觉阶段；预习阶段；编码阶段；寻找和恢复阶段；概括和学习的迁移阶段；反应的生成阶段；反馈阶段。1968 年，加涅还根据学习活动的繁简程度把学习分为八种类型，又称为八种层次：①信号学习；②刺激—反应学习；③链索学习；④语言联结学习；⑤鉴别学习；⑥概念学习；⑦规则或原理的学习；⑧解决问题的学习[①]。他认为，学习特别是问题解决的学习，是原理学习的自然扩展，过程是在学习者内部发生的，要求学习者把过去学习的原理组合起来，构成解决新问题的新原理，为新问题找出解决的新办法。此类学习，也被研究者称为是当今大学学习者所应具备的一大特质，也是创新力培养的主要来源。

美国当代著名的教育家和心理学家布卢姆，既是一位行动派心理学家，也是一位认知派心理学家，十分强调已有认知结构对学习的影响作用。他认为，学生在开始新的学习任务之前，对其相关条件了解的越充分，就会对该任务的学习与完成表现出越强的积极性。布卢姆提倡，教师在开始新的教学活动之前，应先对学生的知识基础、情感态度、习惯状态进行判断；对学生是否能按正常教学进度完成目标进行鉴别；对“天才生”和“学困生”进行识别；然后再提供预期性知识，使教学内容、目标、过程和方法符合学生特点。

3. 建构主义学习理论

在学习理论的发展进程中，认知主义出现之前是行为主义，之后再继续进展，就出现了建构主义[②]。建构主义（constructivism，也称为结构主义），其理论渊源可以追溯到古希腊时代的苏格拉底思想，尤其是他的精神助产术——“产婆术”，即启发式教学方式。建构主义发展历程源远流长，一般人认为，瑞士的皮亚杰（Jean Piaget，1896—1980），是最早提出建构主义的人。这源于早在 20 世纪 70 年代，认知建构观作为建构主义的基本观念，就被皮亚杰在其发

---

① 张奇，林崇德．学习理论［M］．武汉：湖北教育出版社，2012：210－219.

② 张建伟，陈琦．从认知主义到建构主义［J］．北京师范大学学报（社会科学版），1996（4）：75.

生认识论中提及[①]。另外，西方建构主义学习理论中著名的代表人物与理论观点，主要有苏联时期维果茨基（Lev Vygotsky，1896—1934）的社会—文化心理发展理论、皮亚杰的认知结构主义、布鲁纳的发现学习思想、斯皮诺（R. J. Spiro）的认知灵活性理论等。建构主义自产生以来，深刻地影响着人类对于学习机制以及教育活动的改革思想与观念更新，是迄今为止教育学界最具影响力的理念之一。

建构主义学习观对“学习过程”的看法，主要是指在新旧经验之间进行反复交互作用之时，对知识进行再度创造的过程，而不仅仅是简单的信息输入、加工、存储和提取；另外，学习具备社会化特征，是一个个体与群体或社会的交互作用中持续丰富和全面的过程，而不仅仅是个体行为。美国当代著名建构主义学家冯·格拉塞斯·菲尔德（Von Glasersfeld）指出，“知识不是被动吸收的，而是由认知主体主动建构的”[②]。用乔纳森（D. H. Jonassen，1992）的观点来说明的话，即建构主义是一种既不同于经验论又不同于唯理论的新认识论，它摒弃了传统的知识，认为知识的学习并非是学习者对客观世界的被动反映，而是学习者进行能动选择、主动建构的过程。

建构是人们认识世界、了解世界的一种方式，承认认识或学习是主体主动建构的过程，也是从认识论的角度对认识或学习的机制进行的一种解释。简单来说，“建构”观点的内涵主要表现在以下三个方面：其一，主体与客体间的交互作用是一个内外双重建构的过程；其二，主体与客体间的交互作用促进了心理现象的发生；其三，认知结构是一个从初级向高级不断建构、动态进展的无限过程。

建构主义关于认识的建构性原则是极为重要的思想。学习者对于知识的建构是一种双向的建构，一方面是对新知识意义的建构，即运用其原有经验超越所提供的知识，另一方面又包含对原有经验的改造和重组。

学习，是一种有价值的建构过程，它需要学习者对新知识和已有知识进行有效联结。教学的意义除了传授教材知识，更重要的是帮助学生以个人已有知识经验为基础，对新知识形成逐渐深刻的理解与构建，为新知识的结构进行智能化搭建。也就是说，创建积极、协作、探究的学习情境和氛围，是建构性学

---

① ［瑞士］皮亚杰著，王宪钿等译．发生认识论原理［M］．北京：商务印书馆出版，1981.

② 吴维宁．新课程学生学业评价的理论与实践［M］．广州：广东教育出版社，2004：78 - 83.

习的关键。

就学习评价观而论，建构主义相对于其他派别，具备以下几个显著的特征：

（1）注重自我评价和原认知发展评价

建构主义评价，注重提升学生的自我教育管理能力与自主性学习能力，重视培养学生在学习过程中的自我评价与自觉反思能力。它以学习者的自我诊断、分析、反馈、调控为基点，选择合适的原认知工具，促进学习者根据自身学习需求和学习进展，结合周围环境的实际情况，不断改进学习方法或策略，获取学习的持续性进展。

（2）注重对知识建构过程的评价

相对于学习结果，建构主义学习评价更注重对学习过程的评价。学习过程主要考察学习者学习方法、学习投入度、学习风格、自我管理、问题意识和创新能力等。所以，在教学过程中，应该融合富有成效的学习评价，使评价与教学过程成为一个统一的有机整体。

（3）注重评价标准的多元化和多样性

对于评价标准，建构主义评价观的观点是，学习具备多面性和多样性，不同的认识论会产生不同的看法。细胞单元组成个体的组合方式不同，使得每个人的心脑结构、思维方式都存在一定的差异性，学习过程的丰富多样，产生的学习结果也会不尽相同。因此，学习评价应具有一定的包容性和广阔性，允许多样化的结果或观念存在，只要符合一定的逻辑性和合理性即可，评价标准也不应使用整齐划一的固定模式。

总体上来说，建构主义学习理论，侧重于个体在学习过程中的主动性和建构性；对于那些在传统教学中把学习进行单纯级别区分、把教学方法进行简单通用的做法表示批驳；从学习本体考虑，建议进行情境教学、协作学习等。建构主义的学习观点，符合知识学习的本质规律，适合个体学习发展特征，对于推进教育教学改革具有深刻的指导意义。

4. 多元智力理论

美国著名的心理发展学家、哈佛大学的霍华德·加德纳教授（Howard Gardner，1943—），于1983年在其名作《智力的结构》中，提出了闻名遐迩的多元智力理论（Multiple Intelligences，也有人称为“多元智能理论”）。此理论一经产生便得到了人们广泛的认可，也改变了大家对传统智力理论的狭隘认识：即个体的智力是单一、可量化的，人类的认知方式是一元化的。关于智力的本质，加德纳教授给出了这样的解释，即“在某种社会文化背景下，个体用以解决自身困难或问题的能力，以及生产或创造出社会所需要的有效产品的能力”[①]。加德纳教授认为，世界上的任何一个人都最少具有七种主要智力，即 linguistic intelligence（语言智力）、logical-mathematical intelligence（数理逻辑智能）、spatial intelligence（空间智力）、musical intelligence（音乐智力）、body-kinesthetic intelligence（身体运动智力）、interpersonal intelligence（人际交往智力）和 self-questioning intelligence（自我认知智力）[②]。这种多元智力观念随着社会的发展，逐渐被越来越多的研究者和社会接纳并推广。后来，加德纳教授还对多元智力进行了补充完善，在原来七种智力的基础上进行扩展，增加了 naturalist intelligence（自然主义智力）和 existential intelligence（存在主义智力）两种智力。

多元智力理论观点认为，智力是在某种社会或文化环境的价值标准下，个体用来解决实际问题或创造有效产品的能力。其含义为：

（1）每一个体的智力各具特点。这是因为对于同时拥有相对独立多种智力的每一个人来说，在现实生活中其身上多种相对独立的智力是以不同方式、不同程度有机地组合在一起的，而非绝对孤立、毫不相干。

（2）个体解决实际问题与生产创造有效产品的能力并重。多元智力理论，是被解释为一种以语言能力和数理逻辑能力为核心的整合性能力，而传统的智力理论则由于出现于现代工业社会，所以对言语—语言智力、逻辑—数理智力较为重视；

（3）教育及其环境决定着个体的智力发展程度。自然、社会环境，以及教育条件的状况，对个体智力发展存在一定的影响与限制，这些外在的客观要素，发挥着重要作用，较大地影响着个体智力发展的程度。

（4）多元智力理论重视的是多维地看待智力问题的视角，这是多元智力理论的本质所在。认为智力的主要能力不仅仅只有一两种，而是由多种同样重要的能力组合而成；至于智力组合的表现，认为可以进行一定的独立性、多维性展现，而不只是以统一性的形式展现出来。

与传统学习评价相比，在多元智力理论指引下的学习评价，具备以下几个明显的特点：①学生对自我评价的态度是踊跃积极的；②评价关注学生的成长

---

① ［美］坎贝尔（Campbell，L.），［美］坎贝尔（Campbell，B.），［美］迪金森（Dickinson，D.）著；霍力岩等译．多元智力——教与学的策略（第三版）［M］．北京：中国轻工业出版社，2004：1.

② ［美］霍华德·加德纳（Gardner. H.）著，沈致隆译．多元智能［M］．北京：新华出版社，2004：8－9.

过程，记录其不同时期的发展；③对非正式评价的重视程度与正式评价相同；④评价要对教学活动过程有所反映，重视对教学过程的激发和鼓励；⑤评价是多维度的。① 多元智力理论自产生以来，在教育改革、学习评价、学术著作、教科论文等多方面产生较大的影响。哈佛大学教育研究生院墨菲（Jerome T. Murphy）教授曾如是评价由多元智力理论者开展的多项评价研究："协助教育家对那些尚未在传统教育理论中被发现或被认可的智力优势进行辨别，并促使其成长发展，还帮助他们对新的课程、教学策略、活动过程或评价进行开拓和实践，对美国不同阶层学校的教育发展产生了深刻的影响"②。

对学生实施学习评价时，我们应以多元智力理论的学习观为指导，其实行准则主要在以下几个方面有所表现③：

（1）评价的多元化。个体智力的多元化属性，决定了学习者对于不同知识掌握的多面性和层次性，要多侧面、多维度地实施评价内容和活动项目，全面而客观地反映学生的实际状态。

（2）评价的真实性。主要是指注重对学生成长过程的真实性评价，大致从两个方面来理解：既要对学生掌握知识的真实水平和能力发展的实际水平进行准确评价，又要对学生学习的动态发展过程进行阶段性客观评价。

（3）评价的情境化。加德纳认为，学习者在学习环境中的自然表现，应成为评价的一部分内容，因此，他主张对学习者实施"情景化评价"，也就是在个体参与学习的情景中，自然地进行学习评价。

（4）评价的发展性。多元智力评价观的最终目的，一方面是为了通过评价能发现学生潜在"冰山之下"的智力领域，同时对自身优势智力进行展示和发挥；另一方面，通过评价能让学生对自身智力特征有比较清晰的了解，对弱项智力进行激发与发展，为实现全面发展把握和创造机遇，并尽力发展强项智力，促进自身的个性化得到充分发展，成为全面可持续发展的人。

我们常说，多元智力理论是"多元"的，主要体现在三个方面：多元智力理论在能力方面的表现是一组，而不仅仅是一种，这意味着它的基本属性是多

---

① ［美］坎贝尔（Campbell, L.），［美］坎贝尔（Campbell, B.），［美］迪金森（Dickinson, D.）著；霍力岩等译．多元智力——教与学的策略（第三版）［M］．北京：中国轻工业出版社，2004：326－332.

② 夏惠贤．多元智力理论与个性化教学［M］．上海：上海科技教育出版社，2003：46.

③ 张筱兰．高校学生学习的多元化评价的理念与方法［J］．高等理科教育，2003（5）：65－68.

元的；多元智力理论强调多元性、强调差异性、强调开发性、强调创造性，这表示它的基本特征是多元的；多元智力理论的各种能力主要是以相对独立的形式存在，而不是以整合的形式存在，这说明它的基本结构也是多元的。现代社会是一个协同创新的社会，其发展需要各种各样的人才。因此，教育要面向每一个个体，并促进其多元智力发展的实现，充分释放和发挥人性的力量。

5. 参与学习理论

美国欧文斯（Robert G. Owecs）对“参与”的理解是，属于个体的一种活动性行为，即个体把自身的思想感情或行为投入某种环境中，并主动分担团队责任、努力为团队目标做出一定的贡献①。从词语本意上来说，“学生参与”指的是学生对于学术体验所参与投入的身体和心理能量的数量。一个高度、高效参与的学生比较关注相关学习活动，会投入相当大的精力来完成相应任务，也会投入很多的时间在校园内积极参与学生组织，并经常与教师和其他学生进行互动交流。

学生参与理论的根源，在于阿斯汀（A. W. Astin）关于大学辍学开展的纵向研究（1975 年），即努力确定出大学里对学生持久产生显著影响的环境因素。随着时代的发展、教育的进步，世界各国的教育界对学生参与理论的关注度越来越高，这符合高等教育国际化进展的一般规律和普遍趋势，也是高等教育发展的必然结果。我们国家应立足于国外先进的学生参与理论经验，根据本国实际国情、民情和学情，积极探索学生参与的理论和实践依据，为早日成为人才资源强国未雨绸缪。

在学生参与的发展阶段中，参与理论给出了以下五项基本假设：

第一，“参与”是指在不同的对象的身体和心理能量方面的投注。参与的对象可以是高度概括的（如学生经验），或非常具体的（如为某学科考试进行的准备）。

第二，不管它的研究对象如何，若参与发生在一个统一体，那么不同的学生会表现不同程度的参与。即使是一个给定的研究对象，若在不同的时间内，也可以表现出不同程度的参与；对于同一个学生在不同的研究对象上的情况，亦如此。

第三，参与的定量与定性的功能。学生参与学术研究工作的程度，是可以通过定量测定（如学生花多少小时学习）和定性测定（如学生是否在复习、理

① ［美］罗们特・G・欧文斯著，窦霖等译．教育组织行为学［M］．上海：华东师范大学出版社，2001：374.

解、阅读作业，或者仅仅是在发呆、神游、空想、做白日梦等）来衡量的。

第四，在任何一个教学活动中，学生的学习效果和个人发展的结果，与学生参与教学活动的数量和质量是存在正比关系的。

第五，任何教育政策或改革措施的有效性，与该政策或改革的实施是否能提高学生的参与能力直接相关。

阿斯汀的学生参与理论，可以用来解释环境因素对学生发展的影响，还可以被研究者用来指导学生的调研与发展，同时被大学行政人员和教师用来帮助设计更有效的学习环境。通过大学生以“学习雇主”的名义，对社团活动、教学设施、教学改革、宿舍环境、社区服务等，一些与他们日常学习或生活密切相关的领域，提出一些参考性的意见；也可以站在“校园主体”的立场，对教师考核、激励政策、教学规划、人才培养方案等学校未来发展的一些领域提出建设性的建议，来实现并拓展参与学校管理的方式①。大量的研究成果表明，大学生的深度思考、积极参与，对高校教学管理效能的提高，有着有效的推进作用。这主要体现在以下几个方面②：

其一，有利于实现高校管理目标。大学生群体是大学里最大的成员结构，其参与到高校管理中，可以促进校园信息在各管理部门和学生之间的有效流通。这是因为，大学生参与学校管理，可以对学生群体的看法进行真实而充分的反映，管理方也容易理解并接受学生的真实想法，在双方意见上容易相互体谅、达成一致，促使管理举措得到有效实施，促进校园文化的和谐发展。同时，大学生参与学校管理，可以有利于高校管理决策层在政策制定时周全考虑，兼顾教师、学生和管理部门三者的权益，进行适当的统筹分配，对于高校顺利运行、快速发展起着较好的保障作用。

其二，有利于提高高校教学质量。大学生参与学校管理，特别是教学方面的管理，可以促进学生对学校整个教学过程的了解、对各个教学环节的理解，可以促进学生对专业教学计划的接受、对教学内容的熟悉和掌握。另外，大学生通过对教师评教、对管理部门的评管活动，还加强学生的主人翁意识，提高其学习的主动性和积极性；加强教师的育人意识，促进其对教学效果的细致了解；加强行政管理者的责任意识，及时反思自身管理办法，有效提升管理技能。

---

① 世界银行、联合国教科文组织高等教育与社会特别工作组著，蒋凯译．发展中国家的高等教育：危机与出路［M］．北京：教育科学出版社，2001：51.

② 张向东．大学生参与高校管理理论与实践研究［D］．南昌：江西师范大学，2006：4－45.

其三，有利于学生高效能学习。学生参与学校管理，可以促使学生进行自觉反思，加强学生学习活动的主体意识，强化学生学习的主人翁意识，激发其内在学习动机、提升专业学习兴趣、提高学习效率，充分调动学生在学习过程中的积极性和主动性，实现高效能的学习目标。

其四，有利于提升大学生素质能力。高校对学生进行适应社会生存需要的素质能力培养，是高校的重要职能之一。社会是个大熔炉，是多元文化交叉融合、共同发展的舞台，作为未来社会构成中的一元，大学生应该理解社会参与的内涵与意义，从校园这个“准社会”开始，适应参与方式和参与规则，主动锻炼和完善自己，为将来进入社会做好素质和能力方面的准备。这是目前我国在依法治国的理念下，在不断推进民主法制的进程中，在提倡公民参与社会公平竞争的过程中，对高等教育人才培养所提出的多元质量观的要求。

其五，有利于维护大学生合法权益。高等教育的发展，要求高校转变过去过于关注教育政策的传统做法，也就是说，高校要去行政化，实施真正的自我发展机制，为满足学生多种需要创造各种有利条件。让大学生参与学校管理，可以弥补校方在实行管理权限方面的不足，可以维护学生的合法权益，可以促进教育自主性过程的有效转变。

大学生参与学校管理，是高校实现管理进步、促进教育质量提高的重要手段，也是全球化的发展趋势，为我国教育在完善现代大学制度、促进高校民主管理方面，提供了一个新的启示：对以往被忽略的学生主体地位给予一定的重视，充分发挥教师、学生、行政人员在高校管理中的主人翁作用，在相互影响、尽其所长的发展趋势中，构建三位一体的管理机制，倡行科学化、经济化办学理念，降低成本，提高效能，促进高校民主管理体制的真正实现①。

6. 掌握学习理论

掌握学习理论（The Theory of Mastery Learning）是一种学校课堂式学习理论，它于20世纪60年代由美国当代著名的教育心理学家、课程论专家本杰明·布卢姆提出，是一种在20世纪70年代得到广泛发展和推广的教学理论，也是一种提高教学效果和学习质量的有效途径。掌握学习理论的指导思想是，“在适当的学习条件下，基本上所有的人都能学会学校所传授的知识”。在20世纪后半叶的世界性教学改革热潮中，掌握学习理论产生了广泛而深远的影响。

① 张向东．大学生参与高校管理理论与实践研究［D］．南昌：江西师范大学硕士学位论文，2006：1.

掌握学习理论的基本观点是"人人都能学习"，关于学习提出了一些建设性的看法。掌握学习理论认为，学生认知行为、先决情感特点以及教师教学质量是三大教学变量，对学生学习产生重要的影响；教师准备和实现教学两部分，是实施掌握学习的重要程序。其中，教师对学习内容、学习目标和成绩标准进行确定，对阶段性学习单元进行设计，在这个阶段中是准备阶段要相信学生能学好，帮助学生建立自信，教师要贯彻为学生掌握知识而教的工作理念，为学生介绍掌握学习的方法，向学生介绍一般学习程序，还要对学生实行阶段性的学习评价，并对学生存在的问题进行辅导答疑和矫正指导，推动学生顺利进入下一阶段的学习。

掌握学习理论自产生以来，在教育学领域逐渐展现出其强大的生命力，显示了该理论在一定程度上的合理性与优势性：其一是确保了学生学习前所具备的认知结构；其二是采取了掌握学习理论的核心理念措施：反馈—矫正性；其三是调动了学生情感特征的积极性；其四是转移升华了教师在教学中对学生的关注点；其五是提高了学生的整体水平。

掌握学习理论对于大面积提高教学质量、促使学生认知发展方面的成效是明显的。据美国调查资料显示，掌握学习理论对提高差生的成绩效果尤为显著。

7. 学习性投入理论

当前，世界高等教育面临的一项重要任务，就是全面提高高等教育质量，大力提升人才培养质量水平。美国各州教育委员会于 1995 年对州内高校教育实践的有效性提出了新要求，希望高校为了有效促进学生学习而改善校园环境，学生也要提高学习性投入，把时间和精力都放在学习性活动方面①。美国学者林恩·弗雷泽（Lyn M. Frazer）指出，衡量高等教育质量的核心标准，就是学生在认知技能态度等方面的学习收获②。研究大学生学习性投入的理论与实践，借鉴其理论所蕴含的一些要义，对于全面提高教学质量具有重大的理论价值与现实意义。

学习性投入理论是由美国印第安纳大学教授乔治·库（George D. Kuh）提出来的，起源于人们对学校教育过程与学生学业成就关系的研究。实质上，它是对学生个体在学习活动方面所投入时间与精力的一个测量，可以让学生客观看待并反思自身学习投入程度，理性对待学校在教学设施等学习环境的支持程

① Education Commission of the States. Making Quality Count in Undergraduate Education ［M］. Denver：Education Commssion of the States，1995.

② 陈玉琨等．高等教育质量保障体系概论［M］．北京：北京师范大学出版社，2004：59.

度，立足实际情况提出合理需求，促进学校一学生之间构成理想的发展共同体。

世人对于学生学业成就与学校教育过程之间关系的研究，也是学习性投入理论的起源之一。该理论的产生与发展过程，受到了大学教育影响力模型理论、学生发展力理论的深刻影响，经过近百年的研究积累，在不同教育阶段形成了一些较为丰富的相关性支撑理论，见下表 2－1 所示：

表 2－1　学习性投入相关理论及观点

专家	理论名称	主要观点
泰勒（F. W. Taylor）	任务—时间管理理论	学生的学习时间与学习成效成正比
佩斯（C. Robert Pace）	努力质量理论	在同样的学习时间内，把主要时间用于有意义的教育活动、师生或学生互动的学生，将会获得更好的学习效果①；
帕斯卡雷拉（E. Pascrella）	变化评定模型	学生的先验知识、与教师和同伴群体的交往程度、个人的努力程度对学生的认知发展有直接的影响作用；大学的组织结构和特征则通过师生关系、学生关系、学生个体的努力程度及校园环境等渠道，对学生的认知发展起到间接的影响作用②
阿斯汀（A. W. Astin）	学生参与理论	衡量一所大学优良的标准，主要看学校学生在学习性活动方面投入心理与体力的总量情况，以及学校是否能更好地促进学生参与各项教育实践活动③
奇克林（A. W. Chickering）& 甘姆森（Z. F. Gamson）	本科教育七原则（或称七种有效教学实践）	学生在校的就读经验、学习效果会受到以下七个方面的影响④：师生关系的良好度，同伴协作关系的良好度，学生学习态度的积极性，学生对某项学习任务的投入程度，教师对学生反馈的及时性，教师对学生的期望程度，以及校园环境的多元化。

① P. C. R. . Achivement and the Quality of Student Effort [C]. Paper presented at a Meeting of the National Commission on Excellent in Education, 1982.

② Pascrella, E. T. . College Environmental Influences on Leaning and Cognitive Development: A Critical Rereiw and Synthesis. In J. Smart (Ed.) . Higher education: Handbook of theory and research [M]. New York: Agathon, 1985: 1.

③ Astin, A. W. . Achiving Education Excellence: A Critical Assessment of Priorities and Practices in Higher Education [M]. San Franciscso: Jossey－Bass, 1985.

④ Chickering, A. W. , &Gamson, Z. F. . Seven Principles for Good Practice in Undergraduate Education [Z]. AAHE. Bulletin, 1987.

正是在前人理论与实践的基础上，乔治·库对学生学习性投入理论给予进一步的补充说明，即除了对学生关于自身学习性投入的时间和精力进行测量外，还对学生关于学校在学习支持方面的满意程度进行测量。也就是说，学习性投入一方面与学生自身内部因素有关系，另一方面也与学校氛围及周围环境等外部条件有关系，学生活动与学校环境之间存在着交互影响的作用①。而学习过程的投入度和学习性投入之间，具有较为密切的因果关系。

通过分析世界各国关于大学生学习投入度方面已有的研究成果，我们认为，其理论特点主要体现以下两个方面：一个是有效程度，是关于学生在学习过程中的投入度；另一个是满意程度，是关于学生对于自身和学校在学习支持方面的满意度。对于院校教学质量的考察与评价，乔治·库建议，主要从两个方面开展测量：一是 What students do？主要测量学生自身在学习活动中，有哪些主要投入；二是 What Colleges and universities do？主要测量院校在调动学生参与教育教学与学习活动的积极性方面，采取了什么富有成效的举措。

目前，NSSE（The National Survey of Student Engagement，被称为“学生学习性投入调查”）是美国用来测量大学生学习性投入所使用的主要调查指标，在世界高等教育评估领域较大的影响。1999 年底，美国 Pew（皮尤）慈善信托基金会倡导了 NSSE，使用的初衷是对全国领域内的四年制本科院校学生，开展学习性投入方面的项目调查研究，主要是为了提高本科高校教学水平，引起学校对学生学习质量的重视。作为一种测量工具，NSSE 以“以学生为本”为指导思想，以测量学生的学习与发展状况为中心，调研问卷的设计以学情分析为目的，内容主要涵盖学生背景信息、学生学习活动表现、院校学习支持条件与措施，学生对院校支持条件的满意度等四方面内容，题量广泛、内容丰富。按照题目选项蕴含的实践教育价值，设计者对题项分别进行了五个模块的构建，以便使构成的指标体系可实施跨院校分析比较：学业水平挑战度（LAC，即 Level of Academic Challenge）；主动合作学习水平（ACL，即 Active and Collaborative）；生师互动程度（SFI，即 Student and Faculty Interaction）；教育经历丰富度（EEE，即 Enriching Educational Experiences）；校园环境支持度（SCE，即 Supportive of Campus Environment）②。

---

① Kuh, G. D.. Assessing What Really Matters to Student Learning Change: Inside the National Survey of Student Engagement [J]. Change, 2001, 33 (3): 10.

② 钟春玲，陈华，陈兴明等．大学生学习性投入调查研究［J］．高等理科教育，2010（6）：64.

清华大学史静寰等在《基于学习过程的本科教育学情调查报告2009》中，也对教育产出与学习过程性指标的联系进行了阐释。首先，对大学生学习性投入调查的结果表明，教育产出（教育收获与大学满意度）受绝大部分学习过程指标的影响显著，教育产出与指标的相关性表现是显著的，且教育产出能根据教育活动的有效投入度进行准确推测；这说明，不论是以美国为代表的西欧国家还是以中国为代表的发展中国家，此研究结论同样适用。其次，在教育产出的影响因素中，显著性最高的就是校园的“环境支持度”与学生的“向学/厌学度”；这表明，教育产出同时受学生和院校的双重影响，是二者交互作用的结果；校园环境需要学校提供支持度更高的学习条件，给予活动性或政策性扶持，在学习生活、职业规划等多方面帮助学生；引导学生树立积极的学习观念，增强学习动力与学习兴趣，提高学生学习满意度和教育收获度，从而促进其教育产出的提高。

正是以上七个著名的学习理论，为大学生学习过程评价理念的凝练与发展，奠定了坚实的基础，也为其现实依据的确立提供了一定的参考和支撑。

（二）现实依据

作为依据的重要组成部分之一，现实状况也是不可缺少的内容，目前大学生学习过程及其评价研究的重要性、发展规律、学风现状、过程评价的方式转变、程序等，则为评价理念的转型寻找到了另外一个支撑点。

1. 学习过程研究的重要性

自古以来，学习是人类发展的核心任务，对学习方面的研究也历来是科学问题探讨的关键，特别是在科学技术日益发展的21世纪，对学习相关问题的研究已远远超越了学术研究的范畴，成为世界各国提高综合国力和创新能力的重要手段和措施。2004年，美国国家科学基金会（National Science Foundation，简称NSF）投入大量资金，陆续成立了六个学习科学研究中心；日本书部科学省2003年启动了庞大的“脑科学与教育”研究项目，大力支持与学习相关的基础与应用研究①。我国也深刻认识到科技、人才强国的战略性，愈来愈重视对学习本质、学习认知和脑科学的研究，围绕如何提高学习效率，培养高素质创新型人才，建立学习型社会等方面做了许多努力。特别是，对学习过程的研究正在逐渐赶超对学习结果的关注度，成为教育科学研究的发展主流和未来趋势。

① ［丹］克努兹·伊列雷斯著，孙玫璐译．我们如何学习：全视角学习理论［M］．北京：教育科学出版社，2010.

2. 学习过程规律特点

大学生学习过程规律与基础教育阶段学习规律不同，作为成年人的大学生，其脑部组织和神经已基本发育完毕，学习特点也由以记忆为主的方式，逐渐过渡到以逻辑思维分析形式为主，学习内容由知识原理的学习逐步转向知识的应用和创新，学习方式由被动式升学学习转向主动性自主性学习。丹麦的延斯·比耶格（Jens Bjerg）与托马斯·尼森（Thomas Neeson）等人一起开发了一种波状交换模型①，说明了同化和顺应学习过程之间理想的互动状态，见下图 2－1 所示：

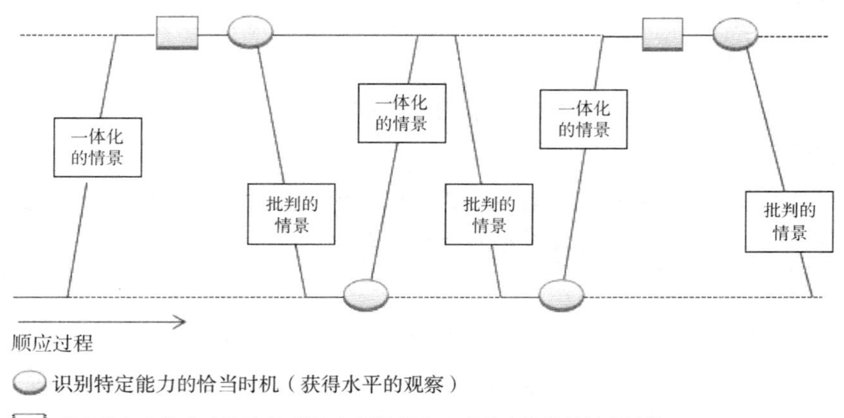

图 2－1　Bjerg 同化与顺应学习之间的互动模型

学习过程规律符合建构主义学习理论，学习者在自身原有知识经验的基础上，根据接触吸收到的新的学习内容，受学习环境等因素的影响，构建出自身新的知识经验。其学习过程可以用螺旋结构来解释，此结构的特征是一个在内因和外因二重纬度综合作用下，不断螺旋上升的过程。库伯（Kolb）曾在探讨杜威的学习理论时表示了他的学习周期，其周期模型在日益提高的水平上重复发展时，就成为一种螺旋式模型②。美国的杰罗姆·布鲁纳在其“螺旋式课程”

① Bjerg，Jens. Education developmental work：principles and conditions illustrated by the Brovst-project 1970－1974［M］. 1976：45.

② Kolb，David A.. Experiential Learning：Experience as the Source of Learning and Development［M］. Englewood Cliffs，NJ：Prentice－Hall. 1984：23.

提议中，也可以找到螺旋式模型的典型性案例①。英国成人教育研究者汤姆·舒尔（Tom Schuller）曾提出三重螺旋式发展模型②，其简化的理想模型形式如下图2－2（A）所示，而在实际生活中，简化的“现实”模型形式则如下图2－2（B）所示：

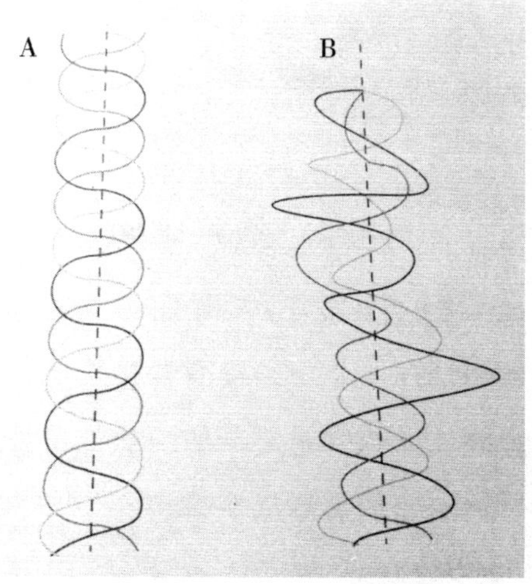

图2－2　学习过程规律的螺旋结构图

3. 学风建设现状

学风建设现状是对当代大学生进行学习过程及其评价研究的基础，为此，本研究者参与了对一所非211高校的调查研究，并于2014年10月份对该校3526名全日制本科学生（男生58%，女生42%）进行了学风建设情况的随机调研，调研学生的年级状况实现全覆盖。经调研发现，50%大学生的学习目的仅仅是为了找份好工作或混个文凭，仅19%的学生是为了提高素质和能力，实现个人人生理想，这在一定程度上说明了大学生学习的功利性；另外，调研获得的学风建设情况还有：仅仅35%的学生表示有学习目标，51%的学生对学习没有计划，60%的学生对学习生活没有计划或仅有零星计划，且仅仅有32%的学生能够基本执行自身的计划，27%的学生基本没考虑过学习方法的问题，而对

① Bruner, Jerrome S.. The Process of Education [M]. Cambridege, MA: Harvard University Press. 1960: 13, 33, 52.

② TomSchuller. Age and Generation in Life Cource Modelling. In Kirsten Weber (ed.): Life History, Gender and Experience [M]. Roskilde: The Adult Educatin Researth Group, Roskilde University. 1998: 32－33.

于专业学习兴趣、课堂学习状态表现不良，如下面图 2 – 3 和图 2 – 4 所示：

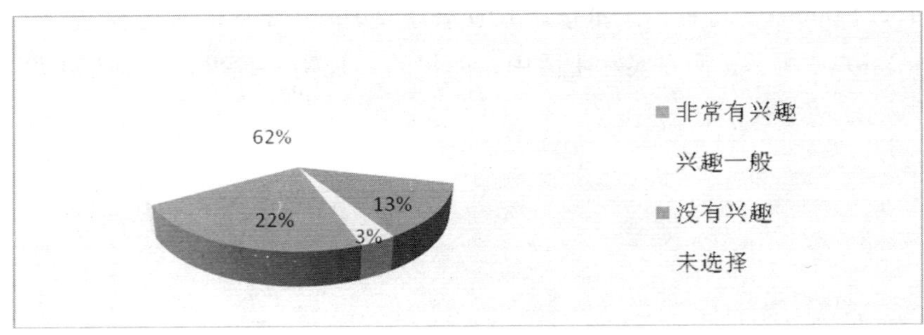

图 2 – 3　专业学习兴趣图

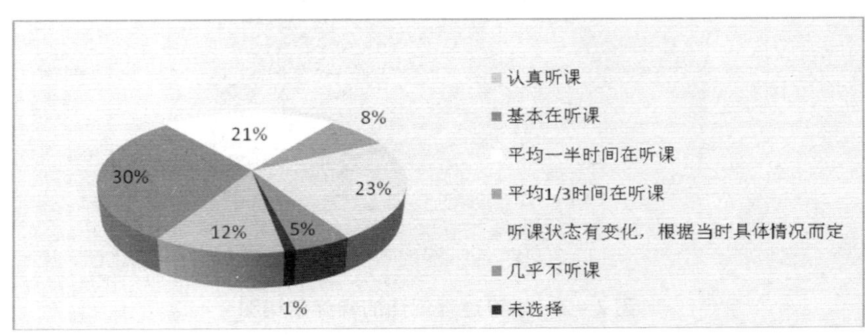

图 2 – 4　课堂学习状态图

从下图 2 – 5 可以看出，从学习者同伴的视角出发，对学困生学习问题的原因进行了分析，根源主要在于：对课程学习不感兴趣、衍生学习无用论，课外活动多、影响学习时间，打游戏玩乐虚度生活，学习内容不熟悉或基础差、跟不上教师节奏，教师教学技巧、教学能力不足等。总之，目前大学生学习兴趣降低、无学习目标、缺乏学习动力等不良问题表现较为普遍。

本书作者经认真思考研究发现，这些问题其实仅仅都是表面现象。学习问题的本质和根源在于，大学生对学习过程的认知有偏差，高校对学习过程的评价体系出现了一定的引导性问题，导致了学生学习的功利性现象滋生。由此可见，对大学生学习过程及其评价进行研究，已成为加强科学教育、提升高等教育质量水平的关键。

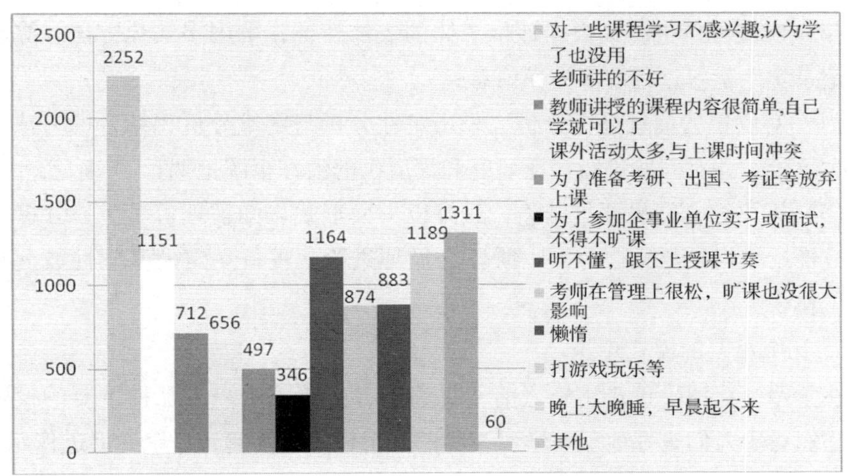

图 2－5　对学困生学习问题及原因看法图

4. 过程性学习评价方式的改变

过程性学习评价方式改变了以往传统的测试评价，从注重结果实现到注重过程体验，具有较强的针对性。对学习评价实行过程性方式的改变，主要体现在以下几个方面：教学模式从关注教师的教学技能，转变为关注学生的学习状态；从传统的以知识的传授者——教师为中心，转变为以知识的接受者与创新者——学生为中心；学生可以按照自身的认知结构、学习方式，有选择性地汲取自己需要的知识，制订适合自身的学习目标；教师在引导学生关注学习过程的收获、记录日常学习记录之外，还要提升自身的业务知识和综合素质，与学习者一起成为学习共同体，实现真正的教学相长；学习者在关注自身学习过程体验的同时，也要观察关注学习同伴的日常学习生活表现，加强合作式与协作式学习，互相鼓励支持，共同克服学习上遇到的问题或困难，增强与他人沟通交流、言语表达的能力。

5. 学习过程评价的程序

学习过程评价的本质是一种教育评价，其评价系统要依据教育评价的一般程序，满足学习评价的一般特点，按以下步骤实现整个评价过程：

（1）评价学习者学习起点情况，并列出学习过程评价的阶段性或总体性评价目的与目标，告知学生开展过程性评价的方法和应注意的问题；

（2）根据评价目标，确定应收集的与学习者相关的学习过程评价信息，确定收集资料信息的方法和途径；

（3）实施评价过程，根据评价个体的主体特征，采用多元化方法，综合收集、记录学生学习过程的多方面信息；

（4）对收集的信息进行分析，采用定性分析与定量分析相结合的方法，进行科学评价，并对问题进行广泛研究和深层次的潜在根源挖掘；

（5）得出综合结果评价结论，最好以书面形式告知被评价学生，并提供后续修改性反馈指导意见，为下一阶段的循环进阶，进行一定的基础性或起点性准备工作。

6. 几个重要的模式理论

在学习过程评价正式实施之前，我们还有必要了解一下几种重要的模式理论，它们对于人们更好地理解学习过程的评价模式，能起到一定的促进作用。

（1）学习过程的信息加工模式理论

①TOTE 单元模式

人们一般认为，是米勒（C. A. Miller, et al. , 1960）等人，于20世纪60年代，在著作《计划与行为结构》一书中，开创了信息加工过程这一领域。米勒等人认为，个体的行为是以一个基本单位的形式存在，并且是在以分子为基准的程度上，根据某种秩序完成了块状反应的转变。如此一来，“S—R”（刺激—反应）理论派的分子观念和认知者的块状观念，就被米勒等人进行了有效整合，并且对“负反馈环路”（negative feedback loop）的观点进行提倡，以“TOTE 单元”为概念形式进行独特的命名。“负反馈环路”理论认为，在对某个单位的局部进行诱发时，就会引发“测验—操作—测验—输出”（test—operate—test—exit）等一连串事件，而 TOTE 是这一连串程序中各事件所对应英文单词的首字母。

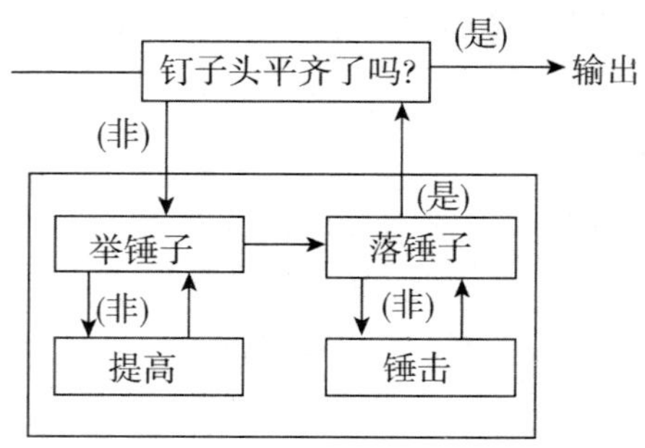

图 2－6　锤击钉子行为的 TOTE 程序图

总体来说，TOTE 单元属于认知理论，虽然它对解释高级的有意义言语学习仍有一定的困难，但对解释感觉运动的学习则具有一定的成效。我们以做功钉钉子为例来说明 TOTE 过程，见上图 2－6 所示。功课钉钉子的行为目标，是为了使钉子头进入木板，并且完全与木板平齐。只要钉子头还在木板外面立着，就持续对其实施锤击行为，直至钉子头与木板平齐，才终止锤击行为；锤击钉子的行为是否继续，与观察钉子头与木板是否平齐直接相关，不齐则锤击，齐则功课完成。在钉钉子的过程中，锤击钉子的行为在目标完成之前，是一直持续重复进行的，这就是“负反馈环路”的一系列动作程序。以米勒为代表的研究团队指出，个体学习过程，以及其他的很多行为，都是按照一定的行为秩序进行，类似于计算机的信息加工执行程序，且程序中的反馈和强化事件具有十分重要的地位。这对于 TOTE 单元理论的建立与推广，发挥了较强的影响与作用。

②加涅信息加工模式

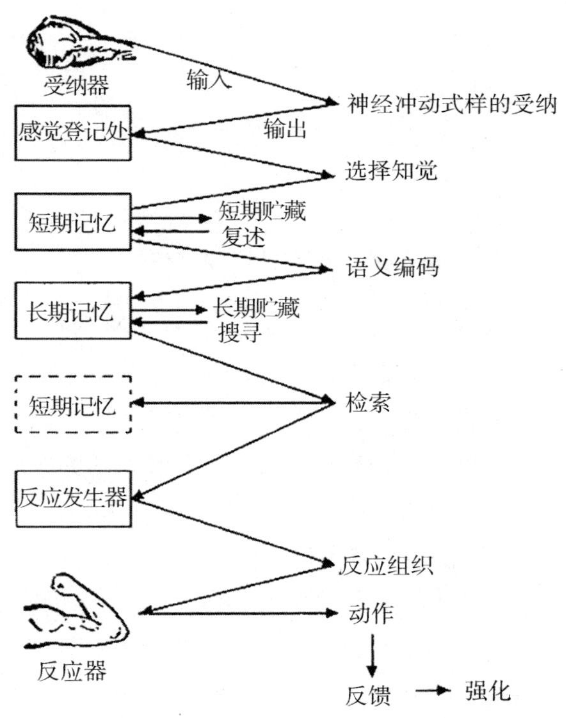

图 2－7 信息加工模式结构之输入与输出的学习与记忆过程加工结构图

这是由美国著名的心理学家加涅，于 1974 年指出的一个信息加工模式，具有较高的社会知名度。加涅的观点是，任何一个学习过程都与一个信息加工流程相对应。当刺激被学习者从环境中接受到以后，就会激发视听等感官的受纳器形成神经信息。学习者的整个学习过程，在加涅看来应概括为八个时期：a. 动机时期（期待）；b. 领会时期（选择性注意知觉）；c. 获取时期（编码）；d. 维持时期（储存）；e. 记忆时期（检索）；f. 归纳时期（迁移）；g. 动作时期（反应）；h. 反馈时期（强化）。也就是说，这种“信息输入—编码—加工—贮存—译码—输出”的过程，就是信息加工模式理论对学习过程的另类描述。见上图 2 –7 所示。

（2）学习过程“环状结构”理论

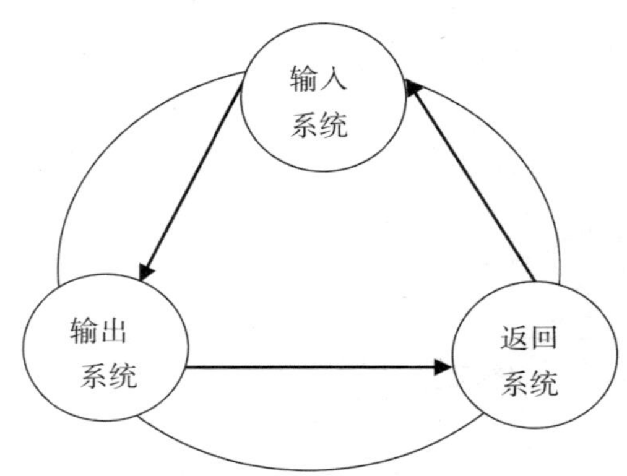

图 2 –8　学习过程环状结构图

苏联知名心理学家列昂节夫（Leontiev，Aleksei Nikolaevich，1903—1979），他以活动理论为基础，剖析了活动的合成结构。列昂节夫提出，环状是所有活动的结构特点，且环状结构主要由三个根本性环节构成：①内导功能；②过程效应（对象在各环节之间的现实接触）；③对初传映像的更正充实（依靠返回系统）。就普通意义而言，个体的认知学习过程，同样是一种环状结构。也就是说，学习过程的结构主要由三个基本环节构成（见上图 2 –8 示）：①输入系统（即“感受环节”或“定向环节”）；②输出系统（即“运动环节”或“行动环节”）；③返回系统（即“回归式内导系统”或“反馈环节”）。

以上三种模式理论的思想精髓，就像一条重要的脉络，贯穿在本书研究的全过程，以便于人们更好地理解大学生学习过程评价的内涵。

二、理念的构成

理念是凝聚在思维形式中的客观事物，可以转化为客观事物的思维形式。

格奥尔格·威廉·弗里德里希·黑格尔（Georg Wilhelm Friedrich Hegel，1770—1831）把作为实践的主体根据的观念称为理念。由此，他对理念的解释是，“既是已存在于对象内部的客观性的主体思想，也是拥有内在本质的主观性的客体结果”①。学习过程评价理念的构成共四项，它们之间呈现出线性发展、层层推进的关联，存在着一种立体化的结构关系：即以促进学生素质发展为根本，以促进多元智力发展和自主性导向为主干，以多元化取向为价值体现。具体可参见后面第六章模型及应用部分图 6－1 所示。

（一）促进学生素质发展

罗杰斯十分重视学习过程中的学习这一要领，他从人本主义的立场和观点出发，提出了“以学生为中心”的课堂教学模式教学观。也就是说，他认为教学过程应该没有固定教学结构、没有固定教学内容、教师不做任何指导。而“非教学法”学习观，则为此“无结构”教学观的基础。罗杰斯提倡，对静止知识的学习并非是最优质或最有效的学习，而是要学会如何学习；而学会学习，就必须注重学习过程的成长，提高整个学习性活动过程的参与度。他在《Freedom to Learn》一书中指出，现代世界中，教育的目标是促进变化和学习、培养能够适应变化和知道如何学习的人，“学习的意义并非取决于静止的知识，而是取决于学习的过程。因此，在确立教育目标时，变化是唯一不能作为凭据的”②。

促进学习的评价，本质就是这样的一切评价，它们把“促进学习者的学习”这一宗旨，放在学习评价活动设计与实施的首要位置。③ 它的内涵主要体现在以下几个方面：（1）评价的目的是促进学生发展，而不在于判定学生学习结果，是使学生充分认识、挖掘自身潜力，激发学习兴趣和内在动力；（2）以探寻适合特定学生理想的学习过程为主旨，以学生学习过程中出现的问题及原因为基础，探索解决问题的方法，调整学习过程策略，优化学生学习进程。

学习过程评价要树立以学习活动的主体——人为本的思想，以学生的整个学习活动范围为评价视野，充分肯定一切对学生有意义的学习结果，不论这些学习结果是否包含在预期的目标领域内。由此，这种评价的结果是，不仅提高了学生学习的积极性，还增强了学习经验的丰富性。

---

① ［德］黑格尔著，贺麟译．小逻辑［M］．北京：商务印书馆出版社，1980：402.

② Rogers，C. R.. Freedom to Learn［M］．1969：104.

③ Richard，I. Arends，& Ann Kilcher. Teaching for Student Leanring：Becoming an Accomplished Teacher［M］．New York And London：Routledge，2010：139.

（二）促进多元智力发展

美国当代心理学家加德纳，非常注重个体的个性化智力发展特征，提出了多元智力理论。他认为，人的智力应该是多元的，应该转变传统智力观。加德纳最终把智力分为九种，即语言智力、逻辑智力、空间智力、动作智力、音乐智力、内省智力、人际智力、存在智力、探索智力①。加德纳认为，不同的人在各种智力上的优势有所不同，例如有的人优于语言智力，有的人则优于空间智力，还有的人优于音乐智力等。根据加德纳的多元智力理论，我们认为，不论是在教学还是在学习的过程中，都应该在发展个体多方面智力的同时，注重考虑不同人的智力优势，促进个体的个性化发展。

每个学生的思维形式、学习习惯不同，学习过程中采用的学习方法也会不同，学习方法不同会产生学习结果的不同。目前，大部分学校所使用的评价工具与评价方法，主要是对由浅层式学习方法引发的学习结果进行测量与评价，而对由高层次学习方法引发的学习结果不是给予忽视，就是无法评量，导致所谓评价盲区现象的出现。如此评价方式的结果，就是容易诱发学生仅仅使用成就式或浅层式学习方法进行学习，进入恶性循化圈。而作者这里提倡的过程性学习评价，就比较关注于学生学习的过程与方法，利用对学习过程各方面开展的评价，引导学生的学习方法朝着高层次思考和认知的方向上来。因此，从这一意义上来说，过程性学习评价能对评价盲区进行有效的填补。②

（三）以自主性为导向

“自主是一种基本需要”③，来自英国的思想家伊恩·高夫（Ian Gough）与莱恩·多亚尔（Len Doyal），曾对自主如是评价。20 世纪 80 年代，亨利·霍尔克（Henri Holec）出版了著作《自主性与外语学习》（1981 年），对学习者的“自我管理语言学习的能力”进行了界定，这也代表着是他最早提出了“学习自主性”（Learner Autonamy）的概念，并在西方教育理论界引起了广泛关注。所谓自主学习，就是学习者对自己的学习过程活动能够进行自主负责。霍尔克从学习者的视角出发，认为具有自主学习能力的学习者可以自行明确学习目标、确定学习内容、安排学习进度、选取学习方法、优化学习技巧、调控学习过程、

---

① HowardGardner. The Unschooled Mind：How Children Think and How Schools Should Teach ［M］. New York：Basic Books. 1991.

② 吴维宁. 过程性评价的理念与方法［J］. 课程·教材·教法，2006（6）：19.

③［英］莱恩·多亚尔，［英］伊恩·高夫著；汪淳波，张宝莹译. 人的需要理论［M］. 北京：商务印书馆，2008：78.

评测学习成效[1]。1991 年，戴维·利特尔（David Little）把以下三种能力归纳解释为自主性学习：自我理性评价的能力、果敢决策的能力及独立运作的能力。

关于学习自主性的内涵，我国有些学者的看法是，“自主性学习”与“学习者自主”的双重观念都属于其范畴。在大学生学习过程评价中，作者对于自主性的看法是，它是一种学习者内在具有的品质；在学习过程中，学生须充分发挥自己的主体地位，对自身学习进程进行设计，对自身阶段性学习结果进行评价。因为从学习的本质属性上来说，自主性学习不同于他主性学习、被动式学习或机械式学习。国外的许多大学为了加强大学生自主学习能力的培养，对于学生自主性学习环境的支持性建设非常重视，例如英国大学的做法就是比较典型的。其中具备代表性的有，诺丁汉大学专门建立的自主学习中心，为学生提供了丰富的自主学习内容（以“十大学习策略”为代表），构建了自主学习渠道（建设了对应的学习网站），要求学生在进校注册前，首先要通过自主学习中心完成对部分课程的自主学习培训，并且还要通过考核考查；雷丁大学建设的独立语言学习站，对学生关于语言学习的绝大多数需求基本都能满足，可以让学生对学习多种语言的地点进行独立自由的选择；Blackboard 系统是知山大学的一个实用性、多功能的教学平台，对课程的教学、管理以及师生的互动、学习服务与支持等多种功用进行了整合，大大提高了学生自主学习的便利性。此外，用多种方式引导学生进行自主学习，也是英国高校普遍使用的教学手段，通过这些教学方法，可以引导学生把精力主要集中在自我负责、自主决策方面。比如“成绩记录”教学法（牛津大学）、“学习合同”教学法（沃尔夫安普顿大学）、“自主管理式学习”（萨塞克斯大学）、“项目教学法”（莱斯特大学）等[2]，都是一些代表性比较强的教学方法。

在现代学习评价观中，我们应对学生学习的自主性给予一定的重视，并在评价的过程中作为实施的主导方向：（1）注重学生自主性的需求。对于大学生来说已经处于成人阶段，作为人的自主意识和自主需要已非常强烈，在教育教学活动中应充分考虑他们的自主性，在学习过程评价中更应如此；（2）注重学生主体的主导性。由个体自己主导是自主性的根本内涵，学习的实质是学生的

---

① 侯建军．国外自主学习能力培养研究及启示［J］．教学与管理，2007（36）：157.

② 王秋林．英国高校学生自主学习能力培养探析［J］．长沙民政职业技术学院学报，2012（6）：73－74.

分内之事，理所应当由他们自行主导①，包括对学习过程的主导和对其学习过程进行评价的主导。

（四）以多元化为取向

多元评价理论以建构主义学习理论和多元智能理论为基础，倡导评价要关注学生的多元智能，发现并发挥学生优势智能的功能，通过正确的评价引导，促进每个学生都可以实现成才的理想。多元化评价理念的内涵是，为学生尽量提供更富有人性化、弹性更大的发展空间，收集评价信息要综合运用多种评价渠道②。

多元化评价理念，是从学生学习过程的多样性、动态性出发，多视角、多层面、多维度地看待问题、收集信息，以达到促进学生学习的目的。同时，要以民主、平等、对话的方式理解学生，通过内容的整体性来体现多元化的评价理念，目的在于促进学生发展。高校具有开放性的教学特点，以及广阔性的科学研究学术氛围，可以促进多元评价理念的推广，可以指导高校学业考试评价在评价目标、评价内容、评价标准、评价主体、评价方法、价值取向等方面的多元化过程，使评价过程真正融合到教师教和学生学的过程中，更能充分发挥高校学业测试、学习评价的导向、激励和管理的价值功能。

三、理念的体现

学习过程评价的核心内涵，就是促进学生的学习。人们在制定并实施评价活动时，也应以促进学生学习为核心原则，渗透在学习评价的理念之中。而国外对学生学习评价的研究由来已久，成果也较为丰富，在此方面也给国内的专家学者、研究者们提供了一定的借鉴经验。

国外在促进学生学习的评价方面开展了深入研究，并取得丰硕成果的代表机构有：（1）澳大利亚政府的教育与培训部（Department of Education and Training），曾指出了多项评价的实施准则③：①学习、教学与评价的目标一致；②评价方式要多样化；③评价方法的选择要正确；④争取被评价学生的主体性参与；

---

① 丁念金．人性的力量——中西教育文化变迁［M］．福州：福建教育出版社，2011：208.

② ［美］霍华德·加德纳（Gardner，H.）著，沈致隆译．多元智能［M］．北京：新华出版社，1999.

③ State of Victoria，Department of Education and Training，Blueprint for Government School［EB/OL］，www. det. vic. gov. au，2002/2013 -11 -07.

⑤促进学生对评价标准的理解；⑥对学生评价要有连续性；⑦通过评价来改进学生学习；⑧通过评价反馈来促进学生学习；⑨对学习评价结论进行分析汇报；⑩评价工作人员要同心协力。（2）英国评价改革小组（2002 年），也对促进学习的评价进行了研究，制订了十项评价的准则[①]，内容主要是：①其是组成教师教学设计的有效部分之一；②其是教师教学活动课堂实践部分的重心；③其是教师必须具有的专业技能之一；④其注重学生学习的开展过程；⑤其注意学习动机对学习者学习结果的影响力；⑥其尽力促进学生对评价标准的理解，并努力实现学习目标的信息共享；⑦建设性与敏感性是其实施过程的特点；⑧为学习者反馈提供改进学习过程的指导性建议；⑨其能促进学习者进行有效的自我反思、自我管理，发展他们的自我评价能力；⑩以大部分学生都能获取成功的信心为工作前提。

我国学者冯惠敏认为，教育评价的实施要领主要体现在：科学化的评价理论；立法化的评价制度；社会化的评价方式；坚持理论与实践相结合的评价执行[②]。这里，笔者在前人研究的基础上，对学习过程评价的内涵与外延，进行了深入的思考与完善，认为大学生学习过程评价工作的理念主要体现在以下几个方面：

（1）合法化的评价制度。教育机构的设置依据阶层和对象的情况而设，评价制度的制定也要因人而异。不同的教育机构，对应不同的评价制度。在国家政府对法制和民主不断推进治理的过程中，教育制度也应顺应时代发展趋势，通过法制化、立法化的手段，使学习过程评价成为一种对评价对象进行准确衡量的政策措施，使科学评价的工作理念成为一种常态。评价制度的法制化，是进行科学评价的前提，也是实施科学评价的基础，这对于促进评价制度的完善、促使教育质量的提升，都具有十分重要的战略意义。

（2）科学化的评价标准。标准是衡量事物的重要依据，是评价工作的必要参考。学习过程评价的过程性，决定了各评价内容要素的广泛性和各评价环节的连续性，评价标准的科学化，可为这些环节和要素提供参考，促使工作人员或评价机构对各种指标要素的调节、控制或应用，促进评价目标的有序实现。评价标准的设置要以一定的理论依据与现实依据为基础，标准蕴含的观点具备

---

① Assessment Reform Group. Assessment for Learning：10 principles ［R］. Cambridge：University of Cambridge，2002.

② 冯惠敏．我国高等教育评估现状分析［J］．交通高教研究，1996（1）：50－51.

一定的说理性，这是科学实施评价行为的前提和必要，也是正确开展评价过程与获取准确评价结论的有力保障。

（3）社会化的评价方式。高校培养人才是为社会输出服务的，所以，满足社会发展的多样需求，是实施评价的重要出发点之一。所谓社会化，是指在评价实施过程中，评价方式日益趋向于容许社会多元体的部分参与，比如产学研合作单位、家长、相关的第三方部门机构或人士等社会群体，以“内行管理”为教育的根本，以“外行监控”为评价的补充①，促进评价目标的顺利抵达。并且，各社会多元体的参与比重，根据社会不同发展时期对人才需求标准的变化而定，及时调整依据比例，顺乎评价方式社会化的趋势。

（4）明确化的评价机构。不管是哪一种类型的评价，评价机构的设立是开展评价工作的前提，都应依据公开、公正、透明、客观的设置方针，对利益相关者实行真正的规避政策，以便社会公众对机构建设情况、对其他部门的未来影响等均有比较清晰的了解②。对于学习过程评价，除了将教师、学生、同伴等作为评价主体的个体对象之外，还应指定或设立明确的专门机构对评价活动负责。一般情况下，高校的教务部门对各方主体来说，都是一个比较合适的评价机构。另外，我们通过合法化、权威化的形式建立评价机构，可以促进机构公信力的提升，也可以厘清评价对象与评价机构之间的关系，明确各自职责范围③。

（5）注重学习者在评价中主体和客体的双重角色。促进学习过程的客体是学习者，是学习过程中的核心，同时，学习者又是评价的主体之一，要充分激发、发挥他们自身空间的潜力和能力，鼓励学习者观察、收集、记录自身和同伴的学习证据和评价信息，并进行客观的自我评判、有效的自我反思、规范的自我管理，积极客观地参与到自我评价中来，协助教师进行学习评价。同时，学习者要养成正确、理性地看待学习同伴的习惯，发展进行同伴互评的能力，配合完成专家评价、家长评价模块，最终成为学习过程评价的主要既得利益者。

（6）评价要与学习、教学相结合。评价是启动有效学习引擎和提升教学质量的助推器，科学合理的评价不仅能帮助培养人才的认知与技术的技能，促使他们在学习活动中富有竞争力，同时也促使教学质量的提升，带动创新和科技

---

① ［美］黄全愈．美式校园：素质教育在美国［M］．中国人民大学出版社，2010：332－334.

② 丁念金．校本课程决策的文化使命［J］．全球教育展望，2011（1）：36.

③ 牛亏环．教育质量元评价初探［J］．河北师范大学学报（教育科学版），2013（6）：9.

生产力的发展。学习过程评价是学生学习、教师教学、机构评价的一个有机组成部分，评价过程要与学习过程、教学过程构成三位一体，相互联系、相互制约、交织共生，是一个三角环形循环结构的关系。对于学生而言，在此过程中，可以通过获取教师、机构的评价反馈，及时准确调整自身学习行为过程；对于教师而言，在此过程中，可以依据评价机构的指导意见和学生对于传授式学习的反映情况，提高自身有效教学过程的策略方法，引导学生开展发现式学习，并正确认识、判断和纠正自身学习过程；对于机构而言，在此过程中，可以通过对评价对象——学生学习行为的表现，及另一个评价主体——教师教学过程的反馈，根据本校实际特色和发展需要，进行合理、有效地对评价策略、方法和指标体系的构成、权重甚至标准进行调节，科学实施学生学习过程评价。

（7）改进学习过程、促进学生学习的评价目的。每个时代下的教育制度和教育内容要与发展背景特征相符合，评价学习过程也一样，要与时代教育的要求相贴切，符合青年大学生群体性特点。对评价方案和实施策略及时调整，为促进学生学习，改进学习过程的目的提供有力保障；要经常关注学生的目标、状态和实现路径，追踪和定位学生学习进程，及时为学生提供反馈，帮助学生调控自身学习行为。另外，评价的成效要趋向学生全面、可持续发展的方向，切实服务于广大学生和评价机构，确保教育质量获得持续性提升。

第三章

大学生学习过程评价指标体系

大学生学习过程评价，旨在研究评价正在攻读学士学位的全日制本科大学生的学习过程，可以采用国际上常用的测量工具——他评或自评（即自我报告）来作为评价的主要方式，评价指标力求能全面、完整、多元、真实地反映出大学生在学习过程相关活动方面的内容。因此，指标体系的构建应符合我国普通大学本科生的基本情况，考虑其对于促进学生全面、可持续、终身发展的必要性，使评价体系能更好地为学校、教师利用，发挥学习评价的核心功能，对学生发展、教师教学、学校办学方向，都能起到诊断、激励、引导、监控和促进的作用。

一、指标体系的构建

根据学习评价的原理、学习过程规律、过程性学习评价的理念，以及对大学生学习特点和过程性评价的分析，本研究者认为，学习过程的投入决定了学习结果的产出，而学习过程的投入与产出还体现了一定的学习效益。因此，学习过程的投入、过程、产出、效益是影响学习过程评价的基本因素。所以，本研究者在理论依据和调查路径的基础上，按照学习者学习过程的投入度、加工特点、生产方式、输出效益的思路来构建学习过程评价指标体系。同时，根据过程性评价的理念、原则和机制，确立了大学生学习过程评价的指标，在充分思考研究的基础上，根据实践调研情况，进一步确立了一级和二级指标的权重。

（一）理论依据

1. 指标体系设计的原则

（1）系统性。此原则包括评价指标体系应具有的整体性、相关性和结构性三个特征。整体性是指对评价对象的全面考量和评价，不论对学习者、同伴或者对教师的评价，都应坚持全面、系统，静态指标和动态指标相结合；相关性指考虑相关因素对评价活动的影响和联系；结构性是把评价指标目标进行结构分解成若干指标层次，形成一级、二级、三级的塔状结构，作为整体加以审视衡量。如此，保证学校发展、学习者学习、教师教学系统的平衡，及三位一体的合力发展。

（2）导向性。此原则指过程性评价的方向性，是由评价目标的导向性所决定，是按照一定的评价性质、评价目标进行的，在评价中发挥着指挥棒的作用。评价指标体系的每一项指标的内涵，在学习活动中都有着一定的价值判断，而权重系数的大小，则决定了其在评价目的中蕴含价值的高低。

（3）独立性。指同级的各项指标之间，在设置时要有相对的彼此独立性，互不包容、互不重叠、互无因果关系，独立地为上级指标提供评价信息和科学证据，以免出现工作量的增加和评分权重的叠加，保障整个过程性评价结果的客观性、科学性、准确性、合理性和公正性。

（4）可行性。学习者的学习过程是复杂的，过程性评价亦是如此，涉及多方面的信息内容和多方相关人员，如评价主体、评价对象、决策机构等多个群体。指标体系内涵要清晰明确不模糊，评价指标要以本科教育目标为依据，条目罗列、量化技术要简单易行不烦琐，指标体系要契合各类教育实际和教育特色，有足够的信息资源可评估，有充分的人力物力资源可依靠，有切实的量化技术可处理。

（5）可操作性。意指对于指标体系的各项分级指标的设计是可测可量的，是具体的、明确的、可以操作和把握的，能够用数量化的统计参数或可操作化的语言描述出来，对于内隐性、抽象的、心理学指标，可以通过其转化为具体的可观测的行为内容指数来表现。

（6）目标一致性。指标是目标的具体化、行为化和可操作化的表现。评价指标应与评价目标、发展目标、教育目标相一致，即评价指标体系与评价目标一致，符合高等教育的本质和客观发展规律，符合现代大学本科教育培养人才的目标。在各项具体的评价指标中，注意要界定好各指标要素的含义，防止指标之间出现重合性和矛盾性的现象。

2. 确定指标权重的方法

由于权重直接影响着评价最后的结果和结论，指标权重的确定要慎重而科学，综合考虑各方因素。解决权系数来确定问题的基本步骤是：首先，建立层次结构模型“构造成对比矩阵”计算权向量；其次，作一致性检验（计算组合权向量并作组合一致性检验）；最后，以逆向法确定评价对象分项评价“综合评价、秩和定权法”。

一般来说，权重确定的方法有以下几种：

（1）专家会议法

此方法又称专家会议调查法，是根据关于研究对象预测的目的和要求，向一组经过遴选的有关专家们提供一定的背景资料，通过会议的形式对调查对象及其前景进行评价，在综合专家分析判断的基础上，对研究对象的发展趋势做出一定的预测和推断。本项研究经过课程与教学论、高等教育研究、社会教育学、比较教育学等多位博导教授专家的沟通、访谈与调查，对于学习过程评价的概念及其内涵，进行了一定范围内的确定和特定含义上的限定，摒弃与研究问题关系不大或无关的一些概念，最终确立本研究中的学习过程及其评价的内涵。

（2）集体经验判断法

此方法是利用集体的经验和智慧，通过思考分析、综合判断，对事物未来的发展变化趋势做出估计和判断的一种方法。这项方法在评价指标体系初拟前后，通过与多位老师、同学、学长学姐讨论的过程中，大家踊跃贡献了集体智慧，认真提出了对研究问题、指标体系的看法，对于本项研究的完成过程发挥了一定的作用。

（3）德尔菲法（Delphi Technique）

德尔菲法，也称专家调查法或专家咨询法，是由美国兰德公司的赫尔默（Helmer）和达尔基（Dalkey），于20世纪40年代首次提出的方法，具备了匿名性、反馈性和统计性的特点。本书中，作者在设计专家访谈问卷之前，就咨询了多位专家、教授、博导的意见，综合设计好问卷，以电子版发放的形式对10余位专家通过电子邮件进行结构性访谈和调查，在回收8位专家的意见反馈后，经进一步修改完善，才最终确定了各项评价指标体系。8位专家分别来自中国教育科学研究院和北京师范大学、华东师范大学、沈阳师范大学、上海师范大学等高校的教育学院或部门机构，专家研究领域主要有课程与教学论、高等教育管理、教育评价、学习心理学等。

（4）层次分析法（Analytic Hierarchy Process，简称AHP）

所谓层次分析法，指一种先把元素（与决策紧密联系的）逐步分解成不同的层次（目标、准则、方案等）后，然后再进行定量与定性分析并形成决策的方法。这是由美国运筹学家、匹茨堡大学斯塔教授（A. L. Satty）于20世纪70年代初，首先引入教育评价领域，利用分析层次权重而提供决策的方法。当时，斯塔正在为美国国防部进行着一项课题研究（“根据各个工业部门对国家福利的贡献大小而进行电力分配”），对网络应用系统理论与多目标综合评价方法进行科学探究。

本研究收集原始数据的工作量比较大，为此研究者也投入了大量的人力、物力和经费，设计、印刷、分配、发放调研问卷，对调研信息进行逐项收集、输入、统计，并完成了整理、归类、计算、分析等工作，对数据进行了全面核查，筛选了个别异常的数据，建立了比较稳定、可靠的数据库。数据来源渠道可靠，并采用了 SPSS19 软件等理性统计分析工具，在对理论构建指标权重的基础上，与实践调研的数据进行比对分析，并在征求各类专家的指导意见下，修正完善了各项指标权重，融合采用层次分析法，最终对各类指标的权重进行了确定和计算。

（5）比较分析法

比较分析法是人们认识事物的一个基础方法，是一种自然科学或社会科学的研究方法，主要通过对研究对象的考察与解析，而找出它们之间联系与区别的一种基本方法。本书作者通过浏览查询、历史文献分析的方法，对相关的研究成果进行了学习、比较和分析；并利用 SPSS19 软件对所调研采集的数据分别采取单因素和多元素差异性分析方法，比较了各类高校在同一对象上的差异性和统一性，还利用层次结构模型对构造成的“对比矩阵”计算了权向量，对于本研究的指标体系结构的构建完成，起到了一定的理论基础与数据支撑的作用。

本书中，考虑到实施过程中的现实性和可操作性，以上面列举的第（2）（3）（4）（5）四种方法为主，从而确定了各项指标的权重。

3. 评价指标标准的设定

布卢姆在实验、观察和个案研究的基础上认为，一般情况下，学生的学习能力差异，并非像人们以为的那样迥异，而且，学习能力差异也不是固定不变的；事实情况是，学生的学习能力在某些作用条件下（如和谐的家庭氛围或适宜的学校环境），是可以改善的。除此之外，布卢姆还进一步确立了掌握学习理论的基本内涵：“学生为掌握而学、教师为掌握而教、教学应面向绝大部分学生”等基本教学理念，并在以后的实践过程中得以完善和发展。比如在评价指标标准的设定时，就可以完全地体现出其内涵。

（1）设定标准的依据

标准既是评价开展的依据，又是评价实施的核心。随着评价地位的提升和评价价值的凸显，国外对评价标准的研究也逐渐深入，制定了一系列的评价标准。如美国教育评价标准联合委员会（The Joint Committee on Standards for Educational Evaluation）制定的学习评价标准①（详见下表3－1），斯蒂金斯促进学习的课堂评价标准②（详见下表3－2），以及美国全国专业教学标准委员会（National Board for Professional Teaching Standards）制定的教师评价标准等③，为我们制定学习过程评价的标准，提供了一定的经验基础和参考作用。

表3－1　美国州立学校管理者委员会（Council of Chief State School Officers）的评价标准

趋同性	评价的过程与目标要一致；教学、评价和成绩评定均以标准为依据；全部的相关利益者（如学校、学生及其家长）使用同一个说明标准
意义性	评价有利于培养学生自我评价能力，有助于其目标设定与改进学习；评价过程要支持于教学决策；评价要引导学生关注专业发展
相关性	评价方式方法的选择要依据实际情景化信息，以收集判断信息的便捷性、与目标达成的相关性为根据；指导职责题目等要体现信息的清晰性必要性
典型性	评价要对课程标准（所规定的范围、广度和深度）进行有效的反应；评价形成的学习证据要具备一定的有效性（数量和类型），可以成为决策的依据
交互性	评价过程、问题、价值可被利益相关者理解；可以展现所有利益相关者的作品或优势；评价结果可促进准确成绩与进步标志的获取
实用性	评价对于计划时间和资源的有效性；评价要能体现时间、资源和努力需求
公正性	评价发展要正确；类似作品的分数要保持其一致性和可靠性；替代性评价方式要尽量满足不同学生的学习需求；评价过程要客观无偏见（无关乎社会地位、经济水平、地域的差异，性别、种族和人种的不同等）

① Council of Chief State School Officers. Characteristics of sound classroom assessment [EB/OL], http://www.education.nh.gov/instruction/curriculum/arts/documents/character.pdf, 1997/2013－10－10.

② Stiggins, R., Arter, J., Chappuis, J., &Chappuis, S.. Classroom assessment for student learning: Doing it right－Using it well [M]. Portland, OR: ETS Assessment Training Institute, 2006: 27.

③ 赵士果．促进学习的课堂评价研究［D］．上海：华东师范大学博士学位论文，2013：50－52.

表 3－2 斯蒂金斯促进学习的课堂评价标准

1. 为何评价？(Why)：评价过程和结果服务于清晰、恰当的目的	①教师对班级评价信息有比较清晰的了解，包括评价主体、评价目的与评价内容； ②教师对于学生学习评价及其动机的关联比较了解，善于设计学习评价以最大化地激发学生学习动机； ③教师对于课堂学习评价的过程与结果能依照形成性评价的方法使用，以促进学生学习； ④教师对课堂学习评价结果能按照总结性评价的方法使用，并定期向有关社会公众汇报学生学业成就； ⑤教师具备统筹规划的能力，能对促进学生的评价与关于学习的评价进行及时整合。
2. 评价什么？(What)：评价可清晰地反映出学生有价值的学习目标	①教师对学生学习目标比较了解，掌握了能把粗略的课程目标转变成细化的课时目标的方法； ②教师能理解学生设置的个性化学习目标； ③教师能帮助学生设计决策最优化和最适宜的学习目标； ④教师能制定全面评价学生学习目标的方案。
3. 如何评价？(How)：评价可使学习目标分解成阶段性成果	①教师了解多种不同的评价方式； ②教师选择与学习目标匹配的评价方法； ③教师能设计可实现目标的评价； ④教师能对评价问题进行设置； ⑤教师能对学生学习样本进行准确地选择； ⑥教师能规避对评价结果不利的信息来源。
4. 如何反馈？(How)：良好地管理和有效的反馈评价结果	①教师对评价信息能进行正确记录和保密，能对其进行适当的汇总、概括与反馈，能对学生学习水平进行准确地概括或反映； ②教师能对评价结果进行准确说明并应用； ③教师能关于评价结果与学生进行有效的交流； ④教师能对不同评价目标的个体提供学习环境的最优化选择，或者最恰当的评价等级叙述报告； ⑤教师能就学生的评价结果与其他人员（包括学生的家长、其他教师或相关人员）进行有效的交流反馈。
5. 如何吸纳学生的参与？(How)：学生参与自己的评价	①教师加强学生对学习目标的理解； ②教师鼓励学生积极参与评价，对自身学习进行观察反思，设定学习目标； ③教师促使学生参与自我学习评价。

（2）设定标准的原则

鉴于以上设定标准的依据内容，学习过程评价标准的设定，应涵盖如下原则：

①普适性。主要指除了职业特色明显的职业高校外，评价标准对于普通类大学的所有本科学生开展过程性学习评价来说，要能体现所有学习者的优秀品质，并具有普遍适用的功能。

②可行性。主要指标准的设定要依据时代特征，根据学习者实际学习过程情况而设，便于学生本人、教师、同伴进行收集信息、接受反馈、修正调控，不可脱离教学、学习的实际情况，或者操作实施不宜难度过大、复杂度过高。

③实用性。主要指设计出的标准对于高校评价部门来说，在掌握、测量学生学习过程问题时，可使评价机构或部门能方便快捷地采集相关数据、进行判断分析，评价结果可用来促进其教学改革发展，成为培养人才标准的依据，在促进学习评价方面具备实际效果作用。

④合理性。评价过程要符合大学学习者学习的规律和特点，能满足青年群体心理和行为的需求，符合学习者性格、基础、智力和认知风格，评价的结果要有一定的说理性，能被广大学习者、教师所接受，与理论依据相符合。

⑤一致性。主要指要准确进行评价，以保障评价结果与实际情况的一致性，评价目标与评价方法的一致性，过程性评价、学习、教学三者与评价标准的一致性。

（二）调查路径

另外，对于指标体系的构建，本书还通过头脑风暴法、专家访谈法、问卷调查分析的路径，补充完成了对指标体系、标准及其权重的理论构建和实证确定。

1. 建立评价指标体系的方法

（1）第一阶段：提出初拟评价指标的方法——目标分解法、头脑风暴法（Brain - storming）。其中，在 1939 年，由美国创造学家亚历克斯·奥斯本（Alex Faickney Osborn，1888—1966）第一次指出了头脑风暴法，并在 1953 年对其进行了正式发布，是一种对创造性思维进行启发的方法。按照启发方式的不同，可分为直接头脑风暴法、质疑（或反）头脑风暴法、理论推演法和典型研究法。

本书研究者在 2013 年下半年确定研究问题、选题后，多次与导师、专业博士点学科带头人、其他专业的多位博导、同级不同专业的同学以及高年级的师兄师姐们等，就研究问题及选题的多方面内容，一起进行了直接头脑风暴法和质疑头脑风暴法，甚至在 2014 年 1 月正式开题前后，还访谈咨询了美国俄克拉荷马州立大学、上海师范大学的课程与教学论、高等教育管理专业的多位专家、教授及博导的意见，对大学生过程评价形成了进一步深刻的认识、理解和思考、领悟后，从而于 2014 年 4 月形成了最初的评价指标体系。

（2）第二阶段：筛选评价指标的方法——逻辑分析法、经验法、聚类分析法、因素分析法等。

本书研究者综合了多方意见后，设计好初步问卷及评价指标体系，和导师经过 4 个月的进一步研究、商议、修改后，形成了包含评价指标体系内容在内的专家访谈问卷，以电子版邮箱发放或面谈的形式对多个高校和研究部门的十余位专家进行访谈和调查，有效回收了 8 位专家的反馈指导意见，进一步修改完善并确定了各项指标体系。来自中国教育科学研究院、北京师范大学、华东师范大学、沈阳师范大学、上海师范大学的 8 位专家，研究领域主要涉及课程与教学论、高等教育管理、教育评价等，为评价理论体系研究结果的形成奠定了一定的基础。

2. 设定的程序

（1）理论政策依据。与其他设计类似，评价标准的设计要依据一定的科学理论和政策政策，依靠科学有效的方法，在不违背理论基础和政策依据的基础上出发，才能完成设定标准的重要指向。

（2）目标任务确定。美国李·克龙巴赫（Lee Joseph Cronbach，1916—2001）在 1982 年提出了发散设计阶段，即初步设计阶段，是教育评价活动里的一个专业名词。此阶段的主要任务是，充分利用发散性思维，明确指标体系的整体要求，列出初拟可能的指标方案，并逐步分解比较抽象、笼统、概括的评价目标或教育目标，逐级分解、细化目标任务，转化为可测量或评估的下级指标任务。

（3）设定内容及标准。评价目标按级分解后，自上而下按级层层设置，分别制定各个级别的指标内容，评价标准要基于拟研究的内容而进行设置，是评判事物对象的标杆和参考的模度。评价内容是标准设定的基础和依据，是在评价活动中对事物对象进行衡量评判的场域范围，必须优先于标准标度而设定。

（4）确定标准标度。所谓标度，就是用点或线进行划分的一序列间断距离，用来对长度、数量或数目进行计量的单位。标准标度，则是对标准的外在形式进行的划分，一般表现为对研究对象的内在思想、外在行为特征，或是对表现范围、表现强度与频率的规定。现实中，人们常用的测评指标的标度一般有量词式、等级式、数量式、定义式、综合式等。测量标准的标度要根据内容设定，如可以用“多、较多、一般、较少、少”等一些带有程度差异的形容词、副词、名词的修饰词组，来描述测评标志状态、水平变化与分布的相关情形，或者用如“优、良、中、差、较差”、“5、4、3、2、1”等一些等级顺序明确的字词、字母或数字形式，来表达测评标志状态、水平变化的标度。对标准标度的确定，要适当等距，不宜过大过粗，或过小过细，便于人们把握，进行评判和操作。本研究中调研问卷部分的设计，除调研对象基本信息外，研究问题的单选项标准基本按五类来进行设定的。

（5）实践试验修订指标。经过上述阶段设定的指标体系初稿，还要经过实践检验其合理性和科学性，一般是先小范围选择评价对象进行评价试用，根据试验结果对整个评价体系做进一步修改和完善，之后再进行投入使用、开展所有实验样本的调查研究。本书的指标体系，就是先在一个普通本科高校的个别二级学院进行了一些专业（分别涵盖了理科、工科和文科）的试验，然后再对指标体系进行修订完善的。

二、指标体系的构成

笔者经过认真梳理、分析研究后认为，大学本科生的学习过程，应该由学习过程的投入度、学习过程的自主性、学习过程的创造性、学习过程的个性化四个要素的相关学习活动所构成。那么，大学生学习过程评价也应从这四个方面进行考核和评价，下面将围绕指标体系的四个构成要素分别进行简要介绍。

（一）构成要素

1. 学习过程的投入度

在学习者的学习过程活动中，学习者本身是整个学习活动的原动力，其对学习活动投入的程度，是评价学习过程的核心之一。学习过程的投入度主要考虑从学习动机强度、学习时间投入和学习劳动强度这三个二级指标来衡量。学习过程也可以看作一种资源配置的经济活动。根据现代西方微观经济学生产理论中的单一可变投入物的生产函数理论，在该理论中，依据投入—产出关系的不同，微观经济学把单一可变投入物的投入分为三个投入阶段，如下图 3－1①所示。

① 果园的猫，新浪博客．总产量、平均产量和边际产量的关系分析［EB/OL］．http：//blog. sina. com. cn/s/blog_ 556a47480100qp4v. html/2011－03－25/2014－12－15.

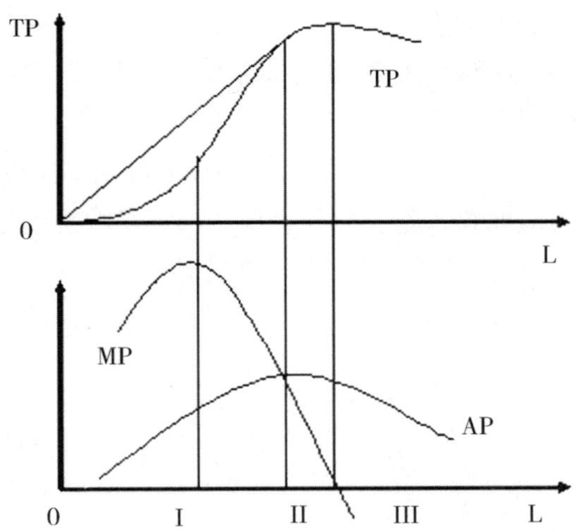

图 3-1 劳动力投入 L 与边际产量 MP、平均产量 AP、总产量 TP 及三个产量之间的关系

在生产函数的学习过程中，下列三个指标是非常重要的内容：总产量（TP）是某种生产因素在一定量时所出产的所有产量；边际产量（MP）是增多一单位的某种生产因素时所增多的产量；平均产量（AP）是每单位某种生产因素的平均出产的产量。在领会边际产量 MP 递减规律的过程中，TP、AP 和 MP 三者之间关系的特征主要表现以下几个方面①：其一，当资本量稳定时，如果劳动量有所增加，那么 TP、AP 和 MP 开始也都是跟着递加的，但是递加到一定水平后就会分别开始递减。因此，TP 曲线、AP 曲线和 MP 曲线都是先抬升再下落的，这就是对边际收益递减规律的直观反映。其二，AP 曲线与 MP 曲线在 AP 曲线的最高点处相互交叉。平均产量 AP 在与边际产量 MP 相互交叉之前是递增的，并且平均产量小于边际产量（AP < MP）；平均产量 AP 在相互交叉时达到最大，且平均产量等于边际产量（AP = MP）；平均产量 AP 在相互交叉之后是递减的，且平均产量大于边际产量（AP > MP）。其三，总产量 TP 在边际产量 MP = 0 时达到最大，接着，总产量 TP 在边际产量 MP < 0 时就会完全减少。思考这些投入—产出比率关系，从教育经济学的角度来理解，我们可以推断，对一般学习

① 新微观经济学最优内涵不同，新浪博客．为什么必须以资源投入——产出比的效率为研究对象？［EB/OL］．http：//blog. sina. com. cn/s/blog_ 501dac880100rrgx. html/2011 - 05 - 13/2014 - 12 - 15.

者来说，其对学习活动的动力越强，投入度越多，在之后的学习过程和学习成效中获得的收益，在某种程度上就会达到越大，同时，其学习劳动强度也会随之增大。

经实践调研显示，大学生认为学习过程的投入度主要体现在学习动力强度、学习劳动强度、学习时间投入量及其他方面，根据学校类型层次的不同，前三者的投入度程度顺序略有不同，见下图 3－2 所示。

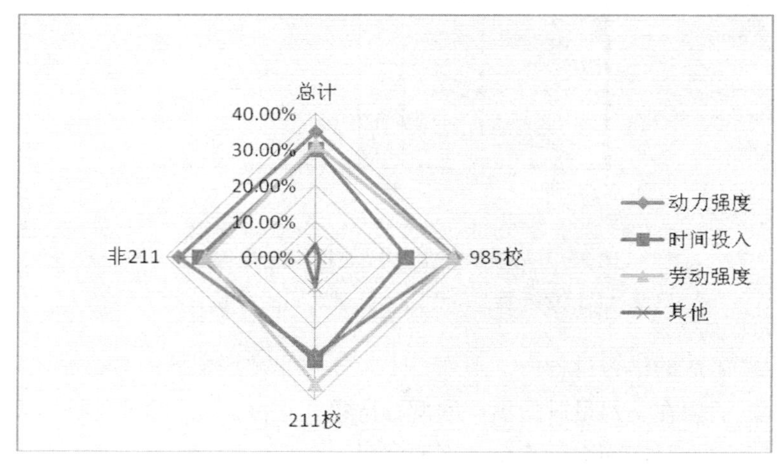

图 3－2　学习过程的投入度体现雷达图

2. 学习过程的自主性

按照学习自主性发展理论，本研究者认为，学习过程评价的一级指标“学习过程的自主性”部分，应从学习者在学习活动过程中的学习设计、学习监控、自我反思三项二级指标来衡量。其中，自我监控的程度和能力，是开展学习活动过程中最能体现学习过程自主性的指标，该项比例越高，说明学习者自身拥有越强的自我管理能力。自我管理是学习者学习过程中的一个重要内容，合理、有效地管理自身，是促进学习目的实现的助推器，是就业、生存技能、可持续发展能力提高的孵化器，是衡量科学管理能力的有效指标。自我监控比例高的学习者，一般都会成为学习过程的成功者。

根据实践调研数据显示，参与被试验的学生认为，大学生学习过程的自主性体现按表现性高低程度，依次为自我监控、自我反思、学习设计及其他方面，具体见下图 3－3 所示。

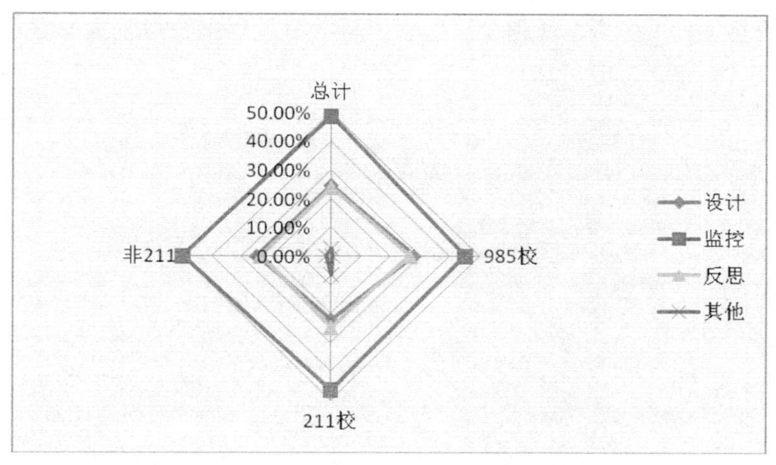

图 3－3 学习过程的自主性体现雷达图

3. 学习过程的创造性

按照学习终极目标创新思维、创造性能力发展的理论，本研究者认为，学习过程评价的一级指标“学习过程的创造性”部分，应从学习者在学习活动过程中的新颖性、多样性、独特性和精细性四项二级指标来衡量。其中，新颖性和多样性是创造性的基本特点，是衡量学习者创新思维、创新意识、创新能力的有力指标。当今时代，信息渠道愈来愈广，知识周期愈来愈短，知识是为了促进社会进步，学习是为了促进社会发展。现代大学生的学习，就应当在突破对传统知识传承的根基之上，积极创造新的知识体系，才能在激烈的竞争中获得成功；这是一个国家富有活力、生命力的象征，也是科技进步的重要体现，是转化为生产力最宝贵的知识财富。

根据实践调研数据显示，学习者认为，大学生学习过程的创造性主要体现在新颖性、多样性、独特性、精细性几个方面，按选项的频率高低顺序则为多样性、新颖性、独特性和精细性。而且，不论是 985 类、211（非 985）类重点大学，还是非 211 类普通高校，选项顺序均表现出一致性，而频度高低则存在一定的差异性，见下图 3－4 所示。

4. 学习过程的个性化

按照加德纳的多元智力理论为基础依据，本研究者认为，学习过程评价的一级指标“学习过程的个性化”部分，应从学习者自身的性格、智力、知识基础、认知风格四个指标与开展学习过程活动的匹配度来衡量。其中，认知风格、性格的匹配度越高，说明该学习者在以后的学习过程中，越有可能获得个性化发展，可持续发展的概率就越大，也越能从学习过程中获得较大的学业成就和学业收获。

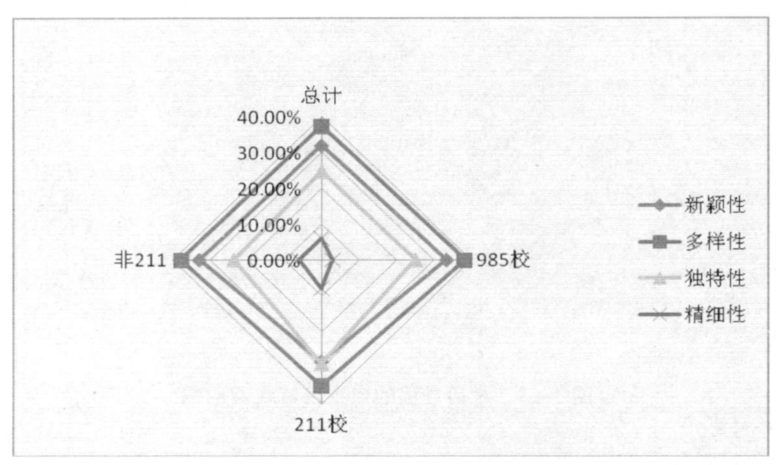

图 3－4　学习过程的创造性体现雷达图

根据实践调研数据显示，学习者认为，在本科学习与学习者自身四种个性化特征——性格、智力、知识基础、认知风格方面的匹配程度上，表现最高的是性格、认知风格，其次是知识基础，智力的匹配度最低。如下图 3－5 所示：

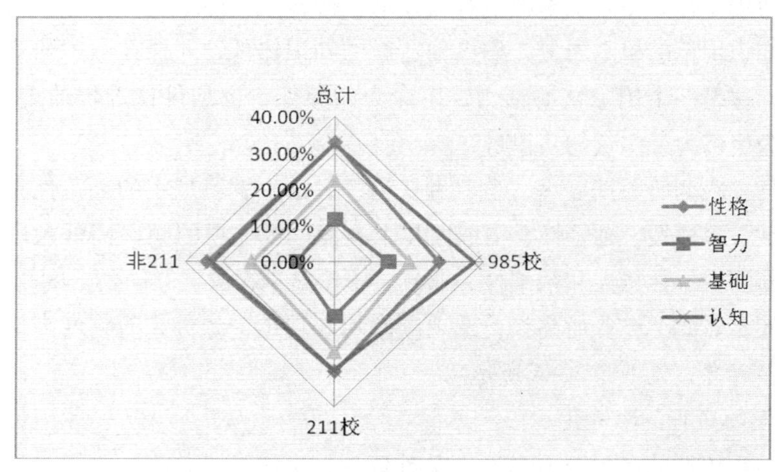

图 3－5　学习与学习者个性化特征的匹配度雷达图

（二）指标结构

在综合理论分析和专家访谈实践调研的基础上，本研究者认为：学习过程评价指标体系应能充分体现大学生学习过程的特点，能反映青年大学生群体学习过程的规律，能衡量学习过程的时代要素。由此，笔者制定设计出了“大学本科生学习过程评价研究”的核心——评价指标体系的结构，包括评价的一级指标、二级指标和三级主要观测点，具体见下表 3－3 所示。为了突出学生的类别“本科生”，也为了便于受访者对问题的理解，在调研时特地把“本科生”放在了题目上。

表 3－3　大学生学习过程评价指标体系结构

一级指标	二级指标	主要观测点	指标说明
学习过程的投入度	学习动力强度	学习方式	学习方式的科学性、学习途径的有效性、学习流程的完整性、学习速度的快慢性； 学习兴趣、学习动机、学习时间、学习内容的表现； 课堂上积极举手发言，积极参与师生互动，主动参与小组讨论交流，课下大量阅读课外读物、辅导材料，主动加强训练
		学习途径	
		学习流程	
		学习速度	
	学习时间投入量	学习方式	改进学习方式、精简学习流程投入的时间，每日在课堂外在学习上投入时间的量； 课前预习，上课认真听讲，参与交流讨论、态度认真，课下认真作业的情况； 课余能主动复习课程学习内容，加强习题训练，能做到扩充大量阅读课内课外的读物，提高技能
		学习途径	
		学习流程	
		学习速度	
	学习劳动强度	学习方式	预习、听讲、记笔记、复习强化、实践应用和创造的学习劳动强度体现； 在学习路径，课堂学习、图书馆学习、实验室学习、社会实践学习、日常生活学习的学习劳动强度体现； 课堂上保持注意力集中、认真关注时间的长短； 学习效率的高低、有效情况； 与教师、同学进行互动交流时的投入程度
		学习途径	
		学习流程	
		学习速度	

续表

一级指标	二级指标	主要观测点	指标说明
学习过程的自主性	学习设计	学习方式	具备明确的学业目标，如考研、出国、就业等，人生职业目标明确，如工程师、教师、企业经理等； 能对自身的学习方式、途径、流程进行较好的设计和规划，对未来有宏观的目标，近期有可操作性的实施计划； 对时间进行管理，加强自身学习速度和学习的效力
		学习途径	
		学习流程	
		学习速度	
	自我监控	学习方式	能理性、客观地看待自身进展情况，监督自身学习进程中出现的问题，并采取有效的措施进行调控和改进； 能客观看待自身的优劣特点，发挥特长，弥补不足
		学习途径	
		学习流程	
		学习速度	
	自我反思	学习方式	能理性地客观看待自身进展情况，定期进行自我总结、反思，和后期调整的觉察； 自治力强，富有自我约束力，能有效协调、管理自身学习和其他事务安排
		学习途径	
		学习流程	
		学习速度	
学习过程的创造性	新颖性	学习方式	具备创新思维，能主动争取其他学习资源； 方式新颖不陈旧，充分利用课余时间进行知识内容的扩充，或素质技能的锻炼提升，如网络学习、网络资源、自学等
		学习途径	
		学习流程	
	多样性	学习方式	能有效把握学校资源，以学校开设的必修课或选修课等课程为基础； 拓展课堂形式上的正式学习，和网络在线学习或同伴协作学习的非正式学习； 提高混合式学习的效能
		学习途径	
		学习流程	
	独特性	学习方式	主动参与各类学科或技能、实验、实践竞赛，且解决问题方法、思路与众不同； 具备问题意识，能勇于提出与别人不同的问题，大胆尝试并表达自己的想法； 具有创造性思维，能用不同的方法解决问题，独立思考
		学习途径	
		学习流程	

续表

<table>
<tr><th>一级指标</th><th>二级指标</th><th>主要观测点</th><th>指标说明</th></tr>
<tr><td rowspan="3"></td><td rowspan="3">精细性</td><td>学习方式</td><td rowspan="3">注重细节，解决问题的过程清晰，做事有规划、有进度安排；
能主动组建或加入学习或研究团队，有条理地表达自己的意见或想法</td></tr>
<tr><td>学习途径</td></tr>
<tr><td>学习流程</td></tr>
<tr><td rowspan="16">学习过程的个性化</td><td rowspan="4">合性格度</td><td>学习方式</td><td rowspan="4">学习内容应符合个性特征，如性格外向者可学习多辩的法律，沉稳内敛者可学习思考哲学，稳重分析能力强者可学习逻辑推理能力较强的数学；
在第二、第三课堂的学习中，依个人兴趣爱好，发挥个性、天赋等的特长优势，如个性设计、演讲辩论等</td></tr>
<tr><td>学习途径</td></tr>
<tr><td>学习流程</td></tr>
<tr><td>学习速度</td></tr>
<tr><td rowspan="4">合智力度</td><td>学习方式</td><td rowspan="4">学习内容符合智力高低特点，如逻辑能力强、思维灵活独立、反应较快的人，学习难度大的理科专业；根据必修和选修的设置情况，搭配选取适合自身学习发展难易程度需求的课程进行学习，如跨专业辅修、第二专业学位修读等</td></tr>
<tr><td>学习途径</td></tr>
<tr><td>学习流程</td></tr>
<tr><td>学习速度</td></tr>
<tr><td rowspan="4">合知识基础度</td><td>学习方式</td><td rowspan="4">学习内容符合高中积淀基础的厚实程度，如理科基础好的学习理工类，文科基础扎实的学习人文、历史、外语等；
能自觉进行课前预习、课堂认真听讲、课后复习强化，课余积极参与社团活动拓宽思维训练，增长技能，或通过书籍阅读扩充知识的厚度和宽度；
学习速度快，一学就会、一点就通，能举一反三、触类旁通，轻松掌握解决问题的办法和能力</td></tr>
<tr><td>学习途径</td></tr>
<tr><td>学习流程</td></tr>
<tr><td>学习速度</td></tr>
<tr><td rowspan="4">合认知风格度</td><td>学习方式</td><td rowspan="4">认知具有规律性，能有效管理、合理分配各类时间安排；能对抽象、概括或具体的事物进行识别、理解、解释或转译资料，建构形成自己的观点，并能把所学知识应用于具体情境中；
专业学习与认知风格相匹配，通过掌握相应的技能，能获取一定提升生存能力的资格证书，如会计资格证、教师资格证、经济师等</td></tr>
<tr><td>学习途径</td></tr>
<tr><td>学习流程</td></tr>
<tr><td>学习速度</td></tr>
</table>

另外，在对指标体系进行实践调研的时候，我们可以同时对学生所在高校的学习资源、教学计划、教学设施、教师教学水平、学校整体、自身学业发展等方面的满意程度，也进行了测评和调查分析，对学校在促进学生学习方面的做法进行了学生满意度测评，也对学生关于自身学习经验、发展水平的看法进行了自评。一方面，这可以反映学生的真实需求，了解他们的教育期望，掌握学生的学习过程体验，提高他们的学习过程质量。另一方面，还可以促使学校及时关注学生的现实状况，掌握学生的学习动态、认知历程，以及学生学习能力转变的特征和潜力，是评价学校是否体现以学生学习为主，能否满足学生在学习资源、校园环境方面需求的重要内容。西方及其他国家的高等教育经验证实，成功院校的三个根本要素是，“以注重学生需求为核心，持续提高学生教育经验质量，把学生满意度调查作为调整未来发展方向的根据”①。

三、指标体系的解析

（一）一级指标的构成解析

1. 学习过程的投入度

“学习性投入”最初是由美国印第安纳大学教授乔治·库所正式提出来的，源于人们对学校教育过程与学生学业成就关系的研究。它指学习者对自身于学习课堂或者课堂之外在学习方面的投入程度，进行客观而有效的衡量评判，分析其关于学习在时间、精力、思想、态度、实践等方面付出的程度。

学习过程投入度的概念，是以学习性投入理论为基础。从内涵上讲，它一方面指学生个体在学习或教育活动中所投入的时间与精力的程度（即本书主要研究方面），另一方面指的是学校对学生学习支持的力度，包括二者在数量和质量上的双重程度内涵，是一种由学生行为和学校条件交互作用的结果。和学习性投入理论一样，对学习过程投入度进行分析研究的源点，是学生学业成就和学校教育过程之间的关系，与大学教育影响力模型理论、学生发展理论都存在一定的关联。

资源分配方式决定教育成果。在乔治·库与 Shouping. Hu 设计的学习产出模型中，存在着四个学习变量，它们分别是学生投入、学生努力、学校投入与学

---

① 2003NationalStudentSatisfaction Report ［EB/OL］. http：//www. noellevitz. com/NR/rdonlyres/0438FAA8 – D50F – 4F56 – 83AD – 769C308BF203/0/2003 – SSI – Report. pdf/2005 – 12 – 16/2013 – 11 – 05.

生学业成就，它们在学生学业成就的获取方面体现了一定的投入产出关系。其中，学生投入是基础，学生努力与学校投入是保障，共同促进学生在学业方面获取一定的收益，即学生学业成就[①]。后来，乔治·库又对学生“学习性投入”进行了补充说明：不仅包括了学生对于自身有效学习活动投入时间与精力的测评，还包括学生对于学校促进学习支持力度方面的满意度测评。也就是说，影响学习性投入的因素有两个，一个是学生自身内部因素，另一个是院校条件外部因素，是学生行为与学校条件的交互作用。

另外，我们对世界各国的研究成果进行分析后发现，学习过程投入度的主要特点体现在以下两个方面：一是学生在学习中关于过程性投入的努力度和有效度；二是学生关于自身学习状况的满意度及对学校学习支持条件的满意度。

2. 学习过程的自主性

希腊文“autonomia”是“自主”（autonomy）一词的来源，包括自由、自治与自治权等含义[②]。追求思想及教育上的独立、自由、自主是学习自主性的本源。所谓自主的含义，是指由个体自行做主，对自身的选择、决定、目标、规划、学习等方面实行主导，并实施自我监控。自主性学习（或者学习自主性）的本质，就是学生在自身认知需要与认知水平的基础上，对学习目标能自主确定，对学习方法能自行选择，对学习状态能自觉调控，并对学习行为能作出自我有效评价的一种学习方法。

自主性学习（autonomous learning）与自我指导学习（self - directed learning）类似，本源是一个教育哲学范畴的观念，在20世纪80年代初，由亨利·霍尔克率先在外语教学中进行了应用，属于一种现代学习理论，以人本主义学习理论和认知心理学为理论依据。霍尔克对自主学习的看法是，在学习过程中，学习者能够对自身学习行为负责。对此，英国的利特尔伍德（Littlewood，1885—1977）也对自主学习进行了概括，是“学习者对所学知识进行独立运用的能力”。自从在国外教育学界产生以来，关于自主学习的概念众说纷纭，不同的研究者根据不同的视角和立场，给出了不同的观点，目前仍没有形成一个准确的统一性权威性定义。但这并未影响大家对自主学习项目的研究与推行，为

① Hu，S. &Kuh，G. D.. Maximizing What Students Get Out of College：Testing a Learning Productivity Model［J］. Journal of College Student Development，2003，44（2）：185 - 203.

② Broady，E.，& Kenning，M - M.. Promoting Learner Autonomy in University Language Teaching［M］. London：the Association for French Studies in association with the Centre for Information on Lauguage Teaching and Research，1996：12.

了给学习者提供良好的自主学习环境，很多国家和地区还建立了自主学习中心（self - access enter），在实践研究或理论探究方面进行了许多的深入性改革，比如建设自主学习中心，推进自主学习措施，对自主学习开展有效性评估等，研究效果取得了一定的新进展①。

真正有效的学习是自主学习，即应该遵循自主原则。学生要树立真正的学习主人翁意识，充分发挥学习的主观能动性，这是学习过程自主性的实质与重点。学生学习的效果，与其学习自主性的强度之间，存在着直接的因果关系。充分调动学生主体的主动性，确实提高学习质量和学习效益，是提高大学生学习效能和教育质量的关键。学生学习的目标明确与否、态度端正与否，以及方法得当与否，自我监控能力的强度、有效性、力度如何等，也是教师调整教学策略，改变教学方法的重要依据。

自主性作为一种主体变量，是决定学生学习成效的关键，是学生学习过程中的一种重要品质，也是学习主体提升学习质量的一个根本理念。英国思想家伊恩·高夫与莱恩·多亚尔曾经都认为，自主是人的一种根本需求②。如果学生学习是自主性的，那么学习就会转变为个体主要负责的分内事，其学习的动力趋向就是自觉的、主动的，内在原动机就会焕发出“想学”“要学”意愿的强动力；同时，如果在学生知识基础上再融入“会学”的技巧和方法，并在个人意志力毅力的基础上再树立“努力学”“坚持学”的思想③，那么学生学习的成功完全是指日可待的，而且，大部分学生都会获得这种学习上的成功及成功带来的快乐。

3. 学习过程的创造性

创造性（creativity）是个体产生新颖的有社会价值的产品或对问题做出独特解答的能力④，是多数人都具有的程度不同的个性特征。创造力（creativity）是指个体能利用已有资源，生产或制造出的某种新产品的能力，并且该产品须具备新颖、独特或者对个人或社会具有一定价值的特点⑤。由此，新颖和独特是创造力的基本特征，而创造性则是创造力产生的前提和本质要求。

---

① 牛亏环．西方自主性学习研究进展分析［J］．外国中小学教育，2014（11）：57.

② ［英］莱恩·多亚尔，［英］伊恩·高夫著；汪淳波，张宝莹译．人的需要理论［M］．北京：商务印书馆，2008：78.

③ 郑淑华．如何培养学生自主性学习的能力［J］．成才之路，2012（11）：30.

④ 顾明远编著．教育大辞典（增订合编本上）［Z］．上海：上海教育出版社，1998：191.

⑤ 顾明远编著．教育大辞典（增订合编本上）［Z］．上海：上海教育出版社，1998：191.

创造性学习（Creative Learning）是相对于重复性学习（repetitive learning）和维持性学习（maintenance learning）的一种学习体系和学习形式，是启发学习者开阔创新思维、增强创造才能的原动力。创造性学习的产生过程包含了学习的多个阶段，主要有思想的自主、情境的创设、问题的意识、策略的有效、结论的独特等，以及对其开展的评价，不仅强调学习成果的创新性，更注重学习过程的新颖性、灵活性和创造性，是获得新思想、新观念、新理论、新方法的重要途径，是学习过程评价的一个重要指标维度，是21世纪学习科学的主流。

学习理论在后期发展时按照学习方式不同，将学习分为接受学习（reception learning）和发现学习（discovery learning）。发现学习根据发现方式的性质，又可分为独立发现学习和指导发现学习，以学习者自己发现问题和解决问题为主，以学习者思维的独立性为目标。1926年，美国心理学家华莱士（J. Wallas. B，1869—1937）出版了《思维的艺术》，他在该书中提出了创造性思维过程的四个阶段“准备、酝酿、启发、检验”的著名理论。1931年，美国心理学家克劳福德（R. P. Clauforde）出版了《创造性思维方法》，提出了各种具体的创造性思维方法。1945年，德国格式塔学派心理学家维特墨（M. Weitheimer）出版了《创造性思维》。另外，德国著名格式塔心理学家苛勒在解决问题中的“顿悟”说（insight，1947）时，也对创造性思维研究有了一定的启发。真正的“创造性学习”（creative learning）以及与其紧密相关的“创造性教育”（creative education），则是20世纪70年代后的产物，至80年代后逐渐完善。自20世纪70年代一直到21世纪初，国外学者对创造性有三种定义：一是强调过程，二是强调产品，三是强调个性①。

21世纪以来，创造性学习研究呈现内容更广泛、分支更细分化的转型倾向，包括对创造力的不同程度（Sternberg，1999）②、不同类别（Kaufman & Beghetto，2009）③、不同领域（Sternberg et.，2004④；Meheus & Nickles，2006⑤），及

① 林崇德．创造性人才特征与教育模式再构［J］．中国教育学刊，2010（6）：2.

② Sternberg，R. J.．A propulsion model of types of creative contributions［J］．Review of General Psychology. 1999，（3）：83 – 100.

③ Kaufman，J. C.，& Beghetto，R. A.．Beyond big and little：The four C model of creativity［J］．Review of General Psychology. 2009，（13）：1 – 12.

④ Sternberg，R. J.，Grigorenko，E. L.，& Singer，J. L.．Creativity：From potential to realization［R］．Washington，DC：American Psychological Association. 2004.

⑤ Meheus，J.，& Nickles，T.（Ed.）．Models of discovery and creativity［R］．New York：Springer. 2006.

其相关的创造性脑机制研究（Heilman，2005）[①] 等进行了更深入细致的研究。创造性学习的研究走向，即呈现出多元化态势、不同理论共存、综合交叉的格局，也表现为追求共性生存的发展方向。当前，如何针对青少年成长特点，在学习中进行创意思维的启发，培养创新意识，是教育的基本着眼点（Daiyun & Shenjiliang，2008）[②]。

大学生学习，作为教育阶段中相对性的高层次学习，不仅仅是记住前人所总结、积累的知识，更重要的是通过学习过程以便能够形成对自身建构、产生新知识、发展新技能、解决新问题的创造性，如此，社会才能更快更好地向前发展进步。如果没有学习的创造性，那么世界将停滞不前，就没有人类各方面生活水平的提高和现代化建设的快速发展。大学生学习过程的创造性，主要表现为知识的应用性、学习方法的高效性、学习路径的多面性、解决问题的灵活性、研究问题的创新性等方面。

4. 学习过程的个性化

有人认为，英国政府的教育与技能部（the Department for Education and Skills，简称 DFES）是世界上最早正式提出个性化学习观念的机构。“孔子教人，各因其材”[③]。事实上，中国的孔子教育时代，便是个性化教育最初的形态。个性化学习自产生以来，得到了社会大众的广泛认可，随着创新教育与素质教育的推广，以英国为代表的世界各国各教育阶段，也越来越重视个性化教育与实践发展观，在教育领域的多方面积极推进理论研究与实践进展，获得了一定的研究成果。英国教育与通信技术局（British Educational Communications and Technology Agency，简称 BECTA）曾发布了《个性化学习：技术提供机遇》一文，对个性化学习的概念进行了总结，是一种以学生为中心、以包容性为特征，能满足所有学生需求的学习方式，尤其是学有困难的学生。关于个性化学习的定义，英格兰教学协会（General Teaching Councilfor England，简称 GTCE）的看法是，一种对不同学生的需求都能适应和满足的教育方式，以能提升每个学生的学习潜力为特征。我国学者对于个性化学习方面也开展了一定的研究，总结大家关于个性化学习的观点，大致为：以学生根本个性为基础，以学生个性化发展为指向，在以学习为中心的多个方面如目标、内容、方式、方法、进

① Heilman，K. M. . Creativity and the brain ［R］. New York：Psychology Press. 2005.

② ［美］巴格托，［美］考夫曼主编；陈菲等译. 培养学生的创造力［M］. 上海：华东师范大学出版社，2013.

③ 毛礼锐，沈灌群. 中国教育通史（第一卷）［M］. 济南：山东教育出版社，1985：244.

程等，都表现出对个性化学习的追求①。本研究者认为，个性化学习是注重学生个性差异、强调学生未来发展，一切为了促进学生个性化发展的学习范式。

2004 年，英国 DFES 部门指出，个性化学习由以下五项基本要素构成：（1）学校管理；（2）课程选择；（3）有效教学；（4）学习评估；（5）课堂外拓展与支持。各个要素之间存在密切的关系，并分别包含丰富的内容，详见下图 3 -6 所示②。英国不同学校采取不同的教育实践，以促进个性化学习的科学进步与积极发展。比如，鼓励学生加入对自身学习的监控过程，负责将学校发展规划监督、自身学习进展等情况与家长进行及时有效的沟通；学校利用信息数据对学生学习进展进行观察，对资源装备进行调度；学校对学生学习状态、进步情况、教学质量进行跟踪了解和监控；持续为工作人员提供个性化的高级专业化培训服务；教师设置教学讨论环节加强对话功能等。在 BECTA 看来，个性化学习与个别化学习（individualised learning）不同，它不是强调独立性，不是降低学习速度，也不是个体中心式的教育，而是利用构建个性化学习的要素体系（如管理设施、弹性课程、有效教学、评估体系、学习环境、网络支持、反馈体系），尽量对不同学习者的个性化学习需求给予满足。

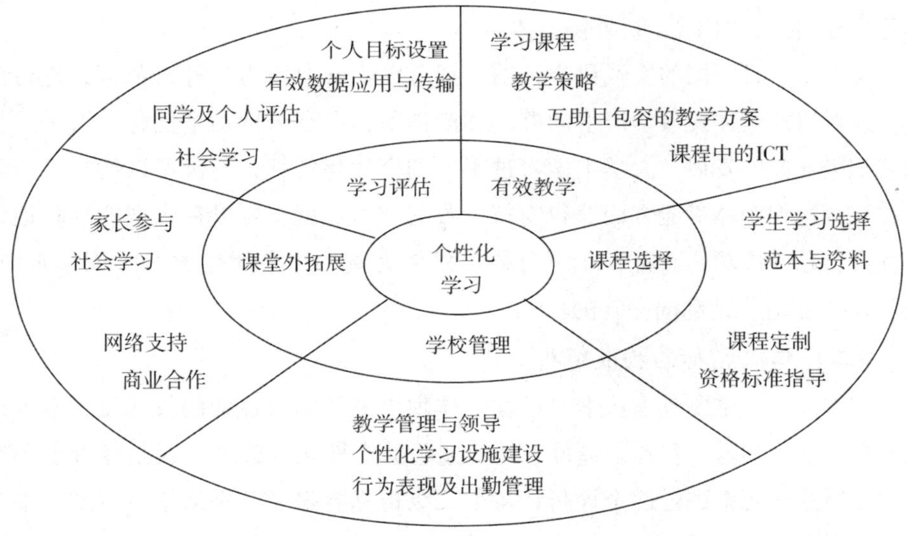

图 3 -6 个性化学习五项基本要素

① 丁念金. 基于个性化学习的课堂转变［J］. 课程·教材·教法，2013（8）：43.

② 费龙，马元丽. 发展个性化学习，促进教育公正［J］. 全球教育展望，2010（8）：43.

自由和民主是美国一直以来多倡行的主基调，对于学习向来也比较多地追求个性化。多元智力理论的提出（美国哈佛大学心理学家加德纳教授）、元认知理论研究（在 20 世纪 70 年代中期由约翰·弗拉维尔（John Hurley Flavell，1928—）提出）的新进展，“以人为本”教育理念的普及、教育公平理论的多元分析，以及人的全面发展、可持续发展、终身发展等学说的丰富与发展，都为个性化学习提供了坚实的理论基础。罗伯特·费尔德曼（Robert S. Feldman）模式则认为，在课程设置和教学上为学生创造空间，鼓励他们根据自己的特长和兴趣，对现实、知识和意义进行独特的建构[①]。位于旧金山联合学区（San Francisco Unified School District，简称 SFUSD）的领导力高中（Leadership High School）[②] 建于 1997 年，在美国致力于个性化学习、追求卓越教育的学校改革中，属于一个新型的领导者。

日本课程改革，也以重视学生个性发展，作为基本发展趋势。日本学者多年来一直致力于个性化学习的研究与实践：首先，在课程设计维度上，体现“三个统合”；其次，在实施维度上，关注学生个体的“四种”差异；再次，在教师指导维度上建立健全“三项体制”，有教师“TT”协力体制、学校个性化学习指导组织、“PTA”校外协力体制。

英、美、日三国的实践研究证明，把个性化学习作为一种改革范式进行推进，能对以往集体式教学产生的弊端逐渐消除，有利于推动个性化学习进一步朝着积极方向的发展。大学生学习过程中的个性化特征，不仅可以使每一位学生在充分挖掘个体潜能方面获得支持，收获学习成就，可以在未来能顺利地走入社会，趋向成功；而且，在学习科学发展大潮中，个性化学习的积极走向，是可以“能动”地趋向完善的。

（二）二级指标的构成解析

在本部分，主要考虑从学习过程中体现出来的学习过程的投入度、学习过程的自主性、学习过程的创造性、学习过程的个性化等四个一级指标维度所对应的二级指标要素进行逐个评析，每个二级指标要素又分别从学习方式、学习途径、学习流程、学习速度等四个三级主要观测点进行衡量。具体指标构成解

---

① Feldman，D. H. . Beyond universals in cognitive development（second ed.）［M］. Norwood，Nj：Ablex. 1994.

② 李芯茹，桂勤．致力于个性化学习的学校改革领导者［J］．外国中小学教育，2012（5）：45 －49.

析如下：

1. 学习过程的投入度要素

众所周知，全美大学生学情调查（the National Survey on Student Engagement，简称 NSSE）是测量学生学习过程性投入的一项重要测量工具，由美国印第安纳大学教授乔治·库提出，并于 21 世纪初在全美及世界各地广泛开展起来的。国内对此测量工具也进行了一定的借鉴和运用，以清华大学为首，对 NSSE 问卷进行了适合中国学生学情的修订，并率先在全国高校开展了大学生学习性投入调查（NSSE－China），是测评学生个体在学习教育有关活动中所投入的时间与精力，测评学生关于学校学习支持力度的满意度，目的是为了调查分析学生行为与学校条件的交互影响与辩证关系，进而对如何提高教育质量进行相应研究。

这个一级指标主要包括以下三个二级指标：

（1）学习动力强度

学习动力是由学习者对自己的学习过程进行记录，并对学习进程及过程质量进行评价，测量的变量主要为学习动机、学习态度和学习兴趣。学习兴趣包括课堂兴趣表现（呈现出来的表现状态为学习情绪状态、学习注意力、学习参与度、学习思维活跃度）、课外兴趣表现（课外内容拓展学习情况、学生交往能力、学生活动能力、学生成长活力）及其他兴趣表现。而学习动力强度则是对学习动力的强弱程度进行测评，旨在测量学生在学习活动过程中的积极水平。学习动力强度评价能全面、动态地反映学习者在完整的学习过程和成长过程中所表现出来的学习动力状况，涵盖了学习起点动力信息、学习过程动力信息和学习结果动力信息，定期进行强度评价，可以是每周、每月、每学期，是一种综合性评价。在本研究实证调研中，研究者采用了每月一次的动力强度评价方法。

（2）学习时间的投入量

时间是学习者所有学习资源中最重要的资源之一，既无法替换也无法补救。本杰明·富兰克林（Benjamin Franklin，1706—1790）曾指出，“你的时间用完了，你的使命也就到头了”。学习时间的投入量，主要考核学生在有意义的学习活动上投入的时间和精力的量。测量变量主要有学生对学习投入时间多少量的衡量，用于改进学习方式、拓展学习途径或精简学习流程所投入的时间，参与课堂师生互动，与同伴进行合作和讨论，每日于课堂外在学习上投入时间的分配量，包括在课堂上课程的有效时间、课外投入课程学习的时间，以及对其他课程外的知识和能力进行拓展学习投入的时间。这些变量的成果，被证实与学生学习质量、学习成果、学业成就、学业发展呈正积极相关。

学习者学习时间的投入量与其对时间管理的有效性有着紧密的联系。经本研究调查（问卷第31题），有60%以上的学生认为，时间管理不善是促使大学生产生学习问题的主要影响因素，而且位居985类高校大学生学习问题影响因素的首要位置。时间对于每个人都是公平的，差别就在于管理。威廉·莎士比亚（William Shakespeare，1564—1616）说："抛弃时间的人，时间也会抛弃他。"80多年来，詹姆斯·麦肯锡（James O. McKinsey，1889—1937）形成了一系列卓越高效的时间管理技巧，值得广大大学生和其他终身学习者借鉴，应用于学习过程活动：①紧急任务专制。对于紧急情况下出现的学习之外的其他任务或者网络浏览、打游戏、社交活动等必须进行专制管理，以保证有时间去做更重要的学习任务；②集中。帕累托原则即80/20定律（The 80/20 Rule）说明，人们在少数关键性活动上做出的努力（大约20%），一般能够产生绝大多数的结果（大约80%），高效能人士总是把他们的努力集中在能够产生重大结果的"关键性的少数活动"上，对于学习同样如此，高效能的学习者总能善于把握那些"关键性的学习活动"；③效能和效率。效能为进行正确的学习，效率为正确地进行学习，效能比效率更重要，有效的学习就是用最少的学习时间等资源，得到最好的学习效果。根据本研究的调查数据显示，每天在课外花费3个小时以上时间学习课程的人数比例，985类高校的学生比211类、非211类高校的学生都要少，这就说明前者的学习效能比后面两者的学习效能都要好；④活动与效果。在学习过程中，人们经常忘却最初期待的效果，疏忽了既定目标，而是在活动本身上花费较多的精力，终日忙忙碌碌被动地为学习活动所左右，而非自身可支配性学习，离学习目标始终很远；⑤不切实际的时间预算。爱德华·墨菲（Edward A. Murphy）著名定律中的第二项内容："做每件事情所花费的时间都比原来想象的要多。"人们对于完成学习任务所需的时间，往往是抱着比实际情况乐观的态度；⑥选择忽略。多数学习问题的产生，是伴随实际进展情况而出现，对其缓解或解决的反应要符合现实条件，某些通过时间可以自行处理的问题，学习者应该采取置之不理的态度，为更重要的学习任务保存时间和精力；⑦机动性。现实中总会存在些意外或个人无法控制的事态，所以要适量适时地安排学习时间或进度，为及时调整留有一定的弹性空间；⑧果断决策。需要在该决策的时候，却犹豫不决、踌躇不定，以拖延甚至拒绝做出决策的决策行为，这对于有限的时间来说，都是一种消耗和浪费；⑨大胆、完整地授权。要学会授权，抓大放小、主次分明，而非事无巨细、在不必要的事情上投入过多的时间精力；⑩例外管理。在执行自身学习活动的过程中，要学会科学管理、合理规划，适度处理紧急情况，摒弃琐碎又无意义的小事情。唯有对时间进行科学有效的管理，才能对学习过程有一定量的投入保障。

（3）学习劳动强度

主要指学习过程中学生自身对学习劳动所持有的情感、态度、价值观等的积极体验和外在行为表现。测量的变量主要有学生学习劳动时的强度体现，学习劳动的程度深浅，学习劳动的质量高低，以及学习劳动效益的多少。经济学知识表明，学习劳动的投入与学习劳动的产出，与学习劳动的强度之间存在一定的相关关系。当学习劳动强度弱时，增加其强度值可以增加适量学习劳动产出的成果，但是当投入和产出到了一定的比例后，学习劳动强度就达到了学习劳动效益的峰值，之后就呈现出一定的负相关。

本研究中所讨论的学习劳动强度，作为对学习过程投入度的评价指标之一，主要观测学生在预习、听讲、记笔记、复习强化、实践应用和创造的学习劳动强度体现；在多种学习路径上有所体现的学习劳动强度的大小，按照专业学习特征及个体学习特点的不同，重心比例可以有所不同，在课堂学习、图书馆学习、实验室学习、社会实践学习、日常生活学习等各方面进行个性化分配；课堂上保持注意力集中、认真关注时间的长短；学习效率的高低、有效情况；与教师、同学进行互动交流时的投入程度。佩斯的努力质量理论为此部分内容的理论基础之一。

2. 学习过程的自主性要素

自主性是学习过程的主要要素之一，可以用来测量学生在学习过程中是否获得丰富多彩的学习经验，师生的互动水平、对校园环境的有效利用和把握程度等。这个一级指标主要包括以下三个二级指标：

①自主性学习设计

测量变量主要表现为学生自主性地对自身学习制定阶段性计划，有自己独特的学习方式、学习途径、学习流程和学习速度。具备明确的学业目标，人生职业目标亦明确，能对自身的学习方式、学习途径、学习流程进行较好的设计和规划；对未来有宏观的目标，近期有可操作性的实施计划；能对时间进行科学有效的管理，加强自身学习速度和学习的效力。学分制的普及与推广，以及学习目标的不同，决定大学生个体在选择学习内容时，除了基础和公共部分外，其余课程是可以依据个人兴趣而选择，课程之外的第二课堂、第三课堂的学习内容的自由度就更大了，自主性学习内容的设计逐渐凸显。

②自我监控

测量变量主要表现为个体对自身学习方式、学习途径、学习流程、学习速度等方面，进行的自我察觉、自我监督、自我反馈和自我调控。从小到大，人的智力发展是有进程的，儿时以智力的提高发展为主，随着基础教育阶段的完成，会逐渐过渡到以抽象逻辑思维能力为主要表现，而且已经具有自我监控能力，到了大学生阶段，就已经具备明确的自我监控意识、发展指向和行为控制能力。大学生能理性、客观地看待自身进展情况，监督自身学习进程中出现的问题，并采取有效的措施进行调控和改进；能客观看待自身的优劣特点，发挥特长，弥补不足。对学习过程的自我监控，可以是从监控自己的时间管理为出发点和发展主线，可以监控自己的执行计划和实施手册，分配协调好课程学习、职业规划、公关能力、生存技能、社会活动等各种有关大学学习活动。

③自我反思

测量变量主要表现为定期对自我进行观察、反思总结，并运用适当的学习管理的方法，使学习过程更加科学，使学生的自我管理能力得到提升，学习效果更加显著。学生能理性地客观看待自身进展情况，定期进行自我总结、自我反思和后期调整的觉察；自治力强，富有自我约束力，能有效协调、管理自身学习和其他事务安排。

3. 学习过程的创造性要素

创造性要素对于衡量大学生的学习过程和综合素质能力十分重要，可以通过提高学生学习过程的创造性，来提高大学生学业上面临的挑战性程度，从而提高即将获得的学业成就和未来社会的竞争力、生存力。这个一级指标主要包括以下几个二级指标：

（1）新颖性

我国专利法指出，新颖性一般是指在向专利局提出申请日之前，没有出现过同样的发明或者实用新型，也没有在国内外出版物上公开发表过，没有在国内公开使用过或者以其他方式为公众所知的事物属性。学习过程的新颖性，是指学习具备创新思维，能主动争取其他学习资源；方式新颖不陈旧，充分利用课余时间进行知识内容的扩充，或素质技能的锻炼提升，如网络学习、网络资源、自学等。

（2）多样性

大学生学习内容的丰富性，决定了其学习过程的多样性。学生能有效地把握学校资源，以学校开设的必修课或选修课等课程为基础，拓展课堂形式上的正式学习及非正式学习的渠道，可以通过网络在线学习或同伴协作学习来拓展，充分发挥混合式学习的高效能。人们的学习方式之所以具有多样性，首先源于学习者个体差异性的存在，其次还有学习目标的多面性、学习内容的多样性，另外还有学习途径的广泛性、学习流程的精细性，使每一种学习方式都具有自身特定的功能价值和适用范围。学习方式多样性的影响变量有很多，比如个体的学习特点、学习习惯、学习目标、学习内容等，每一个变量的构成也都包含了多项影响因子。

（3）独特性

学习方式的独特性，指个体学习方式在学习动机与价值、认知方式、知觉偏好、社会环境偏好、物理环境偏好、最佳时间等方面具备的与众不同的特质。思维的独特性主要指学生对于问题的发现意识、提出问题的能力以及解决问题的能力等方面具有的独立性特征。问题意识是创新思维的原动力，是创新精神产生的源泉；它既能反映个体思维品质的本质性和灵活性，又能体现个体思维的独立性和创造性。培养学生创新精神的出发点，就是强化学生的问题意识；对此，世界各国的教育家已形成了共同认识，即各级学校要充分肯定并注重学生问题意识的培养①。学习流程的独特性，是指学习内容的前后顺序，会根据个人偏好和舒适程度、适配程度而有所不同。

（4）精细性

精细化是一种理念、一种文化。学习过程精细化，学习质量精细化，是对现代学习科学的必然要求。现代管理学认为，科学化管理有三个层次：第一个层次是规范化，第二层次是精细化，第三个层次是个性化。这对于学习科学同样有效，学生要对自己的学习过程进行精细化管理。1911 年，泰勒发表了《科学管理原理》一书，这是世界上第一本精细化管理的著作。在制造企业中，精细化管理涉及生产过程的每一个环节，同样，在创造性学习中，精细化管理也要涉及学习过程中的多个学习环节。坚持对学习方式、学习途径、学习流程进行精细化安排，这是一种意识、一种观念、一种认真的态度、一种精益求精的文化。俗话说，细节决定成败。对于学习过程，学生要注重细节，利于解决问题的过程清晰，做事有规划、有进度安排；能主动组建或加入学习或研究团队，有条理地表达自己的意见或想法。

---

① 姚本先．问题意识与创新精神［N］．中国教育报（第 03 版），2001-02-21.

4. 学习过程的个性化要素

按照多元智力发展理论，个性化要素指学生个性化学习过程与主体的匹配度，主要包括合性格度、合知识基础度、合智力度、合认知风格度的程度如何。此项一级指标主要包括以下几个二级指标：

(1) 合性格度

从学习方式、学习途径、学习流程、学习速度四个方面进行观测。主要评价学生的学习各方面是否符合个性化特征，如性格外向者适宜学习多辩善言的政治、法律科目，性格沉稳内敛者适宜学习思考较多的哲学科目，性格稳重、分析能力较强者适宜学习数学物理等逻辑推理较强的科目。在第二课堂、第三课堂丰富多彩的大学学习活动中，学生根据个体兴趣爱好，充分发挥其个性、天赋的特长优势，提升自身综合素质和未来社会竞争力。大学生不同于中小学生，性格特质基本形成稳定，学习目标也不仅仅只有升学和学业，更多的是走向社会，承担起社会建设和家庭供养的责任，同时实现个人理想。然而实际上，由于每个人成长和经历的背景不同，个性特征也不尽相同，学习方式、学习途径、学习流程、学习速度亦会不同，都具备了个体的个性化特征。

经实践调研显示，大学生认为学习与自身性格方面的匹配度程度，按高低顺序分别为学习方式、学习流程、学习途径和学习速度，见下图 3－7 所示。

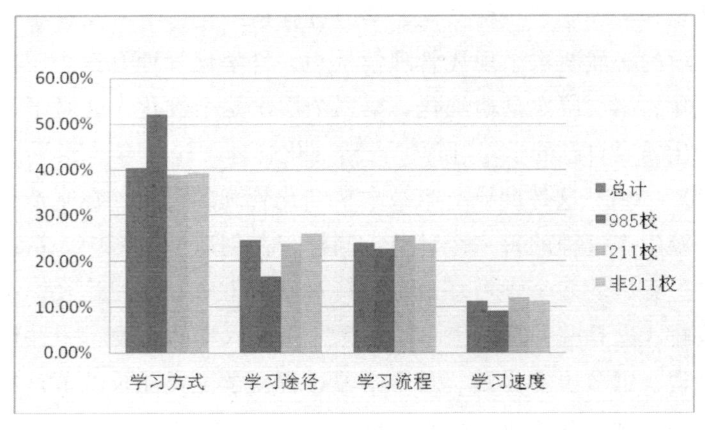

图 3－7　学习与性格的匹配度柱形图

学习的自主性与了解自身的九型人格特质相结合，可以有助于学习者个体进行有效的自我学习管理。九型人格分为完美型、助人型、成就性、自我型、理智型、忠诚型、活跃型、领袖型、平和型九种类型，作为一种性格型态学，是一个古雅而不失时俗的学问，研究内容主要包括人性格的规律性、适应性、专注力、兴趣范围、心理素质等多方面。九型人格历史悠久，曾被苏菲宗派（古阿拉伯）的师父所用，帮助弟子们对自身进行了解和转化、与他人进行交流，拥有两千多年的发展过程。但是率先把九型人格学引入正规课程的，是美国的斯坦福大学（Stanford University）于1993年开设课程“人格、自我认知与领导”，在企业管理及领导力提升方面进行实践应用。在此影响下，九型人格学很快成为西欧各大企业的“策略性伙伴”，成为各大企业领导层的管理“锦囊”，在提升自我、管理决策、沟通技术、团队建设等方面实施运用，并把其性格分析技术重点与现代心理学知识相结合，对员工进行人际关系与个人成长等培训，促使被培训者了解真实的自己，并理解他人，利于营造和谐的工作氛围，形成健康的工作心理、生活心态，提升工作幸福感，提高工作效益，推进企业文化与经济实力的融合发展。九型人格对于个体潜在的价值观（内在深处）及关注重点并不受外在表层条件的变化而影响的规律，进行了揭示。了然自身真正的性格，了解自身个性的优势与局限，做到因势利导、发挥特长、规避或弥补不足，增强对学习过程的主体——人的洞察力，做到人尽其才、知人善学，提升自身学习过程管理的效能，发挥主体人的学习潜能。

（2）合智力度

从学习方式、学习途径、学习流程、学习速度四个方面进行观测。心理学家对“智力”的定义，大致有以下几种说法：智力是智力测验的对象；智力是一种学习能力；智力是一种抽象思维能力；智力是一种新环境适应的能力；是某种解决问题的才能；智力是为了实现某些目的，而能理性地思考、行动和有效适应环境的综合才能。概括起来，“智力”是由五个基本因素构成：即观察力、记忆力、思维力、想象力和注意力，并且是以思维力为核心的有机结合。

经实践调研显示，大学生认为学习与自身智力的匹配度程度，按高低顺序依次为学习方式、学习途径、学习速度和学习流程。其中，211类型高校在学习流程和学习速度方面的顺序，与其他高校和总体高校调研情况略有不同，具体见下图3－8所示：

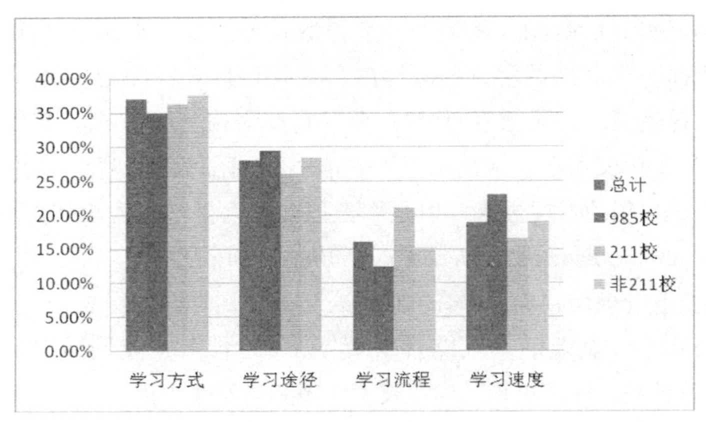

图3-8 学习与智力的匹配度柱形图

虽然进入大学的本科生体现了在智力上差异性不大的特点，但智力类型差异仍实际存在。智力的类型差异是指组成智力的因素在质方面的差异。通常情况下，人们的个别类型差异主要表现在知觉、表象、记忆、思维等方面。①知觉的类型差异。人们在知觉方面，表现出个体类型差异，可以分为三类：知觉综合型（以有观察时注意事物的概括性，但分析能力较弱，对于事物细节的感知不足为特点）；知觉分析型（以有较强的分析能力，观察时注意事物的细节，但对于事物的整体性的感知不够为特点）；知觉的分析——综合型（兼有上面两种知觉类型的特点，在观察中既能注意事物的整体，也能注意事物的细节）。②表象的类型差异。人们在表象方面的个体类型差异，可以分为四类：表象视觉类型（视觉表象占优势），表象听觉类型（听觉表象占优势），表象运动觉型（运动表象占优势），表象混合型（几乎在同等程度上运用各种表象，可以作为某种活动的条件，成为某种特殊能力的构成部分）。③记忆的类型差异。人们在记忆方面的个体类型差异，根据种种分析器参与记忆的情况，可以分为四类：记忆视觉型（运用视觉记忆较好），记忆听觉型（运用听觉记忆较好），记忆运动觉型（有运动觉参加时记忆较好），记忆混合型（如记忆的视觉—听觉型、记忆的听觉—运动觉型等，运用多种记忆表象时效果较好，如画家、作家、演员往往具有发展较好的视觉记忆）。④思维的类型差异。人们在思维方面的个别类型差异，可以分为两类：集中思维型（集中性思维占优势，擅长对一个问题得出一个正确答案或最佳解决方案），发散思维型（发散性思维占优势，对一个问题能够得出多种答案）。

学习方式、途径、流程、速度应符合智力类型差异的特点，如逻辑能力强、思维灵活独立、反应较快的人，可以学习难度偏大的理科专业；根据智力差异特点情况，学生应搭配选取适合自身学习发展难易程度需求的课程内容进行学习，如跨专业辅修、第二学位修读等。

（3）合知识基础度

学习内容符合高中知识基础积淀的厚实程度，如理科基础好的可以选择在高等教育阶段学习理工类，文科基础扎实的可以选择学习人文、历史、教育、语言类等。若基础度存在差异性但又颇感兴趣的，可以通过后期努力来加强基础知识的扎实性，可通过课前预习、课堂认真、课后复习强化，课余多参加社团活动拓宽思维训练，或书籍阅读扩充知识厚度和宽度；加快学习速度，力争做到一点就通，举一反三、触类旁通，加强掌握解决问题的办法和能力。

经实践调研数据统计显示，大学生认为学习与自身知识基础的匹配度情况大致为，按程度高度分别是学习方式、学习途径、学习流程和学习速度。其中，985 类型高校学生认为学习流程高于学习途径，而 211 类型高校学生认为学习速度高于学习流程，详见下图 3－9 所示：

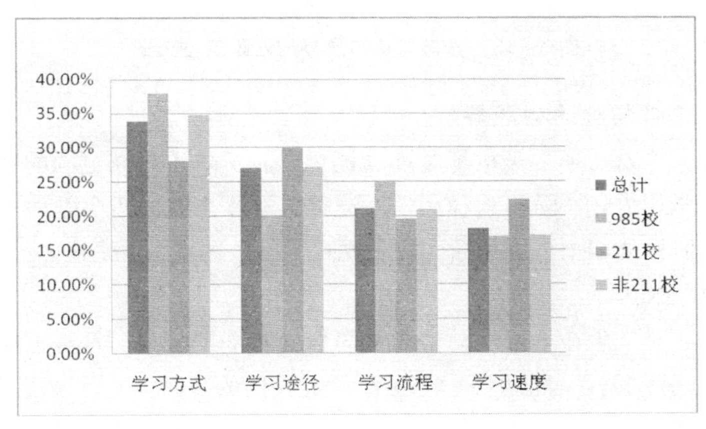

图 3－9 学习与知识基础的匹配度柱形图

（4）合认知风格度

认知风格具有一定的规律性，优异的认知风格能对抽象、概括或具体的事物进行有效识别、理解、解释或者资料转译，建构形成自己的观点，并能把所学知识运用于具体情境中；能有效管理、分配各类时间安排，做好自我教育管理。专业学习与认知风格相匹配的学习者，能顺利地通过相应掌握的技能，能获取一定提升生存能力的资格证书，如会计资格证、教师资格证、经济师等。

经实践调研统计数据显示，目前大学生认为学习与自身认知风格的匹配度程度，按高低顺序依次为学习方式、学习途径、学习流程和学习速度，不同类型高校在此选项的比例顺序方面表现出惊人的一致性，仅仅是在单项的匹配比例方面，表现出略微的差异性现象，详见下图 3－10 所示：

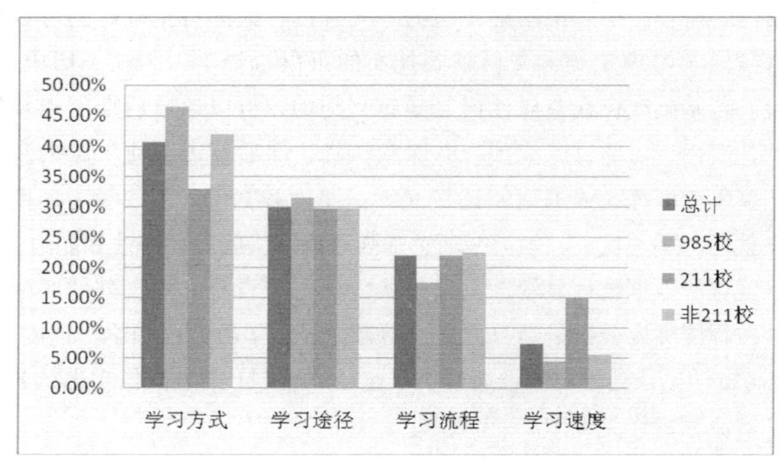

图 3－10　学习与认知风格的匹配度柱形图

（三）三级指标的构成解析

指标体系中对每项一级指标维度的评价，为了防止研究范围的宽泛化，特地均考虑从学习方式、学习途径、学习流程、学习速度这四个方面来进行观察测量，下面将围绕四个三级指标（或主要观测点）进行简要论述。

1. 学习方式

学习方式是学生在学习活动中的认知取向和基本行为，具备主动性、独立性、独特性、体验性、问题性、交互性、生成性的特点。它是学生在自主性、合作性或探究性学习过程中表现出来的基本特征，并非是具体的学习方法或学习策略。我们可以从很多维度去划分学习方式的类型，若从学习活动所使用媒介及对象形态的不同来区分，则主要包括符号性学习活动、感知性学习活动、动作性学习活动、交往性学习活动。

学习方式也可以分为正式学习和非正式学习两类。正式学习是指以课程、任务、研讨会等形式开展的教学活动（不论是传统教室还是网络在线形式）。非正式学习是指包括与学习有关的一切活动内容和信息，如参加会议、浏览网站、阅读书籍等，或者是人与人之间关于学习的非正式交流等。E－Learning 专家杰·克罗斯（Jay Cross）指出，人类 75%—80% 的学习是发生在非正式学习的组织形式中。一般来说，大学生学习方式主要有听讲、自学、记忆式学习、理解式学习、动作式学习（主要对应体育类学科）等。根据实践调研数据统计显示，大学生采用学习方式的现状情况如下图 3－11 所示：

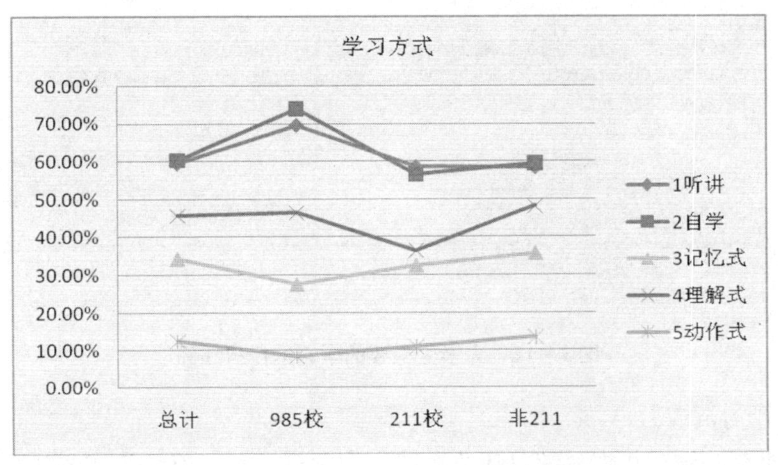

图 3－11　大学生主要的学习方式折线图

2. 学习途径

学习途径主要指人们学习知识的渠道。学习途径有很多，可以是书本和课堂上的传统理论学习，可以是从工作与生活中获得的实践学习；可以是个人的学习，也可以是集体的学习。知识的产生，实际上就来源于人们对于日常生活常识的经验总结与创新升华，由此推动了学习科学的不断进步发展。在我国学习思想史上，不论是私塾、学堂还是学校，都是一种传统的、集体式学习的途径，而一对一的家庭辅导教师，则是个人学习的途径。随着知识来源的日益丰富，学习的途径可以是几种途径综合交叉，呈现混沌化学习的方式，这也是学习途径的一种发展趋势。在信息化时代，大学生的学习途径就表现得更为广泛，网络学习日益充斥了人们的学习、工作和生活中。主要包括传统课堂式学习、图书馆自学或研究性学习、实验室学习、社会实践能力训练、日常生活学习等。根据实践调研数据统计显示，大学生采取的主要学习途径现状情况如下图 3－12 所示：

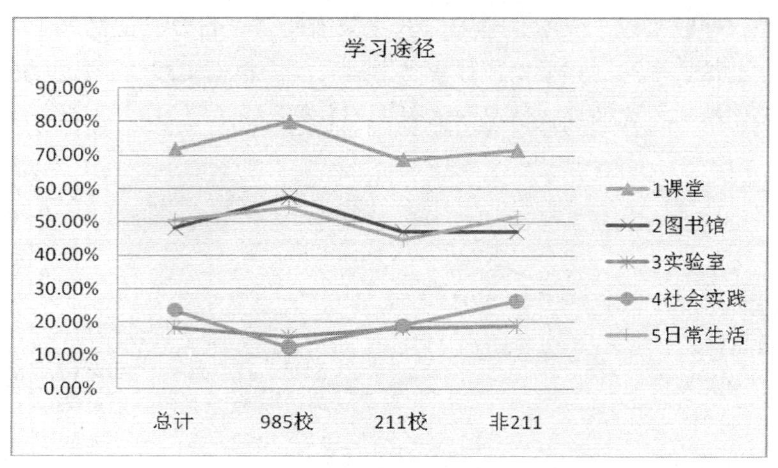

图 3-12 大学生主要的学习途径折线图

3. 学习流程

所谓学习流程，即各学习环节按照一定顺序进行，而学习环节就是学习活动中所采取的各个不同的步骤或阶段。一般来说，人们常用的学习环节主要有预习、听讲、记笔记、复习强化、实践应用、创造发明等。据实践调研显示，大学生的学习环节如图 3-13 所示。即便是同样的学习环节，按照不同的顺序进行，就可以组成为不同的学习流程，而不同的学习流程产生的学习效果则可能是不同的。

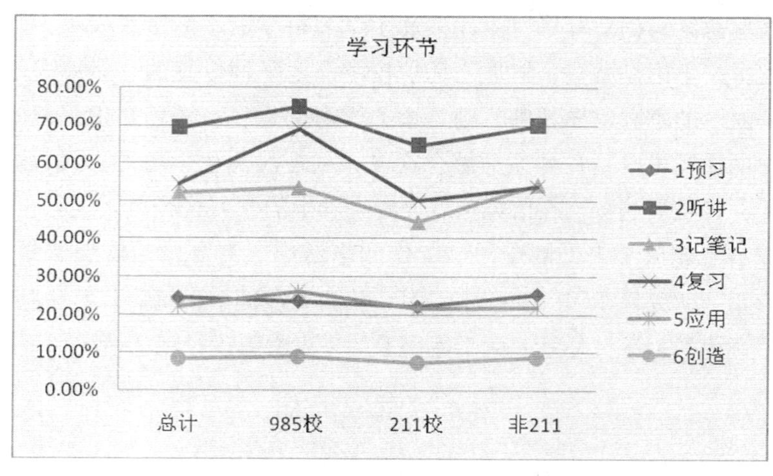

图 3-13 大学生主要的学习环节折线图

学习流程具备个性化特征，依个人喜好、思维形式、学习习惯而所有不同；同时也具备程序化特征，杂乱无章的学习环节必然造成烦冗无效的学习流程，影响着人们学习流程的优劣、学习质量的高低。优质的学习流程，可以提高人们的学习效率，可以优化学习过程和学习效果，值得大家借鉴学习。笔者发现，北京交通大学远程教育的学习流程设置的就比较具体而合理，对于其他远程教育学习者群体或者普通大学生，均具有一定的参考意义。见下面示意图 3 - 14① 所示：

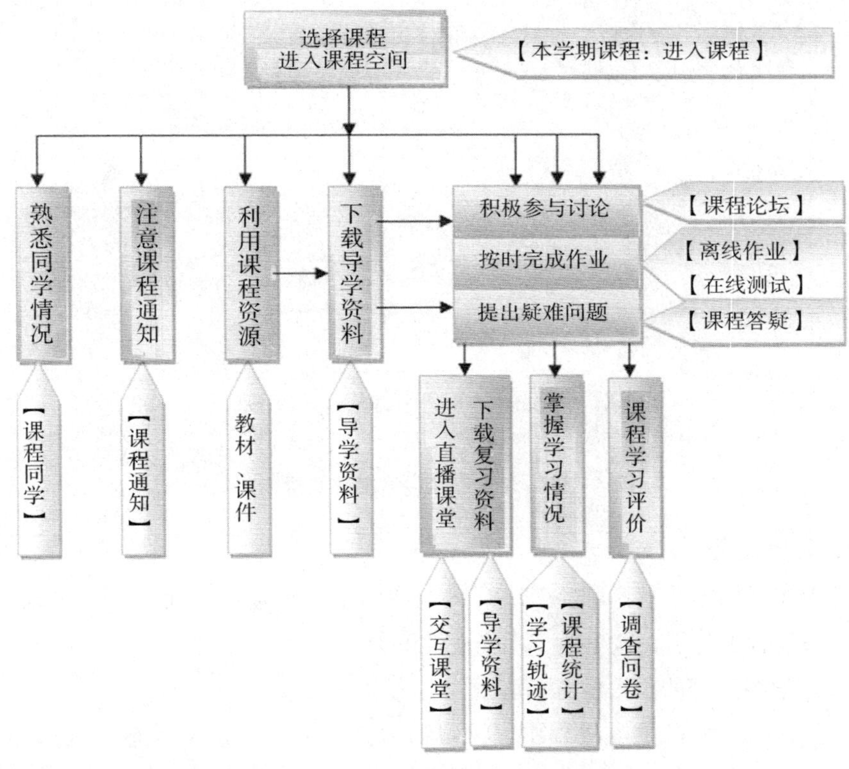

图 3 - 14　北京交通大学远程教育学习流程示意图

4. 学习速度

学习速度是指完成学习任务的内容与所用时间的比例，一般用单位时间内

① 创业教育网．交大远程教育学生网上学习流程示意图［EB/OL］．http：//www. hbfan. cn/bjd/2/937. html/2011 - 03 - 11/2014 - 11 - 27.

完成活动对象量的多少来衡量。学习速度的快慢，反映了学习者对于知识理解和掌握的熟悉程度，反映了学习者对于知识的接受力和领悟力，也可以反映学习者的学习效率和学习质量的高低。一般来说，一个学习速度较快的人，说明其适应学习环境的能力较强，接受知识的灵活度较高，因此总可以比学习速度慢的人拥有更多的学习机会，利于获得更多的学习内容，获得成功的概率也偏大。美国学习型组织研究大师瑞万斯认为，一个具有生命的个体若要在自然竞争中生存，其学习的速度（L）必须大于或等于其环境变化的速度（C）①。

目前大学生对于自身学习速度的认识评价情况，见下图3－15折线图所示。

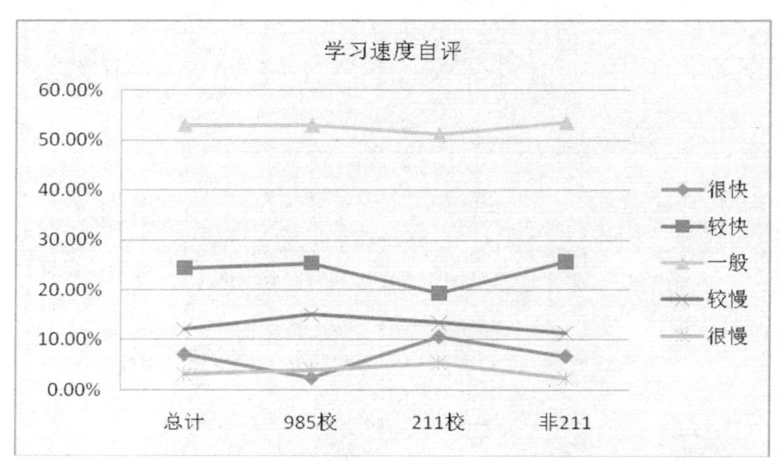

图3－15　大学生学习速度现状折线图

5. 其他说明

至于在指标体系中，对各三级观测点在四个一级指标方面的主要表现或内容说明，笔者也分别在这里给予了描述性解释。

（1）学习过程的投入度方面表现

主要观测学生在学习过程中，学习动力强度的大小，学习态度是怎样的，学习者对学习是否有兴趣，投入学习的时间量和劳动的强弱、效率是何种程度的，激发学生内在驱动力和外在的学习动力，产生学习兴趣，了解兴趣产生的路径与浓厚程度，以及在课堂上的注意力保持高度集中、认真关注的时间长短等，围绕以上这些内容而进行评价的一系列活动。

① 杨晓谜. L≥C：让学习速度大于或等于环境变化速度［R］. 教育时报第3版（视点），2008－11－25.

（2）学习过程的自主性方面表现

主要观测学生在学习过程中，是否自主地设计了适合自身的学习计划，是否自觉制定了适合自身学习计划的学习流程，是否积极主动地对自身的学习情况进行及时、准确地监督、反馈和调控，是否具备自觉主动的自我反思、自我管理能力，以及他们在其他方面自主性表现的程度。

（3）学习过程的创造性方面表现

主要观测学生在学习过程中，不论是在正式学习还是非正式学习状态中，不论是自学还是参与学校组织的学科技能竞赛、科技创新，还是课题研究等，他们的学习方式是否新颖、多样化，是否都能够表现出独特的思考力、思维力、批判力和创新力等。

（4）学习过程的个性化方面表现

主要观测学生在学习过程中，其个体化特征是否与性格、智力、知识基础、认知风格相符合，是否具有明确的学业目标和清晰的职业发展目标，在课程学习、专业技能学习、综合素质学习方面，是否符合自身独立个体的个性化发展学习特征，是否具备符合个性化特征的学习习惯、学习能力、学习特点，学习状况是否符合性格、智力、基础、认知的个性化程度，以及其他方面个性化表现的程度。

四、指标体系的权重系数

本研究者通过搜索查询资料，运用历史文献分析的方法，对相关的研究成果进行了学习、思考和分析。以学习过程的理论基础、发展特点、评价理念为基础依据，以实践调研数据为有力补充，运用集体经验判断法、专家咨询法、层次分析法（AHP）、比较分析法等方法，利用 SPSS19 软件对实践调研数据进行统计分析，依靠单因素差异性方法，研究分析了各类高校在同一问题对象上的差异性和统一性。利用层次结构模型的“构造成对比矩阵”计算了分指标的权向量，最终确定了学习过程评价指标体系的权重系数，见下图 3－16所示：

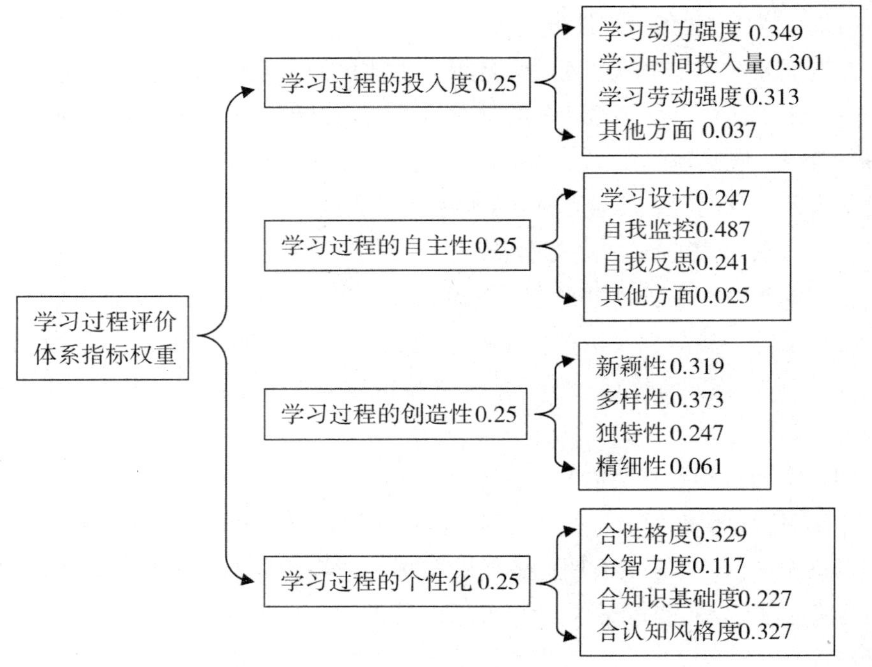

图 3－16　大学生学习过程评价体系的指标权重系数

对于本研究中各评价方法的构成权重系数，作者也运用同样的方法，在是否包括专家督评和家长评价两种评价的情况下，分别对课程的学习过程评价方法的权重系数进行了确定，见下图 3－17 和图 3－18 图所示：

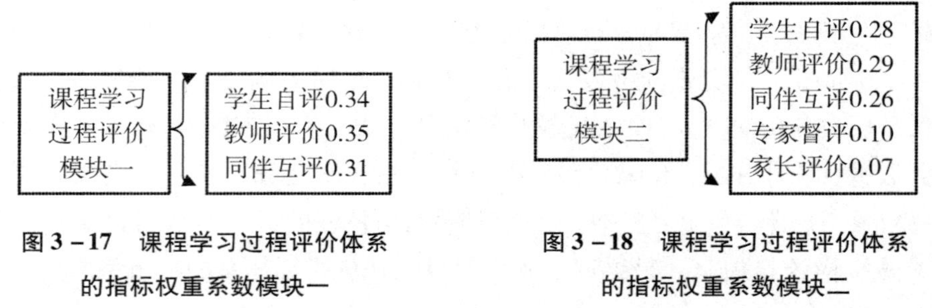

图 3－17　课程学习过程评价体系的指标权重系数模块一

图 3－18　课程学习过程评价体系的指标权重系数模块二

对于以上两种课程的学习过程评价方法权重数，教师可根据实际需要和具体操作情况，进行适当的选择和使用。在本书第六章中实践应用部分，笔者也对系数模块一进行了实践操作运用。

第四章

大学生学习过程评价机制

所谓机制，主要包括以下几种含义：①机器的结构与工作原理，如计算机的运行机制；②机体的结构、功能与相互关系；③机理，指某些自然现象的物理或化学规律，如化学动力学中的原子结合关系；④泛指一个系统的工作组织或部分结构之间相互作用的过程或方式。[①] 本书中所述评价机制的“机制”含义为第四种。评价机制是指评判事物价值系统的组织或部分之间相互作用的过程和方式。当前，美国高等教育质量的评价机制与认证机制，也正在经历着一种转变，从对一所高校的“投入”进行评价（包括师资、图书设备、经费保障等方面）转向侧重于对“产出”（即毕业生的学习结果）进行评价。高等教育质量评价机制从“投入”性评价，逐渐过渡到“产出”性评价的转变，实为一种标志性的发展。

从评价执行者的角度来看，学习过程评价可以分为自我评价和他人评价（含教师评价和同学互评），而传统评价则以教师评价为主。在本研究中，作者在对大学生学习过程评价的理念和指标论述后，将在本章对大学生学习过程评价的机制进行思考和构建：对评价者的职责进行明确划分，给出评价系统的过程机制及运行方式的建议，并对评价及学习过程评价的操作程序进行介绍和阐述。

一、职责划分

对评价职责的划分，主要从评价的组织机构和评价的主体、客体为出发点，进行相应的职责划分。

---

① 中国社会科学院语言研究所词典编辑室．现代汉语词典（第六版）［Z］．北京：商务印书馆，2012：597.

（一）组织机构

所谓组织机构，是指为实现共同的活动目标、任务或利益，把人力、物力和智力等组织按照一定的形式和结构有秩序、有成效地组合起来，而进行活动开展的社会单位。评价的组织机构，一般主要为发起评价的组织者和策划实施者，由于本书中的学习过程评价是侧重于中观和微观的评价活动，其组织主要指学校或二级学院的教务机构、部门或课题组调研者团队。

（二）主体与客体

主体和客体是一对哲学范畴，一般用来说明人的认识活动和实践活动。所谓主体，是指实践活动和认识活动的承担者；所谓客体，则是主体参加实践活动和认识活动时所指向的对象。17 世纪时，德国古典哲学在认识论的基础上，揭示了主体和客体的对立与统一的辩证关系，二者不仅相互联系、相互作用、相互制约，在一定条件下还可以相互转化。

1. 评价主体：学习者、教师、同学，以及专家、家长

在评价活动中，评价主体是进行评价的个人或组织。主体具有丰富的内涵，是物质与精神相结合的统一体。评价主体并不总是与价值主体相互保持一致，因为评价主体一般情况下是可以改变的，而价值主体却是稳定的、既定的，但事实上，评价者既可以是价值主体自身，也可以是其他个人或组织。

主体评价的需求形式比较丰富，具备多面性，可以是生存需求与发展需求，可以是物质需求与精神需求等；主体的需求，既有物质层面的，也有精神层面的，故需求的属性也具备了多面性。“主体的活动范围比较广泛，既可是主体属性的延伸，又可在主体属性的范围之内，包含认识活动与实践活动”①。在评价环节中，主体根据恩格斯所言的“人的思维至上性”②，通过选择评价标准，对客体评价标准体系中的各种标准进行权衡比较，从中做出选择，以便在现实评价活动中把某一种利益作为实际评价标准；在评价环节中，主体通过整合价值信息选择评价标准，本质是对主体需要与客体属性之间的关系进行价值选择，并作为反映对象，而评价活动就是把选择的价值关系反映到主体意识中来，以形成价值观念。

在学习过程评价活动中，评价的主体是多元的，由学习者、同伴、教师及

---

① Rajeev Bhargava. Individualism in Social Science [M]. Clarendon Press, 1992: 105.

② 中共中央马克思恩格斯列宁斯大林著作编译局. 马克思恩格斯选集（第 3 卷）：反杜林论 [M]. 上海：上海人民出版社，1995：426.

家长和专家，共同构成了评价的主体。

2. 评价客体：大学学习者及其学习过程

评价客体与价值客体这两个概念也是不同的：评价客体是评价的对象，这个对象是指一种价值关系，而非某个具体事物；价值客体则是指某个特定事物，是指能够满足人的需要，因而与人形成了价值关系的那个事物。学习者以自身学习过程为评价客体，发挥主体的主观能动性，促使“反思性结构”在主客体间形成。

在社会实践的基础上，马克思主义哲学认为，主体和客体的相互作用关系具有不同的侧面，其中主要的是主体改造客体、客体被主体改造的实践关系，主体既在观念上掌握和反映客体，客体也在观念上被主体所掌握和反映。

学习过程评价是一种价值判断活动，评价活动的指向对象为大学学习者及其学习过程。一方面，在对外评价活动中，评价主体需要和评价客体属性之间形成了客观的价值关系，主体用不同的需要作为标准，对作为客体的个体的同一属性赋以不同的意义；另一方面，评价主体和评价客体，在对外评价活动中位于认识结构的两端，同时，评价内容和评价对象，也属于反映和被反映层面上的关系。

二、运作方式

改进大学生学习过程，革新学习过程评价成效，充分发挥过程性学习评价对大学生学习的引领作用，可促进学生发挥对知识的掌握、能力的培养、素质的提升等方面的评价效能，可促进大学生全面可持续发展；对于进一步深化高等教育教学改革，还能提升大学本科生教学与学习过程水平，夯实人才培养质量的基石。国家政府或教育部门，应颁发《关于各高校实施过程性学习评价的指导意见》，倡导各高校立足自身办学基础、实际情况和发展方向，对本科生学习过程实施个性化教育过程评价改革，以促进教育改革顺利前行；并逐步建立学习过程与教学过程评价相融合的改革试点；以点带面、分步实施、有序扩大、扎实推进，推动教育评价改革进一步取得实效。经研究思考，笔者建议从以下几个方面推进完善学习过程评价运作方式。

（一）政策引导

国家鼓励各地方政府、教育部门建立高校本科生学习过程评价改革试点，试点高校鼓励并支持下属二级学院积极开展试点，以后逐步扩大学校试点范围，以点带面，先在所遴选的试点高校范围内推广试行，分步实施，逐渐在范围更广的高校进行普及实施。地方政府、教育部门对先行参与试点的高校及相应课程给予适当激励，并把关于实施学生学习过程评价的改革工作列入高校教师国内外进修、访学管理办法和骨干教师教学激励计划的内容。另外，为了保障实施过程不走形式，建议把学生学习过程评价改革的实施成效，将作为地方政府、教育部门对试点高校、高校对二级院系部门进行教学评估、年度工作考核的指标内容之一。

（二）目标设置

以目标为导向，改变传统过于单一的学习考核评价方式，将学习过程评价与日常测验、过程记录、期中、期末考试评价有机结合，将学生课程学习评价进行目标设置，并逐步分解到学习活动的全过程。使学习评价从单一考试成绩的传统方式，转变为“多个阶段、多种层次、多种形式、多个角度”的过程性评价，从而形成一套更加科学合理，更加符合本科生人才教育培养的要求。实施个性化管理、过程监控，则可以充分调动学生学习的积极性、主动性和趣味性，促进学生学习过程的全面性评价、科学化评价，提高学习过程及学习过程评价的成效。

（三）基本要求

1. 高校层面

高校应根据国家或地方政府、教育部门颁发的《关于各高校实施过程性学习评价的指导意见》，立足本校实际情况制定本校《关于学生过程性学习评价的实施办法》，将学生学习过程评价融入教师教学考核文件及指标内容中，由分管教务的校领导直接负责，以教务处牵头，成立学校过程评价考核小组，在编制上给予一定的组织保障，设置专门负责人，成立学校及学院两级专家督导组队伍，从而在制度上保证推动学生过程性学习评价的顺利实施。

2. 二级院系层面

院系应努力将学生的课程学习过程性考核与评价贯穿到课程教学的全过程，根据本学院人才培养目标、各学科课程的教学内容和教学方法的特点，提出相应的本科生学习过程课程考核与评价方案。根据相应课程教学进程的各个阶段和课程特点，可以采用课堂考勤、课堂表现、小组讨论、课堂测验、课外作业，以及调研报告、课程论文、案例分析、实验操作等多形式的课程考试考查，由二级学院教务部门与任课教师商议，选取最适合班级课程的综合化过程性学习评价形式，多元化评定学生的学习成绩。二级院系还应激励教师提出学科课程的过程性学习评价的实施办法（如骨干教师激励计划办法的推进措施，目前上海部分高校正在逐步试行改革中），鼓励任课教师结合本专业和课程教学的特点，以过程性评价的改革推动教学手段、教学方法、教学成效的革新，将单纯的教师讲授型教学，转变为师生共同构成的学习共同体，鼓励互动型、研讨型教学。

3. 任课教师层面

教师是实施学生学习过程的关键因素，承担着过程考核中较多的资料收集、判断分析方面的工作量。教师应在深刻理解学习领悟对学生实施过程性学习评价目的和意义的基础上，积极配合学院学校的部署要求，对所教授课程的过程性考核评价在内容与形式上的改革进行深化研究。要在考核评价学生掌握基础知识、基本理论和基本技能的基础上，教师应认识到学生学习过程的个性化、自主性、创造性和投入性差异。要注重课程教学对学生学习等综合能力培养的贡献和作用，侧重启发学生发现问题、分析问题和解决问题的意识和能力，着重培养提升学生的学习能力、实践能力与创新能力。还要善于引导和把握学生的学习兴趣与特长，将单纯的课内教学转变为课内课外相结合的有效教学，将教学的场域地点从课堂内拓展为课堂外教学、网络教学、生活教学、移动教学等，在潜移默化中实施教学影响，致力于促进学生的过程提高和全面可持续发展。

4. 协同实施方面

二级学院与任课教师要一起制订课程过程性学习评价的实施办法，制订单学科课程的过程性考核评价日志、周记或月记记录手册，经二级学院教学委员会审核批准后实施，并报学校教务处备案。二级学院应指导帮助任课教师在开课之初，告知学生对相应课程的过程性学习考核和成绩评定方式，协同做好学生日常过程考核评价的日志手册的记录情况，在课程期末考试结束后，与平时测验、期中考试、期末考试的试卷一起整理装订存档。在过程性评价的实施过程中，任课教师应及时总结、认真交流、真实反馈本课程实施过程性评价的经验与不足，由二级学院教务部门负责，组织召开任课教师的问题式研讨会，及时完善过程性学习评价方案与考核方法，重视学生课程学习的过程性考核及评价改革效果的质量分析，形成学院学期或年度的分析报告，不断改进，逐步完善。

5. 学生层面

学生应认识到过程性学习评价对自身学习发展的重要性，以班级为单位，由班委牵头，配合任课教师做好日志手册的记录；并自觉组成学习兴趣小组或学习互助小组，定期分享学习资源与学习经验，开展问题式学习、协作式学习或研究式学习；在教师或组长的指导下，能经常开展小组内部或组间的学习讨论会，可以相互启发批判思维、发散思维和创新思维，对同伴们的日常思想表现、学习行为表现等个性化特征进行观察，认真做好过程性学习评价的同伴评价环节，发现他人长处并给予适当鼓励，形成良好的学习共同体。各学习小组的组长还可以根据本组成员学习群体的特征，负责向任课教师及时反馈沟通问题，对过程性学习评价方法进行建议或调整，也可以是对教师教学模式的修改与完善。

（四）组织实施

对于各实施过程性学习评价的高校二级学院来说，应认真组织实施过程性学习评价改革的试点和推进工作，及时向学校教务部门或分管校领导进行沟通交流，申请资源支持、搭建平台，鼓励并支持教师积极参与过程性学习评价的改革试点。高校应鼓励所属学院遴选不同类型的课程先进行试点改革，鼓励从事全校公共基础课程教学的学院（部门）积极参与过程性学习评价试点，鼓励国家和市属的重点专业、专业核心课程、实践试验教学课程应率先推行试点操作。

对于各高校试点二级学院来说，要把学生的过程性学习评价工作，与人才培养方案的修订、课程评价体系的完善、课程大纲的修订、教学内容的优化、教学方法的创新等工作紧密结合起来，进行统筹规划、分步推进、协调创新。以单学科课程为单位，制订切实可行的过程性学习评价实施方案，明确单学科课程负责教师，确定课程评价工作目标，制订课程过程性学习评价实施计划，定期做好自身检查评估，由教务员协助做好资料归档工作。

各高校要努力促进评价改革实效，进行有效的过程管理和检查监督，实现评价成效，防止形式主义出现。另外，各高校、教务部门、二级学院应对实施过程性学习评价，并取得实效的课程任课教师给予一定的表彰和激励，纳入教师的绩效考核和激励办法中，并作为教师评优和晋升职称、职务的一项重要参考指标，推进评价的顺利实施和成效提高。

（五）管理规范

各高校要密切关注过程性学习评价的实施进程，防止出现学习过程评价框架的形同虚设现象。各二级学院应及时研讨过程性评价中出现的问题，学院教学工作委员会应充分发挥本部门教学工作的指导职能，专业责任教授或教研室主任应充分行使教学组织管理的职责和义务，要善于整合资源，充分发挥教学团队的合力，并妥善做好过程性学习评价方案与现有学业成绩评价和管理的有效衔接。各高校教务部门应及时跟踪各二级教务部门的各类课程试点实施情况，适时规范学生各类课程的过程性学习评价管理。

（六）评价指导

各高校教务部门应根据学校实施学生过程性学习评价的要求，负责指导建立相应大类别的过程性课程学习评价标准，对实施改革课程的评价内容、评价方式、考核分析报告等情况，适时进行一定的质量分析，并通过校级、二级院系的专家督导队伍开展听课评价，及开展教研室研讨会、师生访谈等多种形式，对学生学习过程评价方案的合理性、科学性、有效性、执行性、可靠性做出分析评价，指导下阶段工作的开展实施。

各高校教务部门应组织校教学工作委员会成员和相关专家，指导各二级学院教学部门学习过程评价工作的顺利开展，通过检查审阅所属二级学院对学生过程性学习评价的方案制定、开展实施情况、课程学习评价的原始记录、分析报告质量、教研室研讨会、师生座谈会开展情况、学生满意度测评等方式，对各学院实施过程性学习评价的效果进行检查和评估。教务部门同时将检查督导、分析评价结果及时向二级学院反馈，以利于部门总结经验进一步完善。

各高校教务部门应根据过程性学习评价实施的进程，组织开展相应的交流研讨、教学观摩、专家指导等活动，推进过程性学习评价改革的顺利推进。各二级学院应对实施过程性学习评价所产生的学习质量监控与评价的新问题，进行及时研究分析，制定相应应对措施。学校教务部门也应及时协调和调整适应高校学生过程性学习评价的问题与需求，拓展学校教学管理信息系统的功能，保障过程评价信息化渠道的畅通。

三、操作程序

评价程序是指为顺利实施评价任务而预先制定的工作执行方案，一般可以总结为两种：一种是以评价委托方为主的整体评价流程即全部过程；一种是以评价实施方为主的具体评价流程即实施阶段。按照评价工作的进程，从评价委托方的角度来讲，可以把评价的整体流程分为三个阶段（见下图4－1所示）：（1）评价准备阶段；（2）评价实施阶段；（3）评价结果利用阶段。按评价工作的进程来看，评价实施方可以把评价流程也分为三个阶段（见下图4－2所示）：（1）评价准备阶段（包括确定评价的对象、目标、方案，收集评价信息等）；（2）评价实施阶段（包括选择科学评价方法、构建评价指标体系、得出评价结论等)；(3) 评价结束阶段（对评价结果进行检验与修正）。①

在此评价流程图中，评价准备阶段是指在正式实施评价之前，首先要对评价的内容、目标、对象、范围等进行确定，根据相关涉及人员的看法，对评价工作的进度进行确定，还要对评价工作的有关成本进行估算；评价实施阶段主要包括选择并确定评价人员和评价机构，评价的实施开展，评价的过程监控，以及评价报告的撰写等；凭借结果的利用主要包括两个方面，一方面是指利用评价结果为科学管理与决策服务，另一方面是将评价相关资料和信息进行分类归档，以备评价工作结束后进行参考和利用。

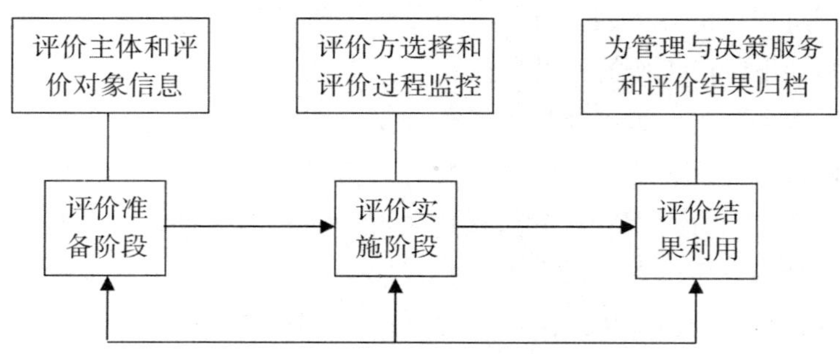

图 4-1　以委托方为主体的评价流程图

参考图来源：邱均平，文庭孝等．评价学：理论·方法·实践［M］．北京：科学出版社，2010：131.

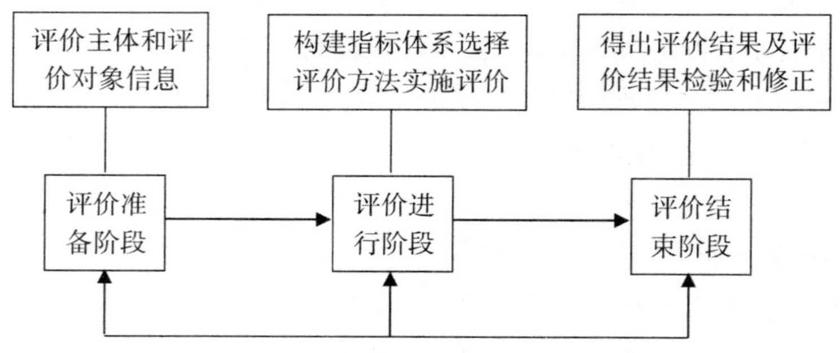

图 4-2　以评价方为主体的评价流程图

参考图来源：邱均平，文庭孝等．评价学：理论·方法·实践［M］．北京：科学出版社，2010：132.

---

① 邱均平，文庭孝等．评价学：理论·方法·实践［M］．北京：科学出版社，2010：131-132.

在此评价流程图中，评价准备阶段主要指评价对象的确定，评价目标的明确，资料信息的收集与分析，评价专家人员的组织。评价进行阶段包括评价指标体系的确定，评价方法的选择和设计，单项评价、综合评价，以及评价中涉及人员相关关系的协调。评价结束阶段主要有对评价结果进行分析，对评价报告进行撰写。

学习过程评价，如果是以学校或二级院系教务部门为评价主体，对学生学业学习过程实施的评价，则按前者流程操作；如果是以教师为评价主体，对学生学科课程学习过程实施的评价，那么就按后者流程操作。

（一）以委托方为主体的评价流程

1. 学习过程评价准备阶段

（1）评价目标的确定

确定目标可以为管理方提供信息，介绍被评价者的责任及义务，为管理决策提供建议或依据；确定目标可以增强评价观念和认识，提高评价工作者的工作绩效和评价质量。评价的目标要适宜，不能太宏观，也不能过于细节化，最好有层次性、阶段性，便于评价实施的推进、实施和检验。

（2）评价范围的确定

范围指界限、边界，或者对时间空间进行一定的限定。评价范围，就是对评价的事物或内容进行界定。评价的范围可大可小，一般应依据评价目标而定，也可以设置重点评价范围和一般评价范围。

（3）征询利益相关者的意见

对评价对象和涉及的机构、工作人员进行相关意见征询，不适当的评价会引起利益相关者对评价委托方的动机进行质疑，对其参与评价的积极性和创造性有弱化的影响。在征询意见的基础上开展评价，可以使评价标准更具人性化，可以避免有关人员的情绪对立与利益冲突。

（4）评价进度的确定

时间与进度相匹配，在规定的时间内要完成具体的评价工作，每一个阶段都是一个环环相扣的关系，如果中间某一部分脱节，则会引起整个评价进度的滞后，甚至会影响评价结果的质量水平。所以，评价进度的制定，必须在充分考虑管理者及其对信息提供的需求，还有能反映真实情况的数据采集活动安排。

（5）评价成本的确定

成本本意是商品经济的价值范畴，也可以说是商品价值的各个组成部分。

评价作为一种活动，自然也是由构成该项活动的各个有价值的部分所组成，其成本包含有人力、物力和财力等多项内容。任何一种评价都会有相应成本的投入，除了资料、设备等物力，开展信息研究的经费，还有相关人员的精力、智力以及工作劳动量的投入。在正式进行评价之前，组织方应依评价的成本进行精确的预算。

2. 评价实施阶段

（1）评价人员或评价机构的选择确定

评价人员可以是某个研究机构或资助机构的内部人员，也可以是研究课题的项目组成员，这些人员可以成为操作“他评”的评价主体。评价人员也可以包含组织实施评价的委托方机构成员，或是被评价机构的部分工作人员，后者可以成为操作评价流程的“自评”主体。为了保障评价的公平性，对机构的评价活动最好采用招标形式委托外部评价人员来实施；对学生个体的评价活动，则除了“学生主体”之外的其他人员参与外，最好也允许被评价主体进行适当的自评，对评价结果进行补充完善，前提是对学生进行评价目的的说明和介绍。

（2）评价实施

实施评价是指评价人员或评价机构，根据评价组织方构建的评价指标体系、评价标准和评价方法，对评价对象进行各项具体评价活动的实施，并对评价结果进行检验和修正、反馈。评价实施过程中，评价人员或评价机构可根据实际情况的进展，及时与评价组织方进行汇报沟通，对评价实施方案中设置不合理的地方进行修正调整。

（3）评价的管理与监控

国外的评价研究和评价实践表明，评价的独立程度越高，评价结果的可信度越大①。了解委托方和执行方的评价目标、问题和需求，对评价过程进行监控，定期进行阶段性进度报告，可以及时反馈、调整、修正评价活动，可促使理想评价结果的获取。委托方既要行使知情权、监督权，甄别正确的与有效的信息，执行方也要在维护独立权的同时，领悟委托方的评价目标，尽到及时沟通、告知组织方的义务，促进合作愉快的同时，保障评价报告的可信度。

（4）评价报告的撰写

评价报告的撰写很关键，它对于评价组织方和被评价方都具有重要的作用，

① OECD. The Evaluation of Scientific Research：Selected Expenses [M]. Paris，1997：83 - 90.

一方面可以为组织方提供决策和进行等级评定的依据，另一方面可为被评价方反馈评价结果和反映问题所在。撰写报告要以评价的目标为引领，以评价的数据、评价的资料为依据，运用逻辑推理进行客观性分析，语言使用标准规范，并可为评价双方提出清晰、可操作性的建议。

3. 评价结果的利用

评价委托方要对执行方提交的评价报告进行补充和完善，将反馈意见进行整理后反馈给评价工作人员，经他们审核确认后，形成正式评价结果的报告。评价结果报告，一方面可以反馈给被评价者，便于进行后阶段的加强和改进；另一方面，也可以通过评价活动研究成果的呈现，便于公众了解评价对象的本质属性和发展规律，促进评价价值的实现。

（二）以评价方为主体的评价流程

1. 评价准备阶段

（1）评价对象的确定

评价对象即在了解决策者意图的基础上，依评价目标、评价任务而确定的评价边界及其条件，以便评价结果能为决策管理者提供服务。确定评价对象时，要厘清评价机构和评价人员的内在关系，这对于科学开展评价有着重要的意义。

（2）评价目标的明确

目标是评价的方向，目标的决定影响着评价因素的选择。了解评价目标及其相关注意事项，是制定合理评价方案的前提，酌情考虑相关因素的影响，是实施科学评价的基础之一。

（3）搜集和分析资料信息

一般来说，对评价资料和数据的采集，要以评价目的为工作主线，进行集中性信息获取，个别过程性资料可采取分阶段的方法进行采集。人们在准备评价的过程中，把握主要影响因素，掌握关键影响要素，了解次要影响因素，并清晰各因素之间的错综关系，可以保证评价数据收集的可靠性和有效性。

（4）评价专家人员的组织

通常，评价专家人员的组织结构是根据相关内容的执业资格、资历和评价目标，由满足评价要求的评价技术专家、管理专家和评价理论专家等共同组成，以保证评价结论的专业性、权威性和有效性。

2. 评价实施阶段

（1）评价指标体系的确定

对评价对象进行衡量的具体尺度，就是评价指标。所谓评价指标体系，就是对评价对象建立的、能进行对照和衡量的统一尺度，其合理性对于评价结果有着直接的决定作用。评价指标体系的设置，要根据科学性、客观性、全面性的原则。

（2）评价方法的选择和设计

具体的评价方法要依据评价对象的特性而选择，要想使评价方法与评价目的相匹配，就要注意各评价方法的特点和优缺点，设计上要进行合理搭配，组合使用多种评价方法。

（3）单项评价和综合评价

单项评价是对评价系统内的局部或某一方面进行详细的评价，突出局部特征；综合评价是在单项评价的基础上，利用各种评价信息和评价模型，设计合理的评价方案，系统性地对问题进行综合分析，突出评价对象的全面特质。

（4）关系平衡

为了获得合理性强、满意度高的评价结果，在具体的评价过程中，实施评价的人员或机构必须要考虑政策的导向性、决策者的意图性，及评价主体的特点、评价对象的规律等因素的影响，进行综合平衡。

3. 评价结束阶段

（1）分析评价结果

评价结果的好坏，不是评价组织方的真正目的。其真正目的，是决策者对评价结果的综合分析、原因探究和对后续工作的指导建议作用。至于被评价方来说，评价结果具有重要的参考依据，可针对自身问题所在“对症下药”，为其后续修正提高提供方向。

（2）评价报告的撰写

报告的撰写一定要建立对评价过程和结果材料进行详细分析的基础上，利用定量分析和定性分析相结合的手段，进行客观、正确的描述和情况汇报。

4. 其他

综合以上各评价阶段的内容，作者构建了以评价方为主体的具体评价流程图，见下图 4－3 所示。

在此流程图中，中间圆柱形虚线部分共涉及五项，其中，收集和分析资料信息位于圆柱形表面，表示其为下面四项（位于圆柱形内部）的基础，用虚线表示可与外界进行信息交换。评价专家主要负责理论与技术问题，包括评价指标体系的确定和评价方法的选择与设计。综合评价时需要平衡各方利益关系，考虑各因素及其关系的影响。

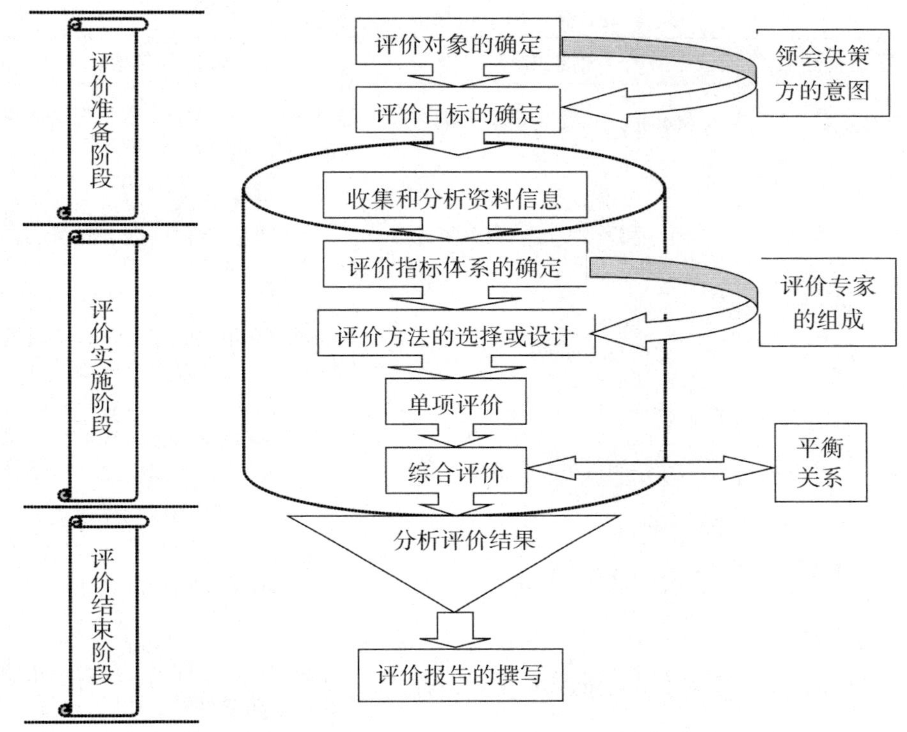

图 4－3　以评价方为主体的具体评价流程图

参考图来源：邱均平，文庭孝等．评价学：理论·方法·实践［M］．北京：科学出版社，2010：135.

另外，收集评价信息和数据是科学进行评价的基础，没有充分、可靠的信息和数据源，没有有效获取信息和科学处理信息的方法，就没有准确、科学的评价结果。通过多渠道、多角度、多样化的信息采集（详见下表 4－1① 所示），根据评价任务的需要，进行组合使用并相互验证，是科学评价信息采集的常用做法②。

---

① 邱均平，文庭孝等．评价学：理论·方法·实践［M］．北京：科学出版社，2010：148.

② 国家科技评估中心．科技评估规范（第一版）［M］．北京：中国物价出版社，2001：32.

表 4-1　评价信息采集的主要渠道与途径

渠道与途径	信息内容	主要特点与难点
现有信息整理	公开发布的数据及相关报告	节约时间、经费，然而对信息可信度的判断相对困难
抽样调查	调查问卷设计发放、数据统计	可以在需要的范围内对总体进行推断，但投入的时间、经费会比较多
个别访谈	个人的信息、意见、观点、感受	重要或有争议的问题具有直接性针对性，但会存在个人偏见
小组专题座谈	个人及小组的意见、观点、感受	对评估问题具有直接针对性，可开展小组讨论，但不适合敏感类问题
实地调研 重点调查	重要情况核实，现场考察	可获得第一手信息，但不能对总体进行简要推断，需要的经费也比较多
正规取证	各种具有法律效应的证明材料	可获得权威性证据，但程序比较复杂，花费时间
网上采集	各类信息	快捷、及时，但需要专门人才对信息进行加工整理

（三）大学生学习过程评价的具体操作

1. 学习过程评价的准备：搜集评价信息

（1）搜集评价信息须具备几个原则：全面性、可靠性、有效性

①全面性是指要树立评价信息全面的观点。学习过程是由学习者相关的多因素活动组成的，对其评价要从人的全面发展为出发点，评价指标和标准的设计要全面和完整，以充分的科学依据和科学方法为依据，综合判定学习过程的价值。搜集评价信息的全面性，应明确学习者学习特点、学习目标、学习任务、发展目标，各方面学习活动内容要有机地联系起来，指向整体全面的人——学生。

②可靠性是指收集到的评价信息要确保真实、符合实际。若要保证收集评价信息的可靠性，理应从以下几个方面来实现：收集方法和手段要多样化，各方面信息能相互佐证，如问卷调研和访谈法得到的信息要存在相对高度的一致性；收集信息的工具，如评价量表，要有一定的科学性和系统性，实施方案要

便于操作、细致周全；收集到的评价信息要去伪存真，进行分析鉴别、认真审查、核实确认、科学整理搜集信息。

③有效性是指搜集的评价信息能正确揭示学习者在相应学习阶段里学习活动现象的发生、存在和发展的规律，能正确引导其过程性评价的实施开展与顺利完成，搜集过程要客观正确，提高评价信息的有效性。

（2）搜集信息的程序

①组织机构准备。对学习者学习过程进行评价，组织机构应有充分的准备，包括评价筹备与实施成员结构的建立，以及任务的分配、前期理论的依据、评价方案的制定、评价目标与评价标准的制定，还有评价方法与评价工具的准备、实施过程开展步骤措施的设定等。

②方案准备

a. 明确评价目的和所依据的评价目标。一般应根据评价学校或机构对学生的发展期望和引导方向而定，具备评价单位的个性化特征。

b. 设计评价标准。标准的设定可以参考国内外同类高校或教育评价机构的标准而设置，结合学校自身定位、发展特色而最终确定。

c. 收集和处理评价信息的方法。按分析处理的功能，可采取描述、解释、推断相结合的递进式分类方法，也可以采取定性分析和定量分析相结合的并列式分类方法。本书采用这两类方法的综合交叉，以发挥各类优势，互相弥补并检验。

d. 测量量表或调研问卷的设计。此过程是将评价信息转化为评价数据的量化过程，测量的本质是进行比较的活动，是将测量对象与参照标准物进行直接比较或间接比较，进而对测量对象赋值的过程，其分值是根据测量对象的属性特征来设置的。调研问卷所提出的问题或项目要与调查目标相一致，并突出重点的属性，更多的是采用直接描述或解释对象的活动现象，对其进行高效率地量性分析和质性分析。

2. 学习过程评价的实施：整理评价信息

（1）整理评价信息的实施程序有：归类、审核、建档

评价信息搜集后，首先要对信息进行归类分组，便于后续阶段处理；其次，对信息要进行审核、核实和甄选，剔除无效信息，并进行建档；最后，必须要对信息资料进行描述性或推断性统计、复查核对，并利用分析、比较、概括等方法进行整理，得出一些有价值性的结论，这是过程评价实施的一个必要程序。原始信息数据使用中要坚持科学管理的原则，进行归类、审核，使用后也要归

类、建档，形成学习者学习成长过程记录档案中记录的一部分内容，在学业结束时，可以作为是否能合格接受学位授予和毕业证颁发的重要参考依据。

（2）开展评价的实施

①宣传动员

在参评学校形成一定的学习过程评价氛围，利用形成文件、政策制定的先行性工作，并通过官方网页、微信、微博等网络媒介，或者校园横幅、宣传展板的形式与手段进行宣传展示，使广大学生、教师和部门了解学习进行过程性评价对人才培养质量的重要性，了解其目的和意义，为过程性学习评价行为的后续实施，做好思想心理和行为上的准备、支持与配合。

②自我评价

学习活动是一个动态的、连续的过程。自我评价活动作为一种对内评价，同对外评价一样，是人类的本质特征，自我评价活动的普遍性和非私人性，则为对个体进行自我评价活动的研究，提供了一定的客观性和可能性①。自我评价的设计，要突出学生为学习活动的主体特征；自我评价的实施，要根据能对学习过程的促进性及自主性、个性化、指导性的原则，明确评价目标和评价内容，告知学生具体的评价方式和实施步骤；评价标准要科学合理，测评量表或工具要有一定的可靠性和有效性。要求学习者对于同一份内容和标准的评价量表，参照对比评价标准进行认真的自我认识和自我反思，做出客观的自我评价，多了解分析自身情况，找出主要优缺点。自我评价能有效地改进学生的元认知过程，帮助学生学会控制自己的行为，这也是新学习概念的核心之一②。需要强调的是，对自我评价的实施，要与学习的整个过程整合起来，贯穿学习活动的全过程，形成学习过程的连续体。

③他评

“一个人的发展，取决于与其直接或间接进行交往的其他一切人的发展”③。他评主要包括同伴评价、教师评价，还可以包括专家督评和家长评价，评价模块内容视情况需要，进行适当适量的增加。同伴评价，可以根据被评价学生的

---

① 陈新汉．自我评价论［M］．上海：上海人民出版社，2011：131.

② ［美］约翰·D. 布兰思特，［美］安·L. 布朗，［美］德尼·R. 科金著；程可拉，孙亚玲，王旭卿译．人是如何学习的——大脑、心理、经验及学校［M］．上海：华东师范大学出版社，2002：2.

③ 中共中央马克思恩格斯列宁斯大林著作编译局．马克思恩格斯全集（第3卷）［M］．北京：人民出版社，1972：515.

自我陈述、展示自己的学习成果，同组同学依据评价表所列的各项评价内容评议该学生，结合日常观察情况，从“情感、态度、价值观”“过程与方法”“学习成果”等方面分别对该学生进行相应等级成绩的评定，并提出学习建议，由组长负责整理评议内容，并综合小组同学意见，确定该学生同伴评价部分的最终等级。教师评价，是由教师根据学生的日常课堂观察、轶事记录、作业记录、测验、成长记录、个别交流、态度调查等综合表现，直接在测量表上做出相应分值，确定本部分的最终评价等级。

④结果呈现

“评价是对学习者的学习进度形成判断的过程。这些判断的聚合，成为决策的基础”[①]。作为学习过程评价环节的重要步骤之一，评价结果的呈现具有一定的时效性。对于评价过程中收集到的各种资料进行整理汇总，结合学习者的自我评价、同伴互评及教师点评的各部分评定情况，根据权重指标的分配进行计算，最终确定学习者的学习过程性评价的阶段结果。评价结果可以学习现状、存在问题、对策建议的形式，反馈呈现给每位学习者（内容最好对其他人保密），以帮助其对比起点评价与学习目标，进行自我反思，检查计划执行与目标实现进程，并对自身学习的潜能进行分析，完成对后续学习过程中的思想、心理和行为的自我调控，指导后续学习过程的更好开展。

3. 学习过程评价结果的处理：修正评价信息

（1）初步评判

由评价机构或部门根据起初设置的评价方案，对比评价实施措施，并依据评价搜集数据进行的调研分析，得出初步的评价结论，做出一定的评价报告。

（2）分析诊断

是指根据收集的评价资料，如评价量表、学习日志、成长档案、作业记录，来分析诊断学生学习过程中的困难和问题，促进学习者本人进行总结反思，也可以提供教师进行参考，反思调整教学方案或计划进度，还可以识别优秀者的学习过程，并作为典型案例，为其他普通学习者提供参考或学习的模本。

（3）结果性评价

评价人员或机构（如课程任课教师或教务机构），根据阶段性过程评价的结果报告和评价结论，提出评价数据的结果性描述分析，呈现存在问题，给出相

---

① ［美］威廉·威伦等著；李森，王纬虹译．有效教学决策［M］．北京：教育科学出版社，2009：168.

应解决方案建议，供相关部门和学习者在下一阶段过程的参考和进行整改的依据。

4. 学习过程评价结果的反馈：判定评价结果

（1）评价报告

评价报告可以在阶段性过程中经常使用，如课程的每章节、每单元，学段的每学期、每学年中间或结束，都可以根据评价机构、部门或其他评价主体不同的评价测量需求，利用评价测量表或调研问卷来进行过程性学习评价，综合形成分析评价报告，可以由学习者个人完成最后的评价报告，也可以由评价小组或辅导员、任课教师来完成。

（2）整改提高

学习过程评价的目的，就是为了促进学生学习过程的改进与提高。过程是为了促进目标的顺利到达，在每次进行过程性评价后，学习者本人都要进行自我反思、自我调控和自我提高。教师或部门也可以掌握过程情况进行整改，提高教学过程的有效性和策略性，改善人才培养方案，促进教育质量的提升。

（3）复评价

复评价也可称为元评价，就是对评价活动进行再评价，可以通过比较分析的形式进行。主要用于检验评价量表、问卷的有效度和可信度，以便对后期使用进行修改完善，如对同一学生群体进行连续两年的观测评价，或者对同一评价对象进行连续一年的跟踪评价。

第五章

大学生学习过程评价方法

方法（method），起源于希腊文的“沿着”和“道路”，原意是“沿着正确的道路运动”，通常指的是为实现某种目标或获得某项事物而选用的途径、步骤或措施方式，本书中是指关于问题解决的思想、采取行动的思路与程序等。任何一门科学，在其形成和发展的过程中，都会通过实践活动总结出一套适合、适用于自身研究的科学方法，即正确进行科学研究的理论、方法和手段。

德国著名哲学家黑格尔曾指出，方法就是工具，属于主体方面的一种途径，主体与客体利用这种途径产生关联……（《列宁全集》之《黑格尔〈逻辑学〉一书摘要》第三十八卷，P 236），他把方法称为主体方面的一种手段。英国哲学家弗朗西斯·培根（Francis Bacon，约 1561 - 1626），在其著作《新工具》中，对方法进行了具体阐述，他把方法的概念归纳是“心的工具”。在三联书店 1958 年出版的《十六—十八世纪西欧各国哲学》（P 9）一书中说明，培根对方法的看法是，具有“对理智起着暗示或警告影响”的功能，方法是道路中的一个个指标，是漆黑中的一盏盏明灯。随着科学评价的发展，科学评价方法已由定性研究转入定量研究，以及定性与定量相结合的研究阶段，并且运用于教育学、心理学、统计学、数学、经济学、科学学和信息管理学等多学科领域，科学地分析问题、解决问题。方法是研究问题的工具或利器，正确、科学的方法是正确、科学结论的前提，有效的方法是进行科学结论的有力保障。

“过程与结果是紧密相连的，不存在没有过程的结果”①。学习活动中过程和成果的关系是紧密相连的，成果不可能脱离过程而存在，而且成果还很可能

① David Satterly. Assessment in Schools [M]. Basil Blackwell Ltd, 1989: 49 - 59.

依赖于过程[①]。戴维·沙特利（David Satterly）曾于1994年指出，“许多非正式的评定都是过程性的”[②]，其认为评定结果比评定过程更容易，人们经常在评定结果的同时评定过程，而且在对过程无法直接观察时，就使用回溯性的方法从结果中对过程进行评价。然而，若从结果推断过程，则不属于实施过程性评价的真正方法。评价理论与方法的科学性，是开展具体科学评价活动的必要基础，本书前面几章对理论部分已有所阐述，这里将对评价方法进行具体详细的描述。从方法论的视角出发，对学习过程评价（或过程性学习评价）的问题进行理解，就是指使用过程性方法对学生学习活动发生的过程，进行持续性评定。

一、方法的基础

克洛德·贝尔纳（Claude Bernard）认为，方法的优劣可以影响人们对于天赋才能进行运用或发挥的结果，良好的方法可以催生激发作用，拙劣的方法却可能会产生抑制作用。于是，由于方法的拙劣性问题，导致科学中很多具有重要价值的创造性能力会被减弱，乃至会被消除；截然不同的是，方法的优良性则会对能力起到助长、推进的影响[③]。科学评价学习过程活动是一项复杂系统的工程，学习过程评价理论研究的主要问题之一，就是首先要构建一个科学的、完善的、系统的评价体系。当前，研究专家或学者对于科学评价理论体系的构建，主要体现了以下三个立场：一是强调学科性的科学评价理论体系；二是强调具体活动过程的科学评价理论体系；三是强调应用性的科学评价理论体系[④]。科学评价的基础理论体系、方法体系和学科理论体系三个部分，共同构成了科学评价理论体系的主要内容，是一个结构完备、内涵丰富的生态整体。本书在对科学的学习过程评价理论体系进行系统性构建的基础之上，对具体的学习活动过程性评价体系也进行了实践性构建，并应用于具体学科的学习过程评价系统中。

（一）基于学科的评价方法

基于学科理论的学习过程评价方法，共由理论体系、方法体系和学科理论

① Duncan Harris, and Chris Bell. Evaluating and Assessing for Learning [M]. London, Kogan Ltd, 1994: 100.

② Duncan Harris, and Chris Bell. Evaluating and Assessing for Learning [M]. London, Kogan Ltd, 1994: 106.

③ [英] 贝弗里奇著，陈捷译. 科学研究的艺术 [M]. 北京：科学出版社，1984：译者序.

④ 邱均平，文孝庭等著. 评价学：理论·方法·实践 [M]. 北京：科学出版社，2010：112.

三部分构成。其中，理论体系涵盖了概念、对象、内容、理论依据和基本理论；方法体系包含了评价的方法论、具体方法、评价模型和评价过程等；学科理论包括了学习过程评价作为学科所需要研究的相关理论问题，主要有研究对象、研究内容、研究性质、相关学科等。三部分中每一部分都包含了丰富的内容，具体说明如下表 5－1 所示：

表 5－1 基于学科的学习过程评价体系

体系构成	主要内容说明	
理论体系	基本概念	大学生学习过程评价的原概念和相关概念，涉及的其他概念等
	对象	大学生学习过程活动研究系统，含学习过程活动的主体、客体、过程与结果
	内容	以大学生学习过程活动为评价对象开展的各种评价活动
	理论依据	大学生学习过程评价的理论来源（外部理论）和评价理论（内部理论）
	基础理论	包括学习过程评价的理念、指标体系、机制等
方法体系	评价方法论	指如何创造和使用评价方法的有关知识的综合
	评价方法	包括评价活动中应用的一般方法和具体方法
	评价模型	与评价方法、基本理论相对应的各种数字模型、系统模型等
	评价过程	学习过程评价作为一种完整的过程所涉及的其他方法
学科理论	研究对象	数学作为一门学科的研究对象，即学习过程评价活动的基本规律
	研究内容	作为一门学科的研究内容，包括学习过程评价理论、方法与运用
	学科性质	数学作为一门学科在其所属的学科体系的位置
	相关学科	与数学相关的学科有管理学、科技管理、计量学、科学学等

主要参考资料来源：邱均平，文孝庭等著．评价学：理论·方法·实践［M］．北京：科学出版社，2010：113.

（二）基于过程的评价方法

基于应用的评价方法，以面向具体问题为根本，以科学的方法论为指导，与有关理论依据相结合，按照问题存在的实质与根源，及评价实施的条件与要求，对评价方法进行适当的选择与合理的设计，并开展适当的应用。

一般来说，大家平常对评价方法的理解是狭义的，主要包括原则、手段、工具和技术等系列内容。广义的评价方法是完整的、科学的，包括评价基础理论（可指向不同研究对象）、评价理论模型（能反映事物客观过程规律）、评价方法论（能表现科学评价活动的共性特征）、不同的具体科学评价方法及应用模型、实施评价时进行过程管理与控制的学科方法与规范①。

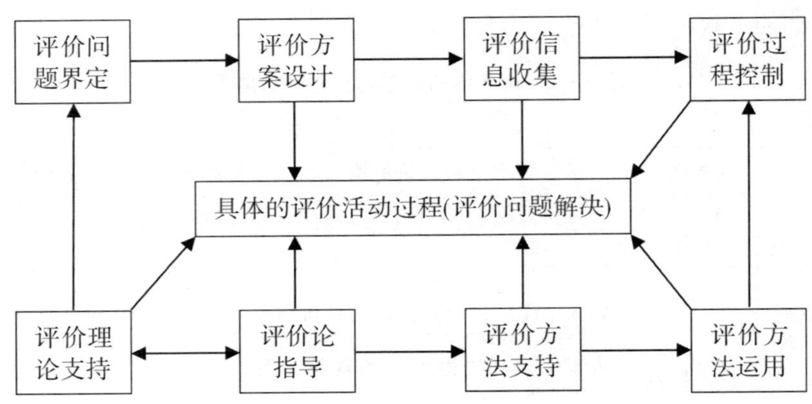

图5－1　基于具体评价活动的科学评价理论体系结构图②

在实施科学评价时，过程管理与控制是必要的③。一般来说，对注重具体活动过程的对象进行评价的话，其评价方法的理论基础体系结构图如上图5－1所示。

（三）基于应用的评价方法

评价方法的应用内容丰富，范围广泛，在具体领域应用时，具备不同的应用背景、运用条件和应用需求，并对应具体的科学评价方法、技术和工具。基于应用的评价方法体系包括应用范围、应用原理和方法，以及应用的案例与实证。对于学习过程评价的方法体系来说，其应用的范围可以包括科学评价、教育评价、机构评价、学校评价、学科评价、教学评价、学习评价等；应用的方法与原理包括评价方法、评价技术、评价工具、评价原理与应用背景；案例与实证包括实地调研、个体案例、样本群体案例、结构访谈等。这些关于评价方法的应用，各有特点、各有所指，构成了完整的评价方法体系，是可以促进学

① 邱均平，文孝庭等著．评价学：理论·方法·实践［M］．北京：科学出版社，2010：113.

② 邱均平，文孝庭等著．评价学：理论·方法·实践［M］．北京：科学出版社，2010：114.

③ 仝允恒．科学评价理论与方法的体系结构［J］．科技成果纵横，2003（5）：18－20.

习过程评价的实现及保障评价结果的科学性。

(四) 方法论与评价学

方法论(methodology)不等同于方法,是“方法的科学”;简单来说就是人们认识世界、改变世界的根本方法;也可以说是关于事物活动的途径、手段和方式;还可以理解为相关方法的区分、评价、应用、开发、结构体系,以及规律性的知识体系。方法论研究的是方法的原理和应用,如果从理论和实践的结合上研究方法,那么它实际上是研究方法的本质,及其发生、发展与演变的规律性,是研究方法整体的结构体系与发展趋势。

评价是一种创造性的科学活动,须遵循一定的科学方法。评价学方法,按照方法的属性不同,可以分为具体学科方法、一般方法与哲学方法三个层次。相对比较抽象的是哲学方法,它是对研究对象总的看法,是研究工作的指导思想,是各种具体方法的基础。一般方法是在哲学指导思想的基础上,适用于多个学科或实践领域的具体研究方法或实施办法,如调查法、观察法、实验法等。具体学科方法则是各个学科或某种实践领域在研究和实施中所应用的特有方法。哲学方法论研究设计科学方法的一般认识论原则,逻辑方法论探索思维形式和规律,学科方法论则探讨特定学科的方法论问题。在它们发展的过程中,持续发展的动态社会活动——科学研究就逐渐产生了,科学方法随着科学研究的发展正逐渐不断地进行开拓创新。

俄国心理学家伊凡·彼德罗维奇·巴甫洛夫(Иван Петрович Павлов, 1849—1936)认为,一项研究的初步阻滞,往往就是研究方法的不足;所以人们常说,正确的研究方法会引领着科学走向成功的道路……而研究方法的确定,是我们首位重要的事情①。方法论作为哲学和科学技术之间联系的桥梁,是研究人类认识、改造自然与社会的基本过程,及其手段、方法的理论体系。方法的选择取决于学科研究对象,在一定条件下,方法与理论可以互相转化。德国格·克劳斯(G. Klaus)指出,理论、方法与学科研究对象之间的关系,就像三角形的三个顶点,其中的任何一个都与其他两个发生联系;方法的转接与发现将形成新的研究领域,理论是方法的自然结果。

学习的过程性评价方法,属于科学评价方法的理论范畴。狭义的科学评价方法,是指科学评价进行分析与综合的具体方法。广义的科学评价方法,则是

① 宋子成.通用科学方法三百种[M].北京:中国科技咨询服务中心预测开发公司,1984.

指包括评价准备、评价设计、信息获取、评价分析与综合的各种具体方法。本研究中的学习过程性评价方法，就是这种广义的科学评价方法。

作为科学评价的工具——各种具体的评价方法，要服务于不同的评价内容，运用于适当的评价范围，并受评价角度、评价对象、评价目的、评价层次等的影响。另外，评价方法还受国家评价文化背景的影响，如英国注重计量指标；而德国和法国却限制定量指标的应用①；美国则认为，定量指标在处理有关政策争议时很重要，在其1993年公布和实施的政府绩效与结果方案中（GPRA），就特别强调要用可计量的指标，来评价政府资助的基础研究和应用研究②。总之，根据不同的评价问题，将评价维度、评价内容、评价方法进行有效组合，以合理的程序实施，就形成了完整的方法体系。

（五）评价方法的类别

科学评价方法种类众多，组成了一个方法体系，是一系列评价方法的集合。对其进行归纳的话，主要包括以下三类③：①统计数据下的客观评价方法（定量指标评价方法或定量评价方法）；②专家经验下的主观评价方法（专家定性判断方法或定性评价方法）；③系统模型下的综合评价方法（包含各种综合评价方法与定性定量相结合的评价方法）。具体见下表5－2所示：

表5－2　科学评价的主要方法

方法分类	方法性质	主要代表性方法
统计数据下的主观评价方法	定量评价	有文献计量法、科学计量法、经济计量法等
专家经验下的客观评价方法	定性评价	有专家评议法、德尔菲法、同行评议法、调查研究法案例研究法和定标比超法等
系统模型下的综合评价方法	综合评价	有层次分析法、模糊数学方法、运筹学方法、统计分析法、系统工程方法和智能化评价方法等

而国外一般将科学评价方法分为六类，它们分别是：文献计量法（文献评价法）、共词分析（称为内容分析法）、同行评价法（包括内部评价、外部评价

① OECD. The Evaluation of Scientific Research：Selected Expenses［M］. OECD/GD（97）. Paris. 1997：194.

② GPRA. Government Performance and Results Act of 1993［M］. PL. 1993：103－162.

③ 陈敬全．科学评价方法与实证研究［D］．武汉：武汉大学博士学位论文，2003：14.

和定向评价三类)、专利分析法（专利评价法）、经济影响分析法（称为市场评价法)、对影响的下游分析法①。尽管评价的方法有很多，但每一种都具有独特的显性特征，具备一定的优点和缺点，有着适合的应用领域，人们在实际运用时，应以评价适用的背景和目的为依据，选取适当的评价方法。我国研究者叶茂林，曾对主要评价方法进行了比较分析②：

表5－3 主要评价方法的比较分析

评价方法	主要特征	应用领域
同行评议法	由同行评议专家对被评对象进行质量与水平的评价，较为客观，有深度	适于项目评估和基础研究领域的评估，如自然科学基金和科技计划等
案例分析与回溯分析	时间长，针对单个项目，成本高	适于各类项目的事后评估和跟踪评估
文献计量法	对发文、专利和引文进行分析，需要相应的文献量支撑，在宏观层次更有效，定量、客观	较多应用于基础研究领域，如实验室评价、科研课题评价和高新技术产业评价
经济计量法	可以比较合理地估计潜在利益，对科研项目能够提出适当的评价框架	适合于经济目的性较强的技术开发和产业化的项目或计划的绩效评价
层次分析法	将复杂问题简单化，简洁、实用，可与其他方法配合使用	一般与其他评价方法结合使用
标杆分析法	基准数据，目标明确	适用于各类应用研究和技术开发评价
可视化方法	简洁直观，信息丰富，技术含量高，复杂	适用于各类定量评价领域
综合方法	多方法组合，定量定性相结合，成本高，时间长，复杂程度高，具有柔性	应用面广，可适用于各类项目评价和评价的各个阶段

由于评价方法种类较多，同一评价过程不需要用到所有的评价方法，同一评价方法也不一定适用于所有的评价对象。因此，使用评价的时候，就要根据

① ［美］埃利泽·盖斯勒著，周萍等译．科学技术测度体系［M］．北京：科学技术文献出版社，2003：42.

② 叶茂林．科技评价理论与方法［M］．北京：社会科学文献出版社，2007：114－122.

评价问题进行适当的方法选择。对评价对象越熟悉，对问题属性就越有深刻的理解，熟悉和掌握各项评价方法的优缺点，就越容易设计出更为合理、配套的评价方法，这是做好评价工作的关键因素之一。

评价按性质的不同可分为不同的类别。按不同评价功能，可分为诊断性评价、形成性评价和终结性评价；按不同分析方法，可分为定量评价和定性评价；按面向学习过程与学习资源的不同，可分为面向学习过程的评价和面向学习资源的评价；按评价主体的不同，学习过程评价可以分为学生自评、他评（含同伴互评、教师点评、专家评价、家长评价等）两类。随着评价的发展，学习过程评价的方法也趋向于多元化、综合化、科学化，如埃里克·詹森（Eric Jensen），曾对“学习日志”等27七种真实性学习评价方式给出一定的建议①。评价方式，是评价方法的具体表现形态。

评价是多维度的，单凭学业测量成绩，仅仅能说明学生的某一学科在特定时期取得了多少学分，但并不能评价出学生在学习过程中真正经历了什么，对学习内容实际掌握的程度，以及通过学科学习收获了什么学习能力。而另一种多维度的评价方法，是从多种来源的角度获得了对学生表现的反馈。事实上，理想的评价可以包括三个方面②：对学习内容与技能的评价；来自同伴、父母或知识共同体成员，对学习者人际交往的评价；来自学生负责的对自己学习成就的自我评价。

在过程评价中，学生自评与同伴互评是指，在每一段学习时期结束时，学生对自身在学习过程中的情感态度价值观、技术技能方法等进行自我评定，或者对同学在学习过程中的各种表现进行综合评定。教师评价和专家评价，则是教师或专家对学生在学习过程中的日常表现给予评定，对学生在自评或互评过程中的思想行为表现，以及一些个别事例实施的引导性评价。家长评价，是家长对于学生在学习过程中的综合表现给予一定的评判。学习过程评价与形成性评价一样，对学习结果也会注意，但这种注意是以价值准则的多元性为依据，对学习目标的非预期性仍留有弹性空间。那些非预期性有价值的学习结果，既然产生于学生学习过程，不但能加强学生学习动机，促进学生良性学习习惯的

---

① Eric Jensen. Brain – Based Learning：The New Paradigm of Teaching［M］. Thousand Oaks：Corwin Press，2008：233 – 237.

②［美］坎贝尔（Campbell，L.），［美］坎贝尔（Campbell，B.），［美］迪金森（Dickinson，D.）著；霍力岩等译．多元智力教与学的策略（第3版）［M］．北京：中国轻工业出版社，2004：327.

养成，还能强化学生评价意识，提升评价实施能力，从而增强他们终身学习的能力。

二、方式方法

评价方法自20世纪六七十年代以来，发展较为迅速。在实际评价工作中，人们一般会先对评价方法进行确定，而德尔菲法或专家征询法，则是比较常用的方法之一。即通过召集少数专家进行讨论的方法制定方案，或者收集专家意见的方法进行决策。本研究中，笔者通过专家征询法和专家访谈法，进一步确定了评价方式。

（一）自我评价方式

随着社会的不断发展，个体意识的自觉性逐渐凸显，作为社会意识的高级形式——社会意识形态也在形成之中。黑格尔说，“自我意识是从感性的和知觉的存在反思而来的，并且本质上是从他物的回归”①。自我意识属于理性范畴，既是理性的基础，又成为理性的基础，其本质是关于外部对象意识的意识，即“反思”。自我评价活动凸显主体“我”的意识，对于自我意识的自觉具有重要意义。希腊铭文和寓言里即有自我评价的因素，如古希腊德尔斐神庙门口镌刻着的一条铭文，“噢，人哪，你不是神，认识你自己”。自哲学产生以后，认识自我的地位便得到了进一步提高，曾被认为是哲学探究的最高目标。历史表明，人们对于认识自我或自我评价，自古时就已有相当的愿望，如苏格拉底寓言中“到底谁是最聪明的人”，以及儒家的“吾日三省吾身”，都蕴含了自我评价的要求。自我评价机制，离不开他人对“我”的评价，苏格拉底就以帮助别人正确地评价自我即“自知其无知”为己任，这种“自知其无知”式的自我评价，开创了古希腊对自我评价开展思考的哲学先河。

学习过程中的自我评价，即评价对象自己执行对自身学习过程的评价，是近年来学习评价中发展比较快、关注比较多的一种评价方式，也成为学习过程评价中主要的评价方式之一。在自我评价活动中，主体以自身学习活动为评价对象，发挥主体能动性，促进“自反性结构”在主客体之间的形成，并对此类主客体间存在的价值关系，进行了本质和规律上的揭示②。

---

① ［德］黑格尔著；贺麟，王玖兴译．精神现象学［M］．北京：商务印书馆出版社，1997：116.

② 陈新汉．自我评价论［M］．上海：上海人民出版社，2011：82.

法国作家蒙田（Michel de Montaigne，1533—1592）认为，“世界上最重要的事情就是认识自我”[①]。自我评价活动既遵循一般评价活动的规律，又以特殊形式体现着一般评价活动的规律。其理念主要体现在以下几个方面：（1）自我评价具备客观性和可靠性，与他评一样是人类的本质特征，同样可以实现普遍性和非私人性[②]；（2）自我评价能体现学习过程评价的自主性理念；（3）国外研究认为，“每一个学生，不管表现能力如何，都能对自己的学习进行持续性真实性的自我评价”[③]；（4）自我评价的可操作性强。

事实判断是一元的，价值判断是多元的，价值判断的多元性与事实判断的一元性是相通的，而自我评价则体现了评价活动中价值判断性的多元性，它是科学化评价的依据为：使自我评价活动真正成为社会科学研究的对象，突显自我评价活动中的反思特性，尽可能地引进自然科学的方法到自我评价活动的研究中，自我评价活动的科学化是一个过程[④]。

在本研究者所采集到的全国16所本科高校调研数据中，对目前本科高校的学生自评现状进行了调研，用SPSS19软件对复选题次数分布表进行了数据统计，结果显示如下表5-4所示：

表5-4　调研个案数据摘要

项目	个案					
	有效的		缺失		总计	
	N	百分比	N	百分比	N	百分比
$ A18ta	2052	100.0%	0	100.0%	2052	100.0%

a. 值为1时制表的二分组。

从上表可以看出，本次调研到的有效数据为2052人，包含1所985类高校，3所211（非985）类高校，12所非211类高校。

① ［德］恩斯特·卡西尔著，甘阳译．人论［M］．上海：上海译文出版社，1985：3.

② 陈新汉．自我评价论［M］．上海：上海人民出版社，2011：131.

③ ［美］Grant Wiggins著，国家基础教育课程改革“促进教师发展与学生成长的评价研究”项目组译．教育性评价［M］．北京：中国轻工业出版社，2005：3.

④ 陈新汉．自我评价论［M］．上海：上海人民出版社，2011：540-547.

表 5 –5 大学生学习过程评价现状频率

评价类型	响应值		个案百分比	
	个数 N	百分比		
第 18 题 a	学生自评	1018	28. 4%	49. 6%
	教师评价	1528	42. 6%	74. 5%
	同学互评	834	23. 2%	40. 6%
	专家督评	142	4. 0%	6. 9%
	家长评价	66	1. 8%	3. 2%
总计		3588	100. 0%	174. 9%

a. 值为 1 时制表的二分组。

表 5 –6 大学生期望的学习过程评价频率

评价类型	响应值		个案百分比	
	个数 N	百分比		
第 32 题 a	学生自评	1406	27. 9%	68. 6%
	教师评价	1459	29. 0%	71. 1%
	同学互评	1302	25. 9%	63. 5%
	专家督评	507	10. 1%	24. 7%
	家长评价	357	7. 1%	17. 4%
总计		5031	100. 0%	245. 3%

a. 值为 1 时制表的二分组。

从上面表格 5 –5 和表格 5 –6 可以看出，目前大学生学习过程评价现状中，有 49. 6% 的学生认为学习过程中存在自评部分；同时有 68. 6% 的大学生认为，他们作为学习过程主体，期望提升自我评价的比例。这说明了几点现实：一是学生内心对自我评价的需求是非常高的，理想与现实操作之间还有很大的差距；二是学生对自我的认同感比较强烈，认为现有的评价方式不足以反映他们真实的学习过程实际水平。

（二）他人评价方式

与自我评价的内部方式不同，他人评价作为一种外部评价方式，目前主要包括教师评价、同伴互评、专家评价和家长评价等形式。

1. 教师评价

由于传统观念的影响和教学过程的复杂性，教师评价制度直至 20 世纪 50

年代，才开始在西方发达国家正式产生，我国为20世纪80年代。经研究证明，有效的教师评价须具备三个要素：适当的评价目的（why），健全的评价标准（what），合理的评价方法与策略（how）。

教师评价主要包括学业成绩测验、作业评价、学业表现及学业能力评价。传统教师评价存在的问题有以下几个表现：（1）评价功能单一，终结性评价占主导地位；（2）评价标准单一，强调预定性；（3）评价主体单一；（4）评价内容片面；（5）评价方法简单，片面追求量化。

从上面表5－5和表5－6两个表格可以看出，有74.5%比例的学生认为，在大学生学习过程评价现状中仍存在着以教师评价为主的现象，学生的学习过程效果基本还是由教师说了算，这点现实情况在各高校中普遍存在。虽然有71.5%的学生内心期望教师评价可以在略微降低的情况下延续存在，但是期望教师评价在整体学习过程评价中所占的比例却大大降低，从42.6%降到了29%。

2. 同伴互评

互评是为了体现公平，对学生平时的学习和表现进行多元价值判断，是获取更多评价信息，鼓励学生与他人合作，发挥学生学习主体性的一条重要渠道。大学生是以班集体的形式或单位进行学习活动的，同学之间课堂内外相处时间较多，以及同龄群体之间的便利性和集体生活的交流性，使得他们能够更加全面、准确地反映同伴的学习过程。有利于培养学生写作能力、社交能力和合作精神，有利于促进学生自主学习、自我发展、自我管理和自我评价，有利于同伴互助、信息共享和学习提高。从以上表5－5和表5－6两个表格还可以看出，学生期望提高同伴互评在学习过程评价中的比例，认为朋辈之间对自身学习过程的认识和了解还是比较可信的。

3. 专家督评

比利时普里戈金（I. llyaPrigogine，1917—2003）1969年提出了耗散结构理论的四项条件①：（1）必须开放。构建教育督导团，组成由退休教师、大学教授、甚至学生等多方人员参与的督导队伍，可以形成耗散结构，促进“教育督导”内容的丰富和结构的有序。（2）原理平衡态。整取“外界”系统专业学者与高校一线督导教师实践队伍的参与，对系统的影响会逐渐加强，促进其向远离平衡的非线性区域发展。（3）非线性相互作用。不同的教育督导人员之间，

---

① 殷伯明等．教育督导方法论［M］．上海：上海三联书店，2013：2.

存在 1 +1 >2 的非线性相互作用，会表现出预料之外的新特质。(4) 涨落。涨落是一切实际系统的固有特征，有偏离就有充实与完善，由不稳定状态转向新平衡状态过渡。

2012 年 8 月 29 日，国务院通过《中华人民共和国教育督导条例（草案）》（简称《督导条例》），要求督学“有较高的教育理论水平，掌握教育督导专业知识和技能”，并提出教育督导机构基本职责，包括督导教育事业协调、均衡发展，素质教育实施、教育质量的提高，以及检测教育发展的状况等。教育督导工作的三部曲，就是“测量—评价—督导”。[①] 而评价，则是教育督导过程的一个重要环节。督导评估，具有鉴定、激励、导向、调控、优化等功能，其基本特点是直接性、全面性、长期性、自主性、理论与实践相结合。

教育督评的程序为：(1) 确定具体督评事项，提前向被督评单位和相关人员发出督导通知书；(2) 组成督评组，实施督评；(3) 实施督评后，督评组应及时向被督评单位和相关人员反馈并征求意见，向接受督评的单位或个人提出书面督评报告；(4) 被督评单位或个人应按照督评意见进行整改，定期汇报整改结果，必要时需要督评组进行复查；(5) 督评报告应进行适当范围内的公布。

专家督评对于高校日常教学管理工作而言，主要是指学校督导组专家或各二级学院教学委员会，对学生所在班级的整体课堂表现、班风学风进行的评价与督导情况，以及各二级学院学位委员会对学生个体在毕业论文环节的考核与评价。其中，督导组专家评价每学期都有实施，而学位委员会对毕业论文时期的评价则一般在大四最后一个学期开展。从以上表 5 – 5 和表 5 – 6 两个表格还可以看出，学生对专家的权威性还是比较信任的，期望提高专家对自身学习过程的评价成分。

学生学习过程的专家督评，一般可采取进课堂听课测量的方式进行，并且督评专家要适量地在课下对师生进行访谈。为使访谈更具有逻辑性、系统性，访谈的问题要提前拟好，明确访谈内容，制作访谈记录表，且提问要有一定的逻辑性，问题的呈现要有一定的次序性，问题内部还要具备一定的关联性。访谈方式一般有漏斗式和反漏斗式两种（见下图 5 – 2 所示[②]）：(1) 漏斗式一般以开放性题目开始，建立良好的沟通氛围，在获得访谈对象的信任下，力争获取足够多的有价值信息，后期往往采用封闭式问题，直接了解具体的信息或细

① 殷伯明等．教育督导方法论［M］．上海：上海三联书店，2013：5.

② 殷伯明等．教育督导方法论［M］．上海：上海三联书店，2013：173.

节，以提高沟通效率。（2）倒漏斗式访谈一般以封闭式问题开始，以开放式问题结束。访谈时间有限时，可采用此方法。应注意封闭式问题的有限性，带来的判断性高低。因此在后期要采用开放式问题，以了解具体的信息或细节，对前期的判断进行验证。

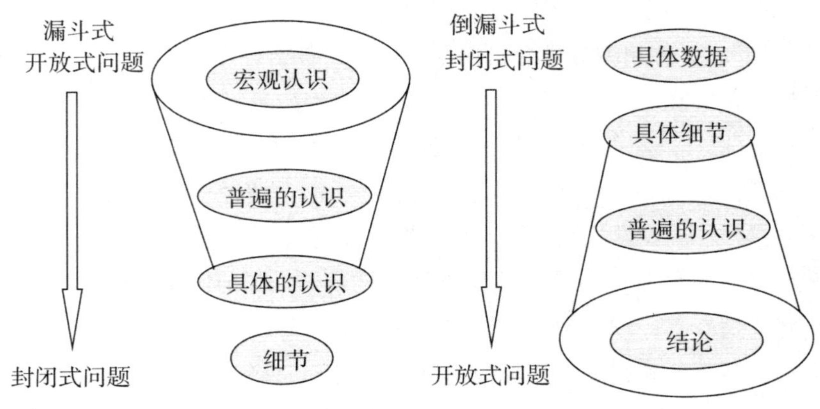

图 5－2　漏斗式及倒漏斗式访谈方式

4. 家长评价

对于基础教育阶段的学生学习来说，学校、教师与家长定期的沟通、反馈与评价是比较频繁和受重视的。然而，对于大学生而言，学校或教师进行家长沟通一般出现于问题学生群体，与优秀表现学生家长的互动与沟通则相对较少。这些是正常的，因为相对基础教育阶段每个班级配备专职班主任管理不同，实行学分制管理下的大学班级，只有思想政治辅导员按师生比为 1∶150 左右而配备，而且多以学生日常思想政治教育及事务性工作为主，即使有些高校对每个班级配备了兼职班导师或班主任，也与基础教育阶段班主任的职责及承担的事务管理工作是无法进行比较的。然而事实上，即使是平时表现优秀的学生也会出现心理健康问题等不良事件。所以，家长对学生进行定期评价（如每学期一次），对于大学生学习过程评价来说，也应成为其不可或缺的一部分。一方面可以形成学校、教师、学生、家长的四位一体，共同促进学生学习过程的顺利进行，及其学业生涯的顺利完成；另一方面家长的定期评价，对于及时发现、解决学生学习过程问题，规避不良事件的发生，也是十分重要和必要的。

从以上表 5－5 和表 5－6 两个表格可以看出，一部分学生认为现有的学习过程评价中家长评价的成分太少，鼓励支持适当增加家长评价部分，说明这部分学生和家长之间的沟通需求还是比较高的。

同时，研究表5－5和表5－6中的数据，思考分析自评和他评在学生学习过程评价中的实际操作和理想化状况，学生期望可以拥有更多的自评机会，希望适当降低他评中教师评价的比例，提高专家评价、家长评价的比例。另外，表格数据中的百分比例，对于分配评价类别的指标权重，具有一定的参考价值。

关于评价方法的类别，在本章第一部分“方法的基础”中已有一些说明，后面不再详细赘述，仅从每种类型中挑选几种具有代表性的典型方法进行补充论述。

（三）定性评价方法

定性评价方法是基于同行或专家已有的知识或经验，对评价对象进行主观判断的方法，主要有同行评议法、德尔菲法、调查研究法、案例分析法和定标比超法几种。

1. 同行评议法

早在1416年，威尼斯共和国（Serenìsima Repùblica Vèneta）的专利审查法为同行评议法的雏形，20世纪30年代以来，它逐渐被一些研究机构所广泛采用，主要用来开展科学研究评价。1990年，英国认为这是“由从事该领域或接近该领域的专家来评定一项工作的学术水平或重要性的一种机制”。在我国，对同行评议法比较普遍的认识是，由从事某领域（或其相关领域）研究的专家，根据一定的标准和程序，对该领域的科学研究活动及其相关要素，进行评价的一种方法。同行评议法主要有通信评议、会议评议、调查评议和组合评议几种实施形式，也可以是几种方式相结合的综合评议，各有优缺点，具体采用方式受组织方的决策周期所影响和制约。其应用的范围，主要有评审科研成果、评定学位与职称、评审项目的申请、科学出版物级别评定、研究或其他机构的运作成效等。本研究者中，同行评议法主要指评议各高校对于大类别或具体学科实施过程性学习评价方案的制定、相关费用和工作量的核算、年终考核、实施科学性的评定，以及对于评价效果的元评价。随着信息化时代的发展，同行评议法转向网络环境实施，具备可缩短周期、突破地理限制、过程监控、查询便捷、有效性提升等优点。

2. 案例研究法

此方法是对典型案例或代表性事件进行回顾性分析，通过对案例发生的内外部因素进行分析与评价，分析研究相关环境和机制对绩效结果的影响和作用，总结经验与不足，追溯成功因素，对以后的研究趋势进行预测，以提高研究的有效度，也称为回溯性案例研究分析法。案例研究法主要分为历史描述、研究活动分析、匹配比较及三种方法的综合法等四种类型。案例研究法可以挖掘、展示大量信息，能深入探讨影响效果的现象，能发现影响结果的关键要素，能明确地阐述事物出现的方法、过程及原因。但是它也具有研究成本高、周期长的不利特点。主要应用于探索技术创新与科学研究之间的关系，研究项目的执行与项目要求或政策的一致性程度，以及分析评价项目的管理问题，为决策者提供建议。

（四）定量评价方法

定量评价法是在把复杂的研究对象先转化为分解指标或有关数据的基础上，再对分解细化的研究指标或有关数据进行统计，进行比较分析并判断结论的方法，也可以称为统计法、计量法。主要分为文献计量法、经济计量法两类，这里仅介绍与本研究有相关性的文献计量法。

1. 文献计量法

此评价法是以文献体系的出版物及其引文、专利为研究对象，采用数学、统计学等计量方法，计量研究对象在不同属性上的量的分布特征和规律，作为评价研究主体的水平、实力和能力的依据，为管理和决策、资源分配提供基础性服务。文献计量法起源于20世纪中叶的文献计量学和科学引文分析，是目前国际上比较流行的定量分析方法。美国科学家普莱斯（Derek J. de Price）分别于1962年、1963年发表的《巴比伦以来的科学》《小科学、大科学》两部著作，奠定了文献定量分析的基础。文献计量法具备分析结构多层次、成本小的优势，过程简单可测量，可以有效表述科学研究的成果。但也存在着在跨学科评价、研究内容上覆盖面受限的现象，以及推广度在时间上的制约性等劣势。文献计量法主要应用于科学研究领域和图书情报领域，通过描述性指标和关联性指标来衡量。本研究者中，主要运用文献计量法，对前期已有的研究文献述评部分进行统计和分析，对学习过程评价研究问题进行判断、甄别和思考，对下一步的研究趋向进行引导。

（五）综合评价方法

随着信息化、多元化时代的发展，人们对于各类评价结果有着科学、合理的更高诉求，需要衡量的综合因素日益完善化，尤其在对复杂系统对象开展评价时，综合评价方法就成为常用的评价方法之一。

1. 多指标综合评价法

此评价法是根据评价的政策导向、评价目标和对象特征，在确定评价原则或准则的基础上，构建多层次、定性与定量指标相结合的评价体系及评价模型，以德尔菲法、调查研究法或层次分析法等方法为途径，参考评价专家或评价小组的指导意见，对评价指标赋以一定的权重或分值（也称评价指数），并且在计算出总分值和分指标分值后，结合其他评价方法（如上面列举的三种方法等），对以多属性体系结构描述的评价对象进行全局性、整体性的分析和评价，给出评价结果的方法，又称为“综合评价”[①] 法（comprehensive evaluation，CE）或“系统综合评价”[②] 法。

多指标综合评价方法，日趋数学化、统计化和多学科化，可以通过多元统计法、模糊综合评价法、灰色系统评价、AHP 法等，使复杂的评价对象通过分解指标任务和评价目标简单化，并且方便易操作，一般用于教育、经济、管理或科技等复杂系统的评价，如评审科研项目、科技计划、科学研究机构的绩效、素质评价、创新力评价、师资评价等，若评价标准单一、明确，则可称为“单项评价”。多指标综合评价方法，综合了定性分析和定量分析的双重特点，为人们正确认识事物本质、提供决策服务提供科学依据。

多指标综合评价方法的步骤，分为明确对象系统、建立指标体系、确定 CE 参与人员、进行 CE、输出评价结果并进行解释。其实施评价的关键是，建立一套科学合理的评价指标体系、设置相应的评价标准、对评价指标进行科学处理、确定指标权重系数、选择适合的评价方法。目前，多指标综合评价方法利用计算机软件系统为手段，大力发展智能评价技术，趋向于集成式评价系统的开发与运用，对于评价技术、人员素质有了新的发展要求。本研究中主要运用多指标评价方法在于大学生学习过程的总评价或单学科课程的过程性学习评价，在评价目标的设置、评价方案的制定、实施过程的具体评价方法中都有所体现。

2. “四段式”综合评价法

此评价法是研究者根据学习过程实践应用的基础上，总结出来的一种新式的、适用于大学生应用实践类课程学习过程的综合评价方法。评价对象——学生学习过程，评价目标——成绩评定，评价结果——总成绩。评价结果共有四项指标组成：课堂表现分、实验表现分、小组报告分和期末考试分。各指标的权重按照文献分析法、德尔菲法、学生座谈会访谈法的形式确定，结合课程教学和学习目标的设置明确评价标准，分别赋予一定的权重分值，如课堂表现 12

---

① Riedel，S. L，Pitz，G. F. . Utilization – oriented evaluation of decision support systems ［M］. IEEE Transactions on SMC，1986，16（6）：980 – 996.

② 苏为华 . 多指标综合评价理论与方法问题研究［D］. 厦门：厦门大学博士学位论文，2002：1 – 3.

分，实验表现24分（共分8次完成，每单次3分），小组报告24分（共3次报告，每单次8分），期末考试40分。

3. “课程累积式积分制”综合评价法

此评价法是研究者在对学习过程实践应用的过程中，研究总结出来的另一种方法新颖、具备特殊使用范围的综合学习过程评价方法，如适用于大学生计算机类课程学习过程的综合评价方法。在此方法中，评价对象——学生学习过程，评价目标——成绩评定，评价结果——总成绩。评价结果共有三项指标构成：平时综合分、分段测验平均分、期末综合实验成绩。评价指标权重的分配及评价标准的制定方法，同上面“四段式”综合评价法类似。如权重指标分别为：平时综合分40%，分段测验平均分30%，期末综合实验成绩30%。此方法对于学生在学习过程中的质量监控、参与投入度、学习能力、实践能力、表达能力、团队协作等综合素质都有了较好的促进和提升。

（1）平时综合分。此指标又分解为平时实验成绩平均分和课堂奖惩分数平均分两项二级指标：①平时实验平均分的评定按照（N次平时实验的总和/N）的方法进行。由于是计算机应用操作，平时实验的课堂时间有所限制，有些学生需要延时提交实验报告，其评定方法以泰勒的“任务—时间”管理理论为依据，要求结合时间条件和完成的熟练程度进行成绩评定，如实验按时完成则按100%基准分值评定，拖延一次完成则按90%基准分值评定成绩，拖延两次按80%基准分值评定成绩，拖延三次及以上则按70%基准分值评定成绩。②课堂奖惩分数平均分的评定，“奖”根据学生课堂互动环节表现，单次课有5-8分的奖励（一次奖励1分，一人最多奖励3分）；“惩”主要体现在课堂出勤方面，如旷课一次扣5分，迟到、早退、请假者扣1分，旷课次数达1/3学时则取消其课程考核资格。

（2）分段测验平均分。按照（N次分段测验的成绩综合/N）的方法进行评定。具体次数N，由具体课程知识点的分布、综合建模等方法而具体确定。评价方式主要以课堂随机考核、开卷的形式进行，允许互相交流和网络搜索，但是不许代操作和抄袭，参考平时综合分的“任务—时间”操作模式和延时评定比例。

（3）期末综合实验。根据课程目标，分成若干学习过程和考核要点，根据班级人数情况，将实践过程分解成若干个项目小组，按5分制进行等级评分。评定总分按照（$\sum$考核点权重 * 等级）的方法确定，子项目设置可按持续性和阶段性进行，子项目内容可分为引导类、案例实践教学类、总结类，考核要点有预备环节准备情况、课堂表现、实践训练过程表现、项目完成质量、课外知识拓展、展示答辩环节等组成。

经实践检验，此评价方法较适合于实践类、计算机类课程的过程性学习评价。

三、方法的实践

本项研究以科学的评价方法为基础，促进评价方式方法应用的科学性、合理性。为了对研究方法进行实践应用，分析研究问题与假设，检验理论研究成果，得到更为科学的研究结论，研究者于 2014 年 10 月至 11 月初对全国 16 所本科高校的 2120 名学生（个别学校把 3 份备用问卷一并发放，所以实际发放调查问卷 2123 份，回收有效问卷 2052 份）进行了调研，调研对象数据如下表 5 – 7 所示。另外，根据问卷数据显示（见后面部分图 5 – 4），目前只有 36% 的高校对学生学习过程进行了良好以上的评价，50% 的高校对学生学习过程评价一般，14% 的高校很少甚至根本没有开展学习过程评价。事实上，由于大学生学习过程的可塑性和创造性效果比较强，学习过程评价应该得到高校充分的认识和全面实施推广。

根据调查统计分析的需要，本次实践调研发放调查问卷数量共计 2123 份：985 高校 200 份，211 类（不含 985 类）高校 420 份，非 211 类 1503 份。为了使调研数据更加合理，防止个别年级或专业类别大面积出现，特地对各个高校的专业和年级发放数量进行了指导性分配：大一 531 份，大二 531 份，大三 531 份，大四 530 份；大文科 460 份，理科 450 份，工科 460 份，艺术 210 份，医学 180 份，体育 180 份，其他 183 份。经过一个月左右时间的实地调研后，回收问卷 2059 份，有效问卷 2052 份，有效回收率为 95.31%。其中，男生 905 人，女生 1147 人；汉族 1755 人，少数民族 297 人；大一 580 份，大二 575 份，大三 513 份，大四 370 份，其他（大五或延长生）14 份，回收有效问卷大一和大二的人数比原计划多，大三和大四的比原计划的少，尤其是大四的，比原计划分配少了 180 份，这与大四年级学生大部分在校外实习不便调研有直接关系，也有个别学校分配的专业类别暂时没有大四毕业生而改为调研其他年级。问卷调查对象基本信息见下表 5 – 7：

表 5-7 问卷调查对象基本信息一览表

项目类别	选项	人数（N=2052）	比例
性别	男	905	44.10%
	女	1147	55.90%
民族	汉族	1755	85.53%
	少数民族	297	14.47%
高校类别	985	200	9.75%
	211（不含985）	403	19.64%
	非211	1449	70.61%
年级	大一	580	28.27%
	大二	575	28.02%
	大三	513	25.00%
	大四	370	18.03%
	其他	14	0.68%
住宿情况	住读	1918	93.47%
	走读	68	3.31%
	半住半走	66	3.22%
区域	东部	499	24.32%
	南部	345	16.81%
	中部	377	18.37%
	西部	473	23.05%
	北部	358	17.45%
专业类别	大文科	404	19.69%
	理科	529	25.78%
	工科	503	24.51%
	艺术	204	9.94%
	体育	196	9.55%
	医学	125	6.09%
	农学	74	3.61%
	其他	17	0.83%

续表

项目类别	选项	人数（N=2052）	比例
生源地特征	一线城市	357	17.40%
	二线城市	375	18.27%
	三线城市	365	17.79%
	县城	506	24.66%
	乡镇及以下	449	21.88%
职务	校级干部	140	6.82%
	院系干部	455	22.17%
	班级干部	659	32.12%
	无	982	47.86%
成绩自评	优秀	312	15.20%
	良好	729	35.53%
	一般	848	41.33%
	较差	115	5.60%
	很差	48	2.34%

据调研对象基本信息数据统计显示，由于大学生在各年级学习阶段的特点和重点不同，一二年级学生普遍都在校，但三年级中有个别专业的学生在校外进行专业实践或职业培训，在校内或者住校的时间相对较少，四年级学生大部分都在校外找工作，对学校活动的参与度低、积极性弱，从而减少了相应的问卷调研样本数量。另外，调研的男女、民族、住校或走读情况发放时没有进行分配，回收样本的差异性存在一定的合理性，然而除了男女比例有部分差异外，实际取得的相应调研数据和当前高校的信息情况基本一致。2011 年，经济合作与发展组织（Organization for Economic Cooperation and Development，简称经合组织或 OECD），在其发布的 PISA2009 结果报告中，总结出了一个重要的结论：学生的家庭社会背景正对其教育的成功产生着强烈的影响。所以本调研中，也加入了调研对象的家庭背景信息，即生源地特征一栏。数据结果也显示，逾 78% 的调查学生来自城市，只有近 22% 的学生来自乡镇及农村，教育机会还是明显地倾向于居于城市的适龄青年，这与目前城乡结构二元化背景下教育传统区别、教育资源配置、教育质量的不均衡有着直接的因果关系。消除学生家庭社会经济背景对于学习机会和学习结果的影响，也已经成为发达国家促进教育公平的

努力方向，并且一些国家在此方面也取得了一定的成功。

表 5-8 不同高校类别问卷调查对象的性别、民族信息表

项目	性别		民族	
2052 人	男	女	汉族	少数民族
总人数	905	1147	1755	297
比例	44.10%	55.90%	85.53%	14.47%
985 校	164	36	185	15
比例 1	82.00%	18.00%	92.50%	7.50%
211（不含 985）校	205	198	315	88
比例 2	50.87%	49.13%	78.16%	21.84%
非 211 校	536	913	1255	194
比例 3	36.99%	63.01%	86.61%	13.39%

从调查数据统计表 5-8 显示，民族生源情况基本和全国高校民族生源情况一致。依照我国最新的第六次全国人口普查数据显示，我国各少数民族人口占全国总人口的 8.49%，共有 113792211 人。此外，据有关数据表明，2000—2009 年，我国少数民族在校大学生占全国在校大学生的比例，则一直维持在 5.7% 至 5.9% 之间①。本研究中非 211 高校中少数民族学生比例超过 13%，211 高校更是达到了 21%，这与本研究中样本选择的几所少数民族聚居较多的西部地域高校，应该有着密切的直接关系。另外，高校男女比例情况中，985 类高校男性显著高于女性，211 类男性比女性略高，但是非 211 本科高校的女性比例显著高于男性，各类高校在总量上的差异性，致使本次调研样本中女性比例高于男性，这和全国高校的男女比例情况还是基本一致的。

同时，2011 年全国人口普查数据还显示，我国大陆人口中女性比例为 48.73%，男性比例为 51.27%。而高校中的男女性别比例，却截然相反，呈现出“倒挂”的状态。教育部网站公布的 2012 年教育统计数据显示，就全国范围内来说，男性大学生人数中已连续 4 年低于女生；男硕士人数已连续 3 年低于

① 丁铭．我国少数民族学生十分之一以上就读于民族院校［EB/OL］．新华网：教育新闻．http：//news.xinhuanet.com/edu/2007-05/14/content_6096918.htm/2014-03-19.

女生；男博士的比例也在逐年递减。2014 年中国教育在线教育高招调查报告显示[①]，我国高校在校女学生比例连续多年超过男生，如下图 5－3 所示。

大学生男女比例和全国人口男女比例不匹配的现状，说明了基础教育阶段的教育过程和教育方式是否对男女比例问题有影响？这也是本研究内容之外，值得广大专家和学者思考与研讨的其他一些问题之一。

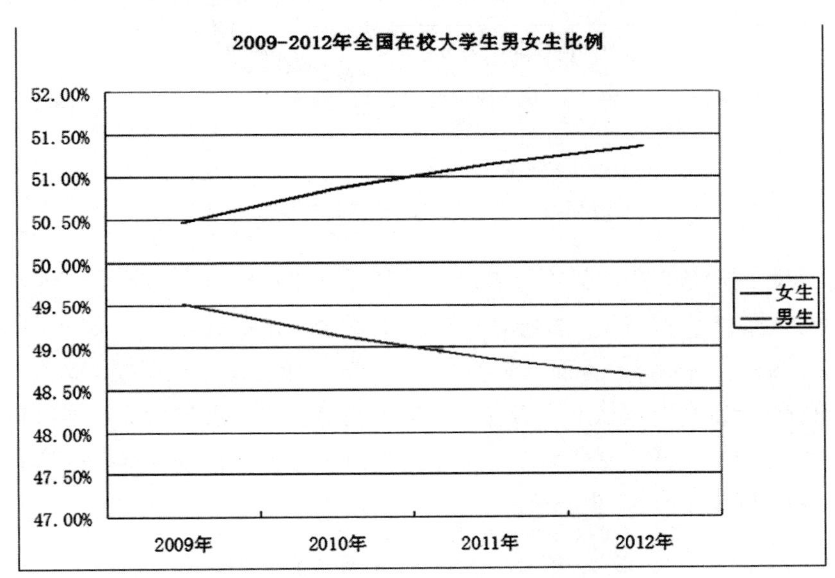

图 5－3　2009—2012 年全国大学生男女比例图

数据来源：中国教育在线．教育高招调查报告．http：//www.eol.cn/html/g/report/2014/report3.shtml

通过此次调研，我们发现：目前国内高校对学习过程评价的实施方式不甚理想，仍以教师评价为主，其次为自评和同学评价，专家督评和家长评价甚少，两项之和仅仅约占 10% 的比重（见下图 5－4 所示）。这与大学生学习特点、学习环境大部分与父母居住地分开，存在着必然的因果关系。

① 中国教育在线．2014 年中国教育在线高招调查报告［DB/OL］．http：//www.eol.cn/html/g/report/2014/report3.shtml/2014－12－13.

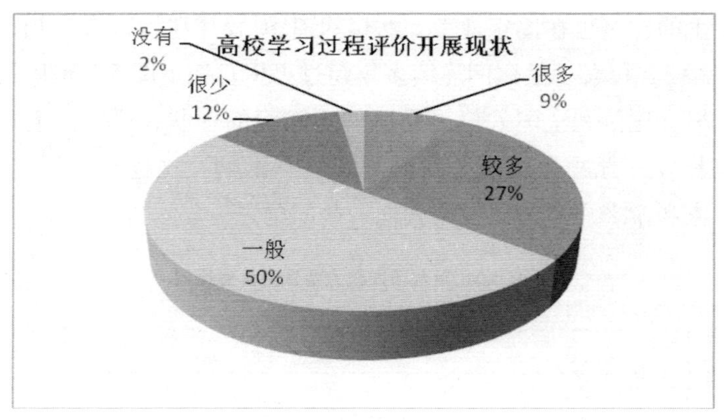

图 5－4　高校学习过程评价开展现状

从实际调研数据中我们可以看出，教师评价比重在所有高校中表现较为显著，特别是 985 类型高校，教师评价达到了 84.5%，远远超过了所有高校的平均值 74.46%。自我评价方面，非 211 类高校的比重，比重点高校 985 或 211 类的表现倾向性都高，也高出了所有高校的平均值，这一点与非重点本科高校注重学生职业化、个性化发展，以及学生个性活跃、追求自我的特征应该有着一定的关系。详见下表 5－9 所示：

表 5－9　大学生学习过程评价情况现状

学校类别	学生自评	教师评价	同学互评	专家督评	家长评价
总量	49.61%	74.46%	40.64%	6.92%	3.22%
985 校	38.50%	84.50%	34.00%	6.00%	1.00%
211 校	46.90%	59.31%	33.50%	11.41%	3.72%
非 211 校	51.90%	77.29%	43.55%	5.80%	3.38%

根据调查，学生期望的评价方式数据情况如下表 5－10 所示：

表 5－10　大学生对于学习过程评价的期望值

学校类别	学生自评	教师评价	同学互评	专家督评	家长评价
总量	68.52%	71.10%	63.45%	24.71%	17.40%
985 校	72.50%	73.50%	64.50%	22.00%	14.50%
211 校	55.33%	61.79%	60.55%	24.07%	16.63%
非 211 校	71.64%	73.36%	64.11%	25.26%	18.01%

从以上表5－9和5－10两个表格的对比数据可以看出，学生认为或期望的学习过程评价，应减少教师评价的比例，大幅度地提升学生自评和同学评价，特别是自我评价指标，和教师评价几近持平；同时，专家评价和家长评价也有较大幅度的提升。这说明，在多元化的信息时代，学生的个性特征也呈多元化趋势，内心有较强的自我存在感，非常渴望对自我的认知评价和来自同伴的认可评价，对传统教师评价的权威性则继续保持一定的尊重，但其比例需要和自我评价、同学评价的比例略高一点点，差别性不大。

从评价方法的实践调查，我们可知，自我评价和同伴评价在评价方式方法的应用中，应大力推广和实行。传统的以教师评价为主的评价方式，已不再适应高等教育发展的需求，成为教育解放思想的桎梏，教育发展前进路上的绊脚石。不论是国家、学校和教师，均应转变教育观念，构建新的学习过程评价体系，制定出台实施相应的教育评价政策，切实正确地对待学生发展实际，动态性、发展性地评价学生学习过程，发现存在于学生学习过程中“黑箱子”中的本质问题，让革新之光照进箱子内部，依据学习者主体的个性化特征，实施因材施教的教育理念。如此，我国的高等教育质量才能真正地得到提高，为社会培养和输送具备核心素养、创新素质和创新能力的有用之材。

第六章

大学生学习过程评价模型及应用

所谓模型（model），是指对所研究的系统、过程、事物或者概念进行表达的一种形式。模型的类型包括有数字模型、数学模型、物理模型、仿真模型、结构模型、思维模型、工业模型等。所谓结构模型，是指主要反映系统的结构特点和因果关系的模型，是研究复杂系统的一种有效手段。而利用简单易懂的图形、符号、结构化语言等为载体，来表达人们思考和解决问题的形式，则统称为思维模型。本研究中，对上述两种模型都有一定的运用。评价模型，是指对事物进行评价的思维形式或图示描述。在评价模型中，比较常见的有泰勒目标模式、柯氏模型、CIPP 模型、PASS 智力模型等。本章中，笔者对大学生学习过程评价理论体系的分模块，分别进行了模型构建，并对其中个别部分的模型开展了实践应用。

一、评价模型

泰勒行为目标模式，是由美国心理学家、“现代评价理论之父”拉尔夫·泰勒（Ralph W. Tyler），所提出的一种课程评价模式。他在著作《课程与教学的基本原则》（1949 年）一书中最早提出，应当根据课程目标编制“合理的”课程计划，即根据事先确定的课程目标选择教学内容和方法，而后对教学制度进行评价和改善，直至达到既定目标为止①。他认为，教育评价通过确定教育目标、选择教育经验（或学习经验）、组织教育经验、评价教育结果四个步骤来实施完成，这就构成了著名的“泰勒原理”，又叫“目标模式”。泰勒认为，如果人们要从事课程编制活动的话，就需要对下面几个问题进行回答：（1）学校应该达到的教育目标有哪些？（2）实现这些目标需要学校提供哪些教育经验？

① 汝信主编．社会科学新辞典［Z］．重庆：重庆出版社，1988：872.

(3) 对这些教育经验如何进行有效组织?(4) 人们如何才能确定这些目标正在得以实现? 泰勒行为目标模式,是教育评价模式的基础依据之一,也是学习过程评价的理论基础。

柯氏评估模型(Kirkpatrick Model)(简称"4R"模式),是1959年由世界知名专家威斯康辛大学(Wisconsin University)的唐纳德.L.柯克帕特里克(Donald. L. Kirkpatrick)教授提出,主要内容包括反应评估(Reaction)、学习评估(Learning)、行为评估(Behavior)、成果评估(Result)等4个阶段,是世界上运用最普遍的一种培训评估工具,其在培训评估领域的影响力难以撼动。

CIPP模型,是美国学者斯塔弗尔比姆于1967年在研究反思泰勒行为目标模式的基础上构建的,具有全程性、过程性和反馈性特点。其中过程性特点是指对项目的执行过程进行监控,是学习过程评价的重要理论基础之一。下面四项评估活动英文单词的首字母,就组成了CIPP评估模型:(1)背景评估(Context evaluation);(2)输入评估(Input evaluation);(3)过程评估(Process evaluation);(4)成果评估(Product evaluation);所以简称为CIPP评估模型。这四种评价分别为不同方面的决策提供信息,故CIPP模型也称为决策导向型评价模型,显示了评估的全程性、过程性和反馈性的重要意义。它一方面补充了CIRO评估模型的不足,另一方面对柯氏四级培训评估模式又起到了完善的作用,但是对作出更多内容及应用的成果评估等,还有待进行深入思考。

结构方程模型(Structural equation modeling,也称SEM模型),是一种把因素分析和路径分析进行融合的多元统计技术,具备了能对多元变量之间的交互关系进行定量研究的优势。它包括两类变量:一类是观测变量,一类是结构变量。前者用长方形表示,可以通过访谈或其他方式调查得到;后者又称为潜变量,用椭圆形表示,是无法直接观察的变量。SEM模型主要便于探索事物之间的因果关系,可以用因果模型、路径图等形式作为表述方式,一般用于对顾客满意度的研究。它可以对立体、多层次的展现驱动力进行分析;SEM分析可以将无法直接测量的属性纳入分析;SEM分析可以将各属性之间的因果关系进行量化。

本着发展性、多元性、动态性的评价理念,研究者针对大学生学习过程评价的体系,包括评价理念、评价指标、评价机制、评价方法等,分别构建了相应的评价模型,构成评价结构模型体系,以客观、真实地反映学生学习的过程性评价。本研究中主要采用了SEM模型方法,构建了评价指标结构体系和评价机制的模型,描述了各指标之间的因果关系和分析路径。

（一）评价理念模型

在第二章中，我们对学习过程评价遵从的四个理念进行了详细的阐述，即以生为本，促进学生素质发展；满足根本需要，以学生自主性为导向；注重个性，探索学生多元智力发展；以多元化评价为取向实现学生理想价值。四个理念之间既相互区别，又有一定的联系，既独立存在，又有相互依连，是一种综合交叉的线性发展、立体结构化的关系。如果把学习过程评价理念视为一棵树，那么第一个理念则为评价的根本，而第二、第三个理念则为贯穿整个评价过程的主线——枝干，第四个理念则体现了评价的价值实现——枝叶。四个理念，每一个对于学习过程评价都很重要，缺一不可。如下图 6－1 所示。

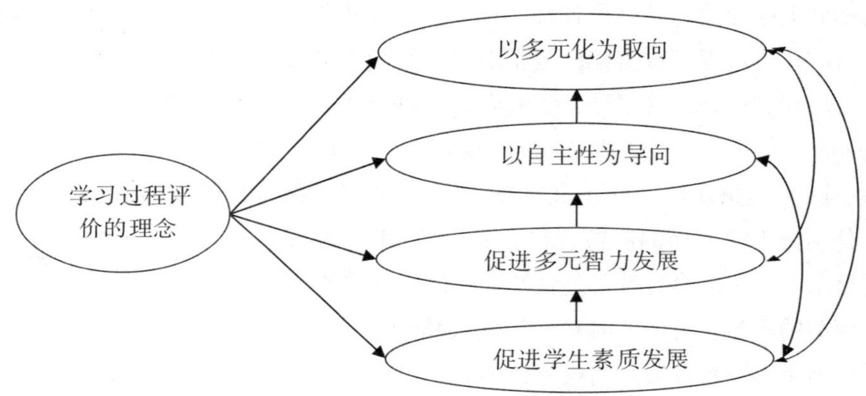

图 6－1　学习过程评价理念模型

对于大学生学习过程评价理念的依据、构成及其体现，在本书前面已有较多的论述，这里不再进行赘述，仅以图示来描述和表达各属性之间的关系。由于理念是不可直接观测的变量，即潜变量或结构变量，所以根据结构模型的构建原理，相应图形均以椭圆形图示。

（二）指标体系模型

指标体系在大学生学习过程评价中发挥着关键的核心作用。本研究者在本章前面部分，对于大学生学习过程评价指标体系及其相互关系都进行了详细的结构解读和分析阐述，这里不再赘述。为了便于读者了解所探索对象之间的因果关系，根据结构方程模型——SEM 模型建立的变量特征“可调查得到的观测变量用长方图表示，无法直接观察的潜变量用椭圆形表示”的原则，对指标体系的评价路径进行了模型构建，展示各属性之间的因果关系，如后面部分图 6－2 所示。

在此评价模型中，学习过程评价主体和一级指标均为结构变量（或潜变量），无法直接观察用椭圆形表示；二级指标和三级指标主要观测点均为可观测变量，用长方形图形表示。同时，三级指标主要观测点作为学习过程评价的另一个评价指标维度变量来说，它们之间的逻辑关系是无法直接测量的，故而也用椭圆形图形虚线表示。

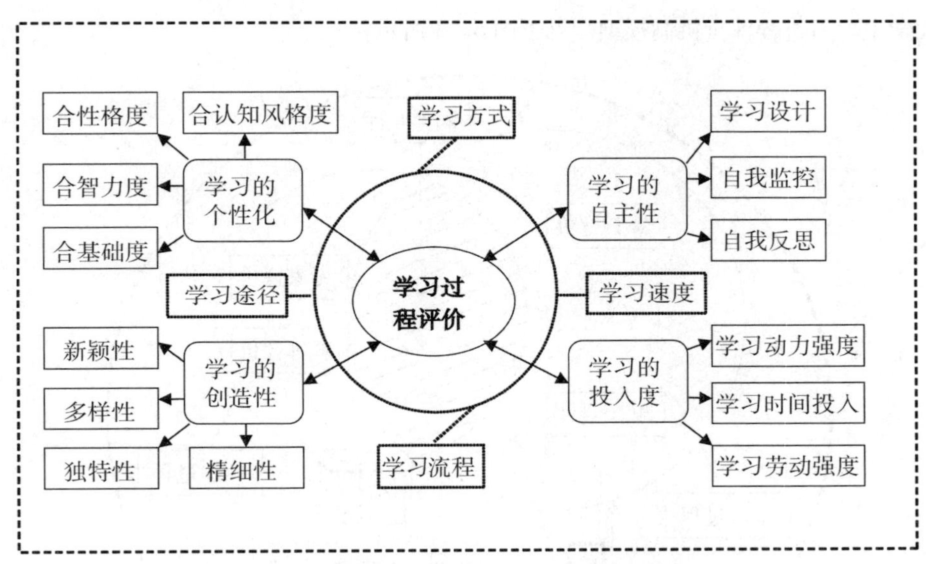

图 6－2 大学生学习过程评价指标体系 SEM 模型

（三）评价机制模型

由评价的职责划分、运作方式、操作程序等方面构成的评价机制，是评价活动的重要组成部分。学习是一项复杂的心理和行为交叉融合的活动，对学习过程进行价值判断存在着一定的难度。考试作为收集评价信息的一种手段，我们必须要摒弃“考试＝评价”的传统观念。对高校学习评价系统进行过研究的张宝峰认为，融合以作业评价和学业考试评价的多种评价方式，可以突破传统的单一考试评价模式，他曾经构建了以教师教学、学生学习及同伴学习三位一体的交互反馈式学习评价模型。模型中，他将教师、学生置身于一个动态开放的环境中，学习过程评价与教学过程、学习过程相整合。他认为，教师在教学过程中通过设计和教学内容相关的作业任务，可以引导学生进行深层次学习；学生通过作业任务、作品提交、学习日志等形式来展示学习过程，参考教师给定的评价标准，学生对自己学习过程作品进行自我评价，从而达到调节学习过程、锻炼认知技能、习得学习策略的目的；学生之间通过互相评价，形成合作学习的氛围，相互交流，提高学习质量；教师依据评价标准对学生作品进行评价，得出评价结论，进行个性化指导，并为学生的自评和互评结果赋予合理的权重，鼓励学生积极参与评价过程。① 他的评价模型启发了本研究者对于学习过程评价机制模型构建的思考，并根据大学生学习过程评价机制、学习过程特点，构建出了大学生学习过程评价机制模型，见下图 6－3 所示。

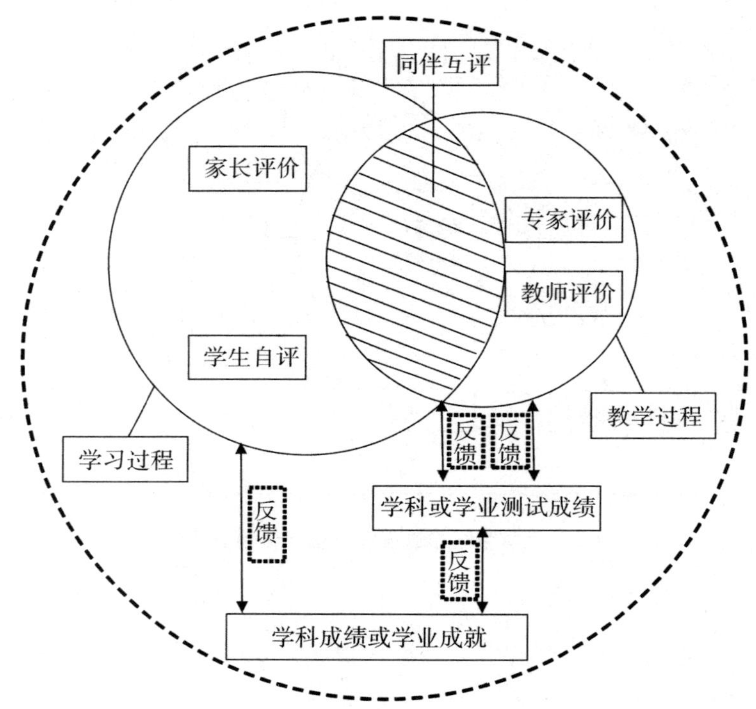

图 6－3　大学生学习过程评价机制模型

在此评价模型中，教师教学过程、学生学习过程及学科或学业评价共同置于一个圆圈内，表示学习过程评价的主体、客体及运作过程是一个统一体的闭环系统，且包含着对学习终点性评价结果的影响。用虚线，是表示有与周围环境进行信息交换的必要，利于机制系统内各类因素的动态发展平衡化。本研究者认为，学生的学习过程和教师的教学过程是一个逐渐融合一体化的过程，在学习过程评价中，学习者主体的学习过程范围比教师客体的教学过程范围略大，

① 张宝峰．高校学生学习评价系统研究［D］．长沙：中南大学，2008：15.

并且作为学习共同体的学习同伴，为中间交叉融合阴影部分，表示其伴随了学习者的学习过程和教师的教学过程。另外，专家督评主要体现在教师的教学过程中，而家长评价则主要体现在学生的学习过程中。学习过程评价同时包括以学生自评、同伴互评、教师评价为主，和以专家督评、家长评价为辅，作为不同的评价主体形式同时出现，根据使用者的方便采用具体的评价体系，获得不同的权重系数（这在前面部分已有所阐述），全面、客观地对学生学习进行过程性评价。学科或学业评价作为学生学习过程的一个终点性评价，图中的反馈部分用虚线矩形框的形式表示，表明其反馈过程需要师生分别进行信息化过程处理，从而促进结果反馈的动态、透明和有效，实现整个过程性评价机制系统的动态发展。

（四）评价方式模型

1. 自我评价模型

学习者本体，完全贯穿了自身在学习过程及其评价的整个“过程”中，对有关学习者内心学习思想和行为实施，有着充分的认知和理解，本体对与外界环境、学习活动中的相关者——教师、同伴、专家、家长都有着最为密切和最为直接的接触和信息反馈，是他评的直接受用者。在学生进行自我评价的过程中，为了保证其资料的相对准确性，以及实现评价对下一步教学的导向作用，他人评价特别是教师的评价是必需的，而且对自我评价的主观性可以起到修正作用。[①] 本研究认为，学生学习过程的自我评价路线模型，应如下图6－4所示：

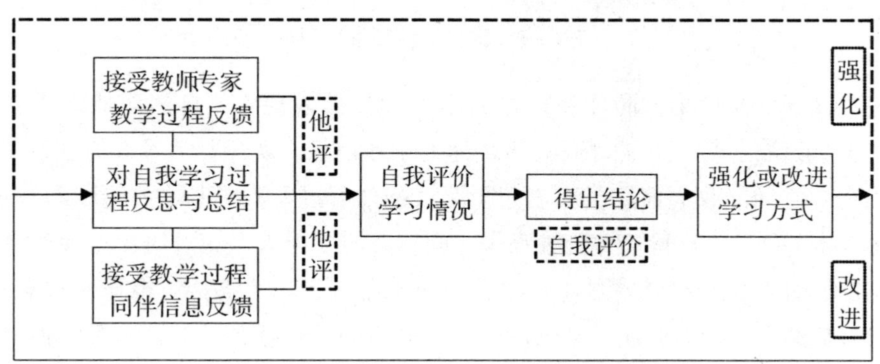

图6－4　自我评价路线模型

① 李雁冰．课程评价论［M］．上海：上海教育出版社，2002：311.

在此评价模型中，学习者本体在接受来自教师、专家、同伴教学过程中的反馈信息的同时，对自身学习过程也要适时进行自我反思，在他评反馈信息的基础上，对自我学习过程进行“综合”性自我评价得出结论。根据“综合”评价，反思学习过程中需要强化和改进的地方，采取相应行动和措施，以期促进自身学习行为的改善和学习过程成效的提升，从而达到促进个人学业目标的实现。自评、他评以及强化、促进都是动态发展性的，与外界有信息交换的透明性，所以在图中用虚线框表示。

2. 同伴互评模型

在大学生学习过程及其评价的“过程”中，同学作为学习者的同伴与学习共同体，与学习者有着共同的课程课堂学习时间，对同门课程可以接受同一个学校教师的知识讲授，除了课堂外自主性学习时间不尽相同，其他时间基本伴随了学习者学习的全过程。为此，在本研究中，笔者构建了如下的同伴评价模型图6－5。

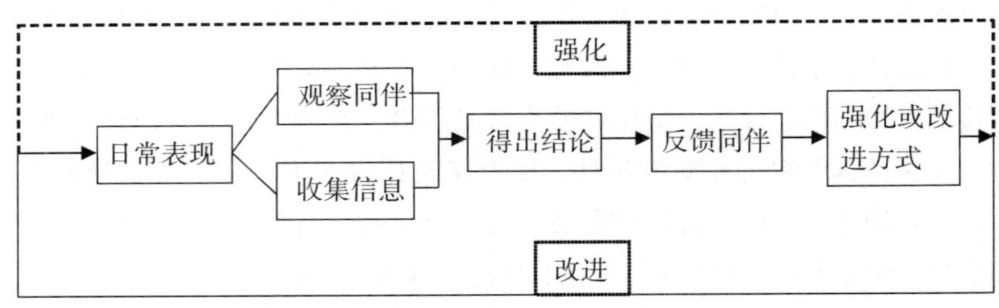

图6－5 同伴评价路线模型

在此评价模型中，同伴在日常的学习和生活表现中，自然而然地接受着（被动“收集信息”）来自于学习者传递的学习信息，观察着学习者的思想和行为表现（主动“收集信息”），对于学习者的学习过程有了基本的判断和评价，得出一定的结论。在同伴评价模型中，同伴要与学习者互相及时主动地沟通对方情况，对于好的部分要强化，改进的地方需进行相关提醒。根据模型显示，学习者后续学习行为表现，可以进入下一阶段的互评循环链评价过程。强化与促进的过程都具备动态性、发展性，与外界有信息交换的透明性，所以在图中用虚线框表示。

3. 教师评价模型

“嵌入式”评价，是在美国教学活动中较为流行的一种评价，即“在整个单元内容中，评价都被‘嵌入’或‘编进’其中，这些过程评价与教学活动常常密不可分，不但在每一节课的活动内容中自然地出现，而且也在作为整体的单元活动内容中自然地出现"①。

在大学生学习过程评价中，不论是在现实的实际评价操作过程中，还是在学生所期待的理想评价模式中，教师评价的指标权重始终占学习过程评价的第一位，这与我国传统教育以来尊师重教的学习氛围是分不开的。虽然随着时代的发展，学生在学习角色中的自主性越来越大，教师评价的权重有所下降，但作为知识的主要传播者和承载者，教师仍然担任了评价学生学习过程的主要角色。研究者黄韶斌曾认为，教师评价路线模型②应如下图6-6所示，对此，本书研究者给予赞成支持的态度。

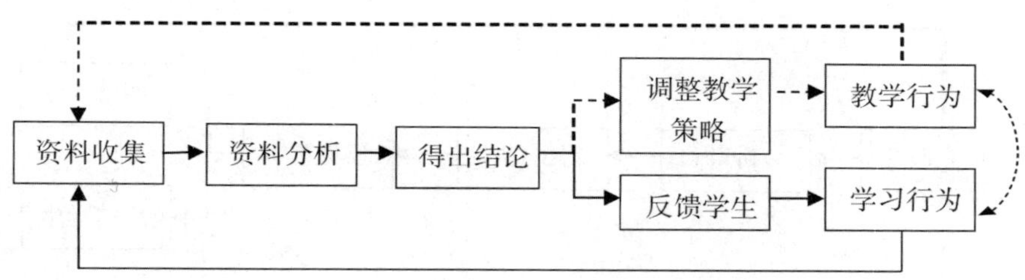

图6-6　教师评价路线模型

在此评价模型中，教师承担了学生学习过程中有关资料的收集者和分析者，得出结论后需进行两个方面的反馈，一是自我反馈，调节自身教学策略，引发教学行为的改善提高；二是反馈学生，把学生学习需要保持和改进的情况告知本人，促进学生在后一阶段的学习过程中，进行自我调控与强化改进。教师和学生双方反馈后促成的行为成效，会自然再进入学习过程后的后一个"过程"，从而在学习过程的循环链中周而复始，不断进行螺旋上升。图中教师对自我教学策略、教学行为的调整，及教师教学行为对学生学习行为的影响，是动态性、发展性的，与外界信息进行透明交换，所以在图中用虚线表示。

4. 专家督评模型

在高校中，为了提升人才培养质量，完善人才培养体系，掌握教学一线基本信息情况，一般都会聘任教学经验丰富或已退休的老教师，建立校系两级教

---

① 杨欣，陈娴．美国初中物理浮力课程学生学业成就评价［J］．物理教师，2002（12）：35-37.

② 黄韶斌．关于学生学习的过程性评价的理论与方法研究［D］．广州：华南师范大学，2005：21.

学督导队伍，在监督教师教学质量水平与成效、督查学生学习纪律与表现方面，发挥着监督、导评双重角色的特定职能。在大学生学习过程及其评价中，根据实际调研实施状况，目前高校中督导专家对于大学生个体学习过程的督评较少，一般是对班级整体的课堂纪律、学习风气等表现性评价，主要是对教师课堂教学水平或教学质量进行督导检查与评价反馈。事实上，据实际调研数据显示，学生对专家的个体督评存在一定的需求，并且较现状相比需要提升相应权重，这与学生关于教学经验丰富的专家指导或信息反馈的需求度应呈显性相关。为此，本研究者对于专家督评模块进行了深入思考，构建出如下评价模型，见下图 6 – 7 所示。

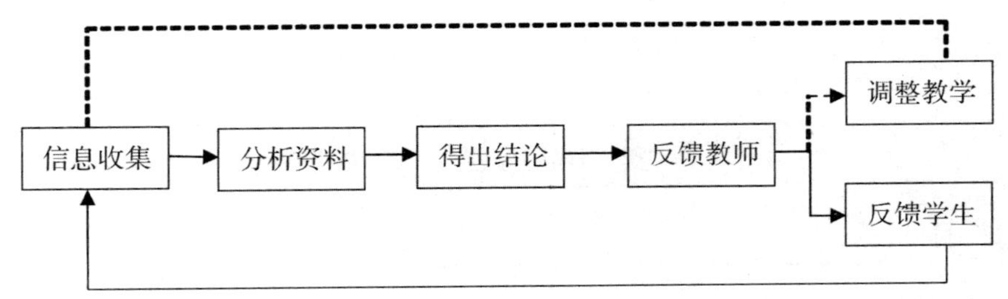

图 6 – 7　专家督评路线模型

此评价模型中的“专家督评”，建议由相对比较了解学生情况的二级学院级别的专家所实施。在此模型中，相对于校级督导专家，院系督导专家应有较高频次的课堂深入，听课检查或课下进入学生群体，对教学和学习信息进行深入了解和收集，对部分学习者个体进行较多接触，在收集信息的基础上分析资料，得出结论。由专家直接把所获信息反馈给教师，由教师负责对信息进行归类总结，一方面调整自身教学，另一方面反馈学生，调整学生学习过程。在此评价模型中，专家督评应定期开展，从而保障学习过程评价的落实。图中教师对自身教学的调整是动态、发展性的，具备与外界进行信息交换的特征，所以在图中用虚线表示。

5. 家长评价模型

在学生成长成才的过程中，离不开学校教育，也离不开家庭教育。虽然一直以来，学习教育常被很多人认为是学校的事，然而事实上证明，家庭教育在学生学习过程中也发挥着较为重要的作用。相对于基础教育阶段而言，由于大学生学习过程的独立性、自主性有较大增强，其学习过程、学习场所和地点距离，从表面上看，似乎与家庭教育有着一定的脱节。实际上，由于地域和距离的限制，家庭教育与基础教育阶段相比，其监控性虽然有所下降，但随着手机、电话、网络的普及化，家庭教育在大学生学习过程中的思想教育、行为监控，仍然发挥着重要的成长陪伴作用。笔者十几年的学生工作经验表明，大学生学习过程问题的矫正、改善和提高，离不开家庭成员的关心、关注和关爱。另外，经实践调研证明，大学生对于学习过程中的家长评价模块存在一定的认可与需求。为此，本研究者建立了家长评价路线模型，如下图 6－8 所示：

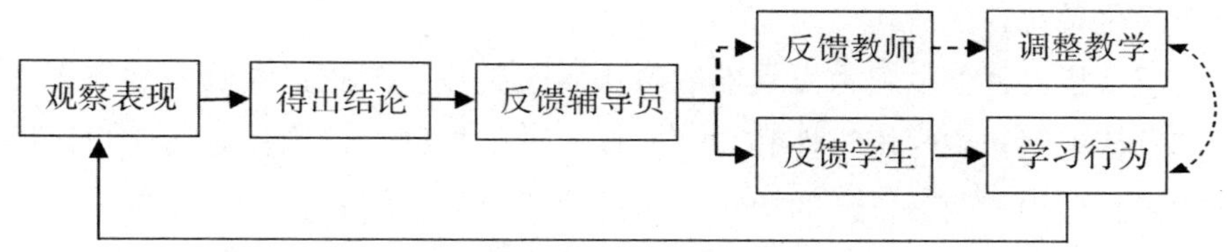

图 6－8　家长评价路线模型

在此评价模型中，家长在日常生活中对于学习者给予充分的关心，通过以沟通为主的方式，对其言行表现及周末（适合于大学所在地与家庭所在地同城者）或假期（适合于所有学生）居家的思想、学习表现进行观察，得出结论。反馈给负责学生思想政治教育管理工作的辅导员，由辅导员负责把学生相关信息反馈给任课教师和学生本人，一方面可以由教师根据学生个性化需求调整教学行为，另一方面可以观察、引导、监督学生到校后的各方面行为表现。辅导员作为适合中国国情的一个“独特的”大学职业群体，需要在学生学习过程中发挥较多的协调、管理、引导作用，是实施家长评价中一个必不可少的环节、纽带或桥梁。图中辅导员反馈给教师的信息、教师调整教学活动，以及教学调整对学生学习行为的影响，都是持续性动态性的形式发展，所以在图中用虚线表示。

二、模型应用策略

英国伦敦大学教育学院罗纳德·巴尼特（Barnett R.）教授认为，须“重建自由的高等教育”。由此，我们可以来思考一下这些问题：如何设计适合大学本科生学习过程的评价方案？如何促进评价的过程和学习的进程？如何促进高等教育的高质量实现？建立大学生学习过程评价的模型，就是体现高等教育评价促进学生个性化、自由性、发展性的教育理念，其应用策略主要从以下几个方面来体现：

1. 突破传统教学，让学生进行自我批判性学习过程反思

这是学习过程评价模型回归自由高等教育，突出学生主体地位的第一个应用策略，也是一种评价理念。巴尼特认为，“真正称得上是高等教育的东西，是学生理解所学、所做，使之概念化，在不同情况下掌握，并对之采取批判态度的能力”。传统教育以教师的教为中心，忽略了学习主体——学生的学，实现高等教育的发展，必须把教育的重心转移到学习主体上来，围绕学生的需求开展实施个性化教育教学活动。

巴尼特指出，学生智力发展的阶段大致包括以下过程：吸收所学知识；深入理解；认识到知识的短暂性和可辩驳性；进行批判性评价；对其他知识形态保持敏感，并相对调整自己的历程；坚持个人立场①。正是在学习的这个过程中，学生的智力才会不断得到发展和成熟。巴尼特还认为，学习应在教学之前，让每个学生成为自我反思的实践者，而非传统观念上认为的学习从属于教学，也非教学与学习在内容和方式上的等量齐观。高等教育的学习过程，不仅要“知其然”，而且要“知其所以然”，还要“知其如何然”。也就是说，高等教育的目的，不在于教会学生知道了什么知识，而是学生学会了应用知识的能力，掌握了学习的能力和生存的技能。学生只有不屈从于传统的教育藩篱，坚持自由地进行自我反思学习实践活动，才能真正获得个体不断完善的实现。

表 6-1　关于自我过程反思程度的描述统计量

过程自我反思变量	个数 N	极小值	极大值	均值	标准差
成绩自评	2052	1	5	3.56	0.897
对知识学习看法	2052	1	5	3.63	0.910
学习速度	2052	1	5	3.20	0.859
学习设计的实行度自评	2052	1	5	3.34	0.944
自我监控实行度自评	2052	1	5	3.36	0.926
自我反思实行度自评	2052	1	5	3.48	0.915
有效的 N（列表状态）	2052				

本研究为了检验学生在学习过程中的自我反思程度，对自身成绩、及对知识学习的看法、学习速度、学习设计的实行度、自我监控实行度、自我反思实

① ［英］罗纳德·巴尼特著，蓝劲松主译．高等教育理念［M］．北京：北京大学出版社，2012：10.

行度等六项单选题，利用 SPSS19 统计软件进行描述统计量。根据李克特五点变量分析法，经比较研究数据统计中的均值和标准差的差异性发现，64% 的学生对自身学习过程中取得的成绩表示满意，65.75% 的学生对待知识的学习持肯定态度，55% 的学生认为自身学习速度尚可，具体算法参见后面关于满意度的计算说明。研究还发现，62% 的学生认为自身学习过程中进行了自我反思，且在学习设计、自我监控、自我反思三者之中，对自我反思看法的差异性表现出最小化，对自我监控的实行度高于自我学习设计的实行度。

2. 创新评价模式，让学生发挥评价主体的作用

首先说明一下什么是主体需要，也就是“主体人为了生存与发展，而对客体（即自然、社会以及某种客观形式的意识形态）产生的物质需要和精神需要”①。在高等教育领域，学生们需要在教师的指导下学习，对于师生关系的认识论重心，常常倾向于教师一方。然而，在本科生的开放式学习、项目研究工作中，师生关系基本是平等的，他们之间具有一种“对话关系”（dialogicrelationship）②。

学生在教育中，具有主体和客体的双重身份：是教育的客体，也是教育的主体；是学习评价的客体，也是学习评价的主体；是教学过程的客体，也是学习过程的主体。学生对于学习的需要，即为“主体需要”。因此，在学习过程评价中，学生拥有评价客体和评价主体的责任——实质性责任与程序性责任。实质性责任与道德紧密相连，包括作为人的真实、正直、诚实、统筹、发展、勇气、客观、理解、尊重等。程序性责任与学生角色有关，包括提供自身真实资料、按时完成任务、信守约定、承担学习过程评价的信息收集工作等。

表 6－2 学生学习经验相关满意度的描述统计量

评价变量内容	个数 N	极小值	极大值	均值	标准差
学习资源丰富度	2052	1	5	3.78	0.904
教学计划满意度	2052	1	5	3.48	0.865
教学设施满意度	2052	1	5	3.51	0.936
教师教学水平满意度	2052	1	5	3.70	0.814
整体满意度	2052	1	5	3.63	0.863
学业发展满意度	2052	1	5	3.42	0.868
有效的 N（列表状态）	2052				

① 廖哲勋．课程学［M］．武汉：华中师范大学出版社，1991：259.

② PauloFreire. Pedagogy of the Oppressed［M］. Harmondsworth, Penguin. 1972：53.

本研究为了检验大学生作为评价主体对大学学习生活体验的满意程度，对学生关于学习资源、教学计划、教学设施、教师教学水平、学校整体以及自身学业发展六个选项变量的相关满意度，进行了测量，并利用SPSS19统计软件做了描述性统计分析。六项选题均为单选题，题型变量标记为“评价变量内容”，水平数值为等距，标记中1表示“很不满意”或“很差”或“很少”，2表示“不满意”或“较少”，3表示“一般”，4表示“满意”或“较丰富”，5表示“非常满意”或“很满意”。研究发现，等级平均数最小者为“学业发展满意度”（RM = 3.48），其次为“教学计划满意度”（RM = 3.51），最高为“学习资源满意度”（RM = 3.78）。从等级平均数高低看，学生对学习资源的满意度最高，其次是教师教学水平、学校整体、教学设施、教学计划，对自身学业发展的满意度最低。再从标准差的数值看，六个变量选项中对教师教学水平的标准差0.814最小、而教学设施的标准差0.936最大。这表示，在六个选项中，教师教学水平是受试者看法差异表现最小的一项满意度，而教学设施则是受试者看法差异表现最大的一项满意度。另一方面，在一个李克特五点量表中，中位数为3.63，标准差为0.863，换成百分比 $= \frac{M-1}{\text{点数}-1} = \frac{3.63-1}{5-1} = 65.75\%$，表示受试者在学校整体满意度方面的填答，属于中等偏上程度，即满意度约为65.75%。利用同样的方法可知，受试者在学习资源方面的满意度为69.5%，对教学计划的满意度为62%，对教学设施的满意度为62.75%，对教师教学水平的满意度为67.5%，对自身学业发展的满意度为60.5%。

3. 综合学科交叉，挖掘学习科学的发展潜力

学科综合交叉发展是当今教育创新发展的方式之一，大学生学习过程评价融合教育评价、高等教育学、教育管理、应用数学等学科知识。学科交叉，可以促进理论与实践的紧密结合，可以以问题解决为导向，倡导学生把独立学习与协作学习进行适当的融合，实行开放式学习。学科交叉，还代表了把许多迥然不同的目标和教育方案进行结合，同时，不同学科之间还有一定的张力存在。真正的多学科交叉，可以把不同价值观的课程实践引入，这种融合的价值观可以超越任何一个单独的价值观，为学生智力自由发展提供了广阔的前景，意义重大。如此，可以增强评价的科学性、合理性和有效性，准确真实地反映学习过程及其评价中存在的本质问题，切实改革学习过程评价的模式和路径，促进学习过程问题的矫正，提升人才培养的质量，为学习科学的发展增强原动力。

4. 科学合理为上，依据理性工具为构建之本

如何正确看待评价、科学开展评价、合理利用评价，是任何一种评价都必须关注的问题。评价的过程本身，就是在人们做出决定和决策之前，都需要对研究对象进行充分的了解和认识，根据自己的价值观念和行为准则对其进行判断和审视。科学的评价是科学管理和科学决策的前提。科学评价活动自产生之时起，其评价方式经历了从定性评价转为定量评价，又从定量评价转为由定性与定量相结合的综合评价方式的过程，中间大致经历了三个发展时期：本能评价或原始评价时期，大众评价或社会评价时期，系统评价或综合评价时期①。由于社会系统的复杂性，评价观念、准则和标准的多样性，使得我们需要一种强大有力、科学合理的社会评价系统作为评价的工具。只有在理性工具之上，才能对研究的对象形成更加客观、科学、合理的认识，得出"科学评价"的结论。

三、模型应用案例（以 S 大学及 16 所本科大学为例）

本部分内容，主要是关于大学生学习过程评价在 16 所本科大学实践调研的基础上，以其中一所 S 大学为例，选择一个工科班级的 28 名学生作为个案样本研究的应用案例。之所以选择 16 所本科大学为实践调研群体样本，及其中一所 S 大学的某工科班级作为个案研究样本的模型应用，一是因为这些本科大学涵盖地域广泛、高校类型完整，具备显著特征的代表性，且学科门类较为齐全，招生生源广泛，在全国大学中具有一定的代表性，其调查出的学习过程及其评价的问题现状，可以真实地反映出当前大学生学习过程及其评价的影响因素；二是 S 大学是一所非重点类综合性大学，学科门类多，生源范围广，在我国以非重点类大学占高校主体性的实际学情中，具备一定的大学生群体特征的典型性，且操作实施过程对于本研究来说，具备较好的便利性和可监控性。

（一）大学生学习过程评价的现状调查（以 16 所本科大学为例）

根据本研究者实践调研，对大学生学习过程评价现状进行了调查，获得了许多重要的实际性一手数据。见下表 6－3 所示：

① 邱均平等著．评价学：理论·方法·实践［M］．北京：科学出版社，2010：1.

表6-3　大学生学习过程评价现状及期望情况

类别	学生自评		教师评价		同伴互评		专家督评		家长评价	
	现状	期望	现状	期望	现状	期望	现状	期望	现状	期望
总计	49.61%	68.52%	74.46%	71.10%	40.64%	63.45%	6.92%	24.71%	3.22%	17.40%
985校	38.50%	72.50%	84.50%	73.50%	34.00%	64.50%	6.00%	22.00%	1.00%	14.50%
211校	46.90%	55.33%	59.31%	61.79%	33.50%	60.55%	11.41%	24.07%	3.72%	16.63%
非211	51.90%	71.64%	77.29%	73.36%	43.55%	64.11%	5.80%	25.26%	3.38%	18.01%

从上表6-3可以明显看出，所有类型本科高校的大学生学习过程评价的现状与期望值之间，存在着较大的差异性。这表明，现有的学习评价体系已不能充分满足学生学习过程的个性化需求，亟须进行改善和提高。评价体系是衡量事物的标准和尺度，学习过程评价体系是衡量和检验学习者学习状态、程度和进度的有力工具。如果评价不能使被评价者得到满意，说明这个评价存在一定的问题；学习评价有问题，则带来学习的过程性评价问题，从而引起学习过程各种问题的出现。比如，学生的学习兴趣薄弱、学习动机弱化、学习态度不良、学习风气不良等问题。实践调研数据如图6-9所示，仅仅不足50%的被试者认为，目前所在高校的学习风气为良好及以上，逾50%的受试者则认为所在高校的学习风气为不良状态。

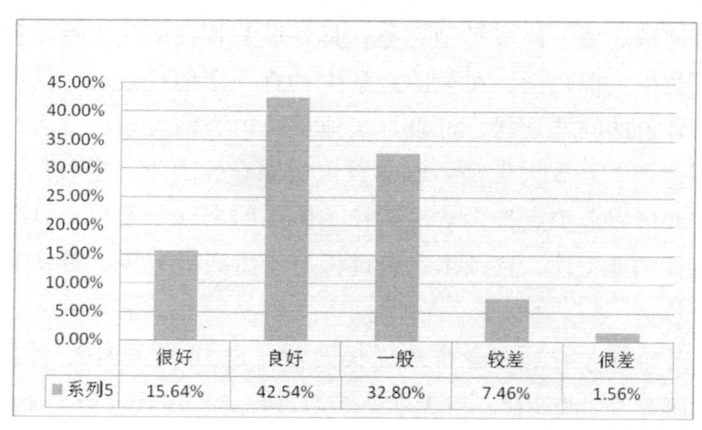

图6-9　学习风气评价柱形图

为了寻求更多的实证数据，本研究者对受试者的学习动机强度和学习兴趣也进行了描述性统计。根据下表6-4统计所示，目前大学生的学习动机强度普遍表现为一般。

表6-4　学习动机&学习兴趣描述统计量

项目	N	全距	极小值	极大值	均值		标准差	方差
	统计量	统计量	统计量	统计量	统计量	标准误	统计量	统计量
学习动机强度	2052	4	1	5	3.63	0.019	0.866	0.750
学习兴趣	2052	4	1	5	3.49	0.020	0.886	0.785
有效的N（列表状态）	2052							

（二）大学生学习过程及其评价的问题分析（以16所本科大学为例）

1. 大学生学习过程中存在的主要问题

经实践调查研究，利用SPSS19统计软件分析发现，目标缺失（有69.4%的学生选此项）、动力不足（有67.8%的学生选此项）、时间管理不善（有60.7%的学生选此项）为当代大学生学习问题的三大主要影响因素，不论是在985类，还是211类（非985）、非211类高校中，这三个因素都是学习过程中最主要的影响因素。另外，还存在着学习方法不当、网络成瘾、谈恋爱、家庭经济、自我管理不善等其他一些原因。这些影响因素，引起了大学生学习过程各种问题的凸显。

表6-5　学习问题的影响因素频率

项目		响应值		个案百分比
		个数N	百分比	
学习问题的影响因素a	动力不足	1392	21.9%	67.8%
	目标缺失	1424	22.4%	69.4%
	网络成瘾	896	14.1%	43.7%
	学习方法不当	892	14.0%	43.5%
	时间管理不善	1245	19.6%	60.7%
	谈恋爱	300	4.7%	14.6%
	家庭经济	177	2.8%	8.6%
	其他	42	0.7%	2.0%
总计		6368	100.0%	310.3%

a. 值为1时制表的二分组。

通过实践调研和认真思考研究后，本研究者对于大学生学习过程问题的主要表现，进行了梳理和概括，分别从以下几个方面展开论述：

（1）学习目标的缺失

从上述表格6-5可以得知，学习目标的缺失，成为大学生学习过程最突出的问题。在基础教育阶段，升学是所有学生学习的唯一目标。而在大学教育阶段，升学不再是多数学生的目标。对知识本身的学习、技能的掌握、学会学习、学会社会交往等，构成了大学生特有的学习意义，如下图6-10所示。

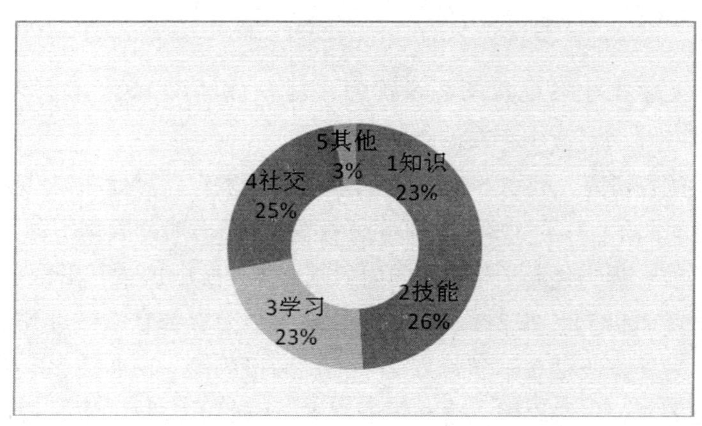

图6-10 大学学习意义圆环图

学习目标，好比航海中的灯塔，指引人们朝着成功的方向努力学习、前行。学习目标的缺失，好比在漆黑的海面上漂荡，茫然不知方向。学习目标，根据时间的长短，可分为长期学习目标、短期学习目标；根据目标实现的难易程度，可分为大的学习目标、小的学习目标；也可根据课程学习内容的不同，分为不同具体课程科目的学习目标。有了学习目标，就有了学习的方向，就有了实现目标的路线与动力，并为目标的实现制定学习策略。美国心理学家布卢姆曾倡行目标学习法，其核心问题就是需要学习者形成自我测验、自我矫正、自我补救的自我管理习惯，促进人们获得成功的主要策略，享受成功的乐趣体验。

（2）学习动力不足

从上述表格6-5可以得知，大学生学习动力不足成为学习过程的第二项主要问题。俗话说，外力是通过内力起作用的。与基础教育阶段家长、教师们强有力的督促不同，大学生学习的驱动力主要来源于自身内在的原动力。学习动力，属于非智力因素，相当于个体学习的电源，没有电源的机动车只能维持在原地不动，没有动力源的学习者在学习方面也只会裹足不前。在大学生个体智力差异不大的情况下，个体非智力因素的激发成为学习成功的关键，学习动力的强弱自然成为影响个体学习过程与学习成果的有效性。学习动力与学习动机有着直接的因果关系，学习动机强，则学习动力足；学习动力缺乏，则学习动机弱化。根据实际调研数据显示，逾40%的大学生认为，自身目前学习动机的强度为一般及以下水平。

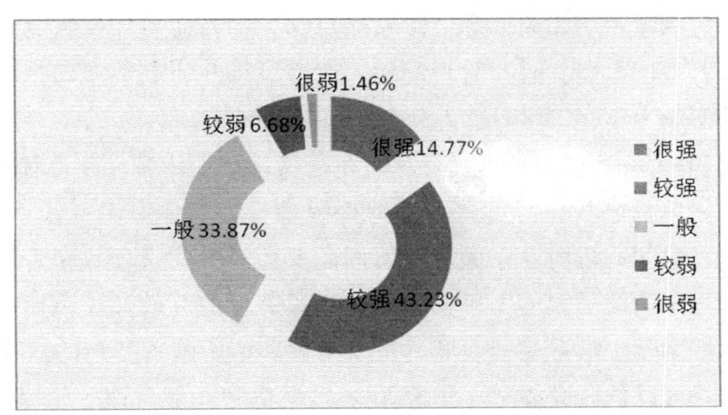

图6－11　大学生学习动机强度现状圆环图

经调查研究，大学生学习动机主要有实现自身价值、就业工作、考研出国、满足父母期望、增强生存技能、增加人生阅历及其他方面（见下表6－6所示）。从表6－6中我们可以得知，就业、实现自身价值、增强生存技能，成为影响学生学习动机的主要因素，即使是在985、211这样类型的重点高校里，考研出国等升学目标也已经成为学生们的非主要绝对目标。学习动机的分散化现象，也分散了大学生的学习动力，从而表现出学习动力不足的现象。

表6－6　大学生主要学习动机统计

类别	实现价值	就业	考研出国	父母期望	生存技能	人生经历	其他
总量	57.36%	66.72%	28.61%	33.92%	43.18%	32.31%	1.75%
985校	66.00%	62.00%	37.50%	39.00%	47.00%	42.50%	1.50%
211校	47.39%	59.80%	27.54%	34.49%	39.70%	27.05%	1.99%
非211校	58.94%	69.29%	27.67%	33.06%	43.62%	32.37%	1.73%

（3）时间管理不善，缺乏自我管理的策略和技巧

时间管理，就是个体为了提高时间的利用率和有效性，对自身或他人的时间进行合理的规划、控制，以及有效的安排、运用的管理过程。大学生时间管理，就是大学生运用一定的管理策略和方法技巧，对个人的大学学习与生活时

间进行科学规划、有效控制的一系列管理活动，以达到充分发挥时间效能，促进自我管理与自我发展的有效性。时间管理倾向，就是个体在运用时间的方式上，在对待时间的功能和价值上，所表现出的一种心理和行为特征。它与本体的自我价值感、主观幸福感、心理健康、成就动机、生活质量、心理控制源等动机、人格等因素密切相关，受个体独立意志、规划能力、自制能力的强弱和周围人际关系等的影响。时间管理倾向，能够直接并通过学习内生动机的中介作用，间接影响大学生的学习能力与自我效能感①。

从以上表格6－5可以看出，有60.7%的受试学生认为，自身时间管理存在不善的现象，并且成为自身学习问题的根源之一。大学生学习特点的自主性，决定了其学习时间的自由性，决定了他们需要加强时间管理策略、技巧的重要性，时间管理又决定了大学生自我管理、自我监控的有效性，所以，时间管理不善成为影响大学生学习过程问题的主要因素。本研究者参与的一项对S大学进行学风建设现状的研究显示，在3526名大学生中（包含四个年级），有90%的学生愿意或非常愿意优化自己的时间管理，有54%的学生认为通过合理规划时间可以更好地实现自我管理，近50%的学生认为身边的优秀榜样也可以促进自身时间管理的优化。至于时间管理不善的来源，主要有：对高等教育阶段特征（与基础教育阶段不同）的适应性弱、学校对管理方法指导的缺乏、个体自控力差、执行力不足等原因。

关于时间管理方面的研究已有较多，时间管理理论的演变进程可分为四代：即注重利用便条与备忘录，在忙碌中对时间与精力进行调配的第一代理论；强调日程表与行事历、反映了时间管理对未来规划重要性的第二代理论；讲究事情解决的优先顺序，按照轻重缓急的观念进行，争取实现最高效率的第三代理论；重视时间与事务的安排，维持产出与产能的平衡，并以个人管理为关键，以“要事第一”为原则，进行有效自我管理的第四代理论②。美国著名管理学家史蒂芬·柯维（Stephen Covey，1932－2012），曾提出时间管理的理论——“四象限法则”（见下图6－12所示），把事情按照“既紧急又重要、重要但不紧急、紧急但不重要、既不紧急也不重要”的法则进行划分和处理。大学生要合理安排时间、科学管理时间、有效利用时间，是优化时间管理、加强自我管

① 黄剑飞．大学生时间管理倾向、学生内生动机、学生能力自我效能感与心理健康的关系模型构建［D］．长沙：中南大学，2012.

② ［美］史蒂芬·柯维著，顾淑馨等译．高效能人士的七个习惯［M］．北京：中国青年出版社，2002：119－120.

理、提升学习过程的一个重要法宝。

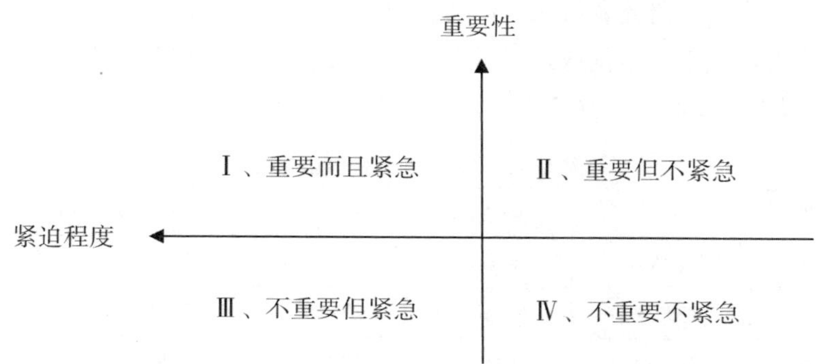

图6-12 时间管理理论“四象限法则”象限图

（4）学习兴趣不浓郁，致使网络成瘾现象的滋生

学习兴趣既是学习动力的源因，又是学习成果的表现。从教育心理学的角度来理解兴趣，它是学习者的一个倾向于认识或研究获得某种知识的心理特征，是一种可以推动学习者追求知识的内在力量。如果学生对某一方面知识有兴趣，就可以保持较久的关注集中力，可以持续愉悦地进行钻研，增强对相关知识的理解力，提高学习的成效。另外，从促进学习过程的角度来理解，兴趣可以成为学习过程的原动力。还有，从建构主义理论学习角度来理解，兴趣是在学习活动过程中产生的，本原兴趣是可以促进新兴趣的滋生，可以作为学习过程的一部分成果。

然而，当今时代网络的快速发展与使用的便捷性，使得学生对于学习信息渠道的获取，不再拘泥于教材和课堂传授，随着网络学习资源的普及，影音娱乐、网络游戏等也同时与网络一起成为学生族学习生活的附属品，可以迅速填补、渡过那些因目标缺失、动力缺乏而带来的迷茫或无聊的大学时光。另外，大学学习的知识到社会上工作后的利用率较低，个人成功的标准不再以学习论英雄，这些都极大地降低了学生的学习兴趣。从调研数据（见下表6-7）可以看出，目前大学生对学习兴趣存在不高的现象，仅有约50%左右的学生对学习怀有较浓厚以上的兴趣，兴趣一般及以下的学生接近一半。特别是，随着本科高校类型的不同、重点建设水平的高低情况，学生的学习兴趣呈现越来越低的现象。网络成瘾，对学生学习的影响之大，成为社会公众人士的普遍共识。网络具备一定的吸引性、成瘾性、顽固性，严重时可以使人沉溺其中忘乎所以，达到不分昼夜、废寝忘食的地步，把学习任务、亲情友情都置于脑后，长期沉迷网游的行为不但被教师、家长痛恨，还很可能对相关学生的身体和心理造成不健康的后果。在研究者所在本科高校的一个二级学院里，在5年多的时间内，因网络成瘾造成学业不良或退学的学生，已占全部学业问题学生的95%，其余5%则是因为无专业学习兴趣或个人身体等其他原因。

表6-7 学习兴趣现状调研统计

类别	很浓厚	较浓厚	一般	较淡薄	很单薄
总量	11.60%	38.60%	40.01%	7.12%	2.68%
985校	13.50%	46.50%	35.50%	3.00%	1.50%
211校	9.43%	31.51%	43.42%	9.93%	5.71%
非211校	11.94%	39.48%	39.68%	6.90%	2.00%

（5）学习方法不当，学习方式不科学

学习方法或学习方式，是学习过程活动必要的技术性工具，它可以从传统学习理论知识传承而来，也可以从实践中所获取的领悟和掌握而得，主要分为听讲、自学、记忆式学习、理解式学习、动作式学习等类别（调查研究中，学生使用方式的比例现状如下面环形图6-13所示）。有效的学习方法、科学的学习方式，既可以提高个体学习的效率，可以提升学习愉悦的情感体验，还可以获得较高的学习成就感。古今中外，教育者和研究者对于学习方法方式的研究，已有较丰富的历史经验，在理论与实践方面均获得了一定的研究成就。但随着时代的发展，学习方法方式也需要与时俱进，不断地持续更新、修改完善，才能适应不同阶段学生学习过程的适应性问题。

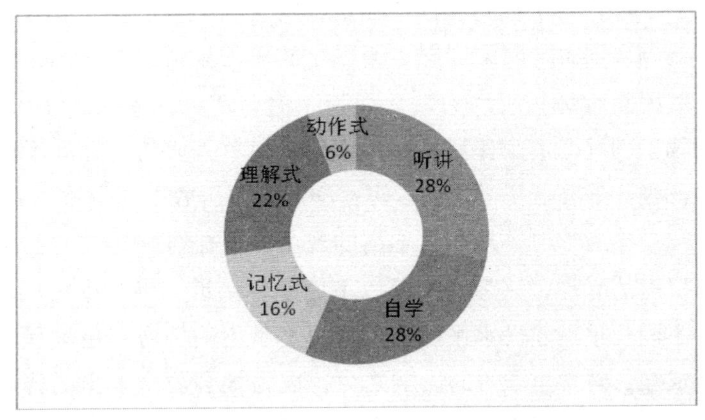

图6-13 大学生主要学习方式环形图

另外，从上面学习问题影响因素的频率表格6－5还可以看出，有43.5%的学生认为，自身学习方法存在一定的问题。学习方法具备个性化特征，并没有统一的规定，个体根据其学习条件、社会背景、学习内容、学习环境的不同，选取的方法也可以不同，只要是适合学习者本体的学习方法，就是最好的学习方法。

（6）学习精力不集中，进行兼职打工、谈恋爱等，学习质量不够高

经实践调研数据显示，有14.6%的受试学生认为，学习问题的出现源自于谈恋爱的因素，8.6%的受试学生认为学习不良源于家庭经济问题，还有2%的受试学生认为是其他问题，导致了大学生学习质量的不高，从而出现了各种学习问题。作为成年人的大学生群体来说，其思想状态和生理发展已接近成熟，走出高压力的高中阶段，对感情的需求也顺应了个体发展的形势，但在感情方面的追求和经营必定会分散一定的学习精力。高等教育与基础教育很大的不同在于，高等学校教育人才输出的下一站是"社会"，一部分以就业为目标的大学生，从思想和行为上表现出踏入社会的愿望迫切，兼职打工成为学习之余的重要生活方式，也占去了这部分学生的业余学习时间。另外，作息时间不规律，不注意锻炼身体等其他原因，也会影响大学生对学习精力的集中与关注，从而影响了学习质量的高低。

表6－8　课外学习课程时间统计

项目		频率	百分比	有效百分比	累积百分比
有效	1	213	10.4	10.4	10.4
	2	455	22.2	22.2	32.6
	3	676	32.9	32.9	65.5
	4	448	21.8	21.8	87.3
	5	260	12.7	12.7	100.0
	合计	2052	100.0	100.0	

本研究者对2052名有效受试学生"每天在课堂外用于学习规定课程的时间"进行了统计，得到的数据如上表6－8所示。其中1表示"≧4小时"，2表示"4小时＞t≧3小时"，3表示"3小时＞t≧2小时"，4表示"2小时＞t≧1小时"，5表示"＜1小时"。从上面表格6－8可以看出，每天用来进行课程学习的时间低于2小时的人数约1/3，占了不少的比例。因为事实上，大学生每天可自主支配的课余学习时间一般约为6小时（以白天2小时，晚上4小时估

算），然而他们实际用来学习的时间仅占可自主支配时间的1/3，其余2/3的课余时间都去哪儿了呢？也许是社团活动、休闲娱乐、社会交往，或者其他活动。下面的直方分布图6－14告诉我们，学生每天课外用于课程学习时间的分布情况呈正态分布，在“3小时 > t ≧ 2小时”时间范围内的学生最多，达到了峰值。

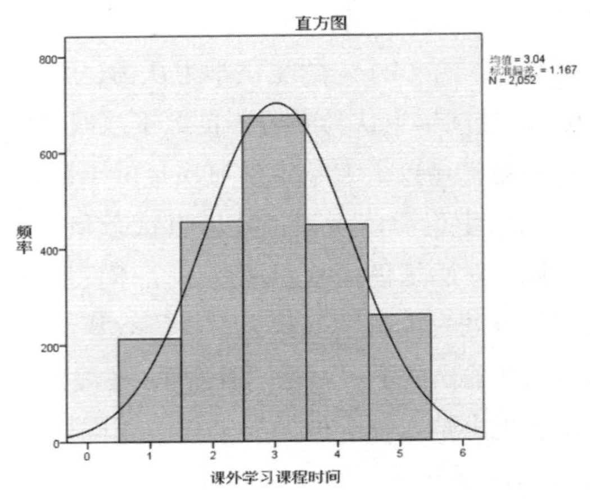

图6－14　学生课外学习课程时间分布直方图

（7）不善于处理学习困难和学习关系

在学习过程中，学习关系的优劣会影响着学习心情的愉悦度、学习困难或问题解决的难易快慢，以及与同伴的协作学习、师生学习共同体的建设发展。为此，本研究者对当今大学生在这个两方面的现状也进行了调研。调研发现，有24%的学生认为自身与周围师生的关系不良（详见下图6－15），占了不少的比重，这与目前大学生所处年龄阶段为“90后”群体的特征有着直接的关系。由于“90后”中的大部分为独生子女，有着独生子女所具备的个性化强、独立意识强、相对较为自我、合作意识弱的显著特点，加之成长背景条件相对比较优越，经历挫折困难较少，又维持着高中时竞争力强、伙伴关系较少维护的学习习惯，致使他们中的一部分人，未能深刻体会青年群体作为“社会人”合作学习的快乐与成就。

另外，当对待学习问题或困难的时候，有44%的学生选择自己解决（说明相当一部分学生具备一定的独立性），有43%的学生选择和同学一起解决（说明较大部分学生的学习关系还是比较融洽的），还有13%的学生会通过找老师、家长，甚至回避的方式来面对，详见上图6－16所示。

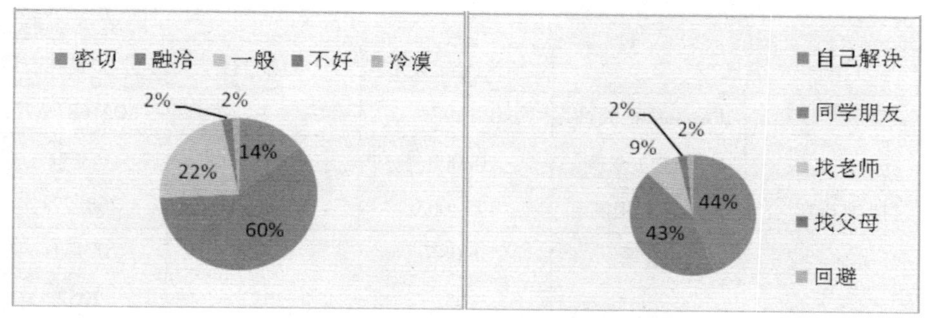

图 6-15 师生关系图

图 6-16 学习困难或问题解决方式图

学生学习关系的融洽程度与其学习成绩程度、学业发展的满意度之间，是否存在着一定的相关联性？不同性别的学生在这三个变量之间是否有显著相关？不同年级的学生在这三个变量之间是否存在显著相关？为了解决心中的疑惑，本研究者通过 SPSS19 软件进行分析对比，尝试一一找出他们之间的积差相关性。

下面表 6-9 为积差相关操作程序中所输出的描述性统计量，包括平均数、标准差和个数，三个变量为"师生人际关系""成绩自评""学业发展满意度"。上述三个变量均为各量表测得的总分。

表 6-9 描述性统计量

项目	均值	标准差	个数 N
师生人际关系	3.83	0.739	2052
成绩自评	3.56	0.897	2052
学业发展满意度	3.42	0.868	2052

表 6-10 相关性矩阵

项目		师生人际关系	成绩自评	学业发展满意度
师生人际关系	Pearson 相关性	1	0.129**	0.355**
	显著性（双侧）		0.000	0.000
	平方与叉积的和	1120.996	175.003	466.927
	协方差	0.547	0.085	0.228
	N	2052	2052	2052

续表

项目		师生人际关系	成绩自评	学业发展满意度
成绩自评	Pearson 相关性	0.129**	1	0.168**
	显著性（双侧）	0.000		0.000
	平方与叉积的和	175.003	1648.442	268.271
	协方差	0.085	0.804	0.131
	N	2052	2052	2052
学业发展满意度	Pearson 相关性	0.355**	0.168**	1
	显著性（双侧）	0.000	0.000	
	平方与叉积的和	466.927	268.271	1543.893
	协方差	0.228	0.131	0.753
	N	2052	2052	2052

**. 在0.01 水平（双侧）上显著相关。

上面表格6－10为三个变量之间的相关矩阵，为两两变量配对所形成，对角线为变量与变量之间的相关，其相对系数的数值等于1，其单元格中的协方差栏为变量本身的方差（变量与变量本身没有共变关系）①。师生人际关系、成绩自评、学业发展满意度三个变量的协方差分别为0.547，0.804，0.753。在积差相关操作程序中，如勾选［相关显著性讯号（F）］选项，那么在相关性系数矩阵中如果p值小于0.05，会在相关系数旁加注“（*）”号；若显著性P值小于0.01或小于0.001时，则会在系数旁加注“（**）”号。从上表6－10可以显示，师生人际学习关系的融洽度，与学生成绩和学业满意度两个变量之间呈现显著的正相关，相关系数分别为0.129**和0.355**（$p=0.000<0.05$），这表示学生学习关系越融洽，其成绩越高；学生学习关系越融洽，其获得的学业满意度也越高。同时，学生成绩与学业满意度两个变量之间也存在显著的正相关，相关系数为0.168**（$p=0.000<0.05$），这表示学生学习成绩越好，其获得的学业满意度也越高。三个变量之间，都存在着两两显著正相关的关系。

用平均数差异检验——独立样本t检验，来研究“不同性别的学生在学习关系、学习成绩、学业满意度间是否有显著相关”问题，自变量性别为二分类

① 吴明隆．问卷统计分析实务——SPSS操作与应用［M］．重庆：重庆大学出版社，2010：331.

别变量，三个因变量学习关系、学习成绩、学业满意度均为连续变量。“性别”1 为男生、2 为女生，得到的描述统计结果情况见下表 6－11 所示。

表 6－11　组别统计量

项目	性别	N	均值	标准差	均值的标准误
师生人际关系	1	905	3.85	0.781	0.026
	2	1147	3.82	0.705	0.021
成绩自评	1	905	3.49	0.921	0.031
	2	1147	3.61	0.874	0.026
学业发展满意度	1	905	3.48	0.935	0.031
	2	1147	3.37	0.808	0.024

平均数差异检验的基本假设之一就是方差同质性，SPSS 在进行 t 检验前，会先对两组的离散状况是否相似进行检验，当方差相同时，称两个群体具有方差同质性（homogeneity of variance），否则称方差不同质性。一般来说，SPSS 统计分析中采用 Levene 检验法（Levene’s Test for Equality of Variances）来检验两组的方差是否同质（或相等）。经 Levene 法的 F 值检验结果，因变量“师生人际关系”“成绩自评”的 F 值检验结果 P＝.059＞0.05 与 P＝.197＞0.05，未达显著水平，应将对应的两组方差视为相等；而因变量“学业发展满意度”的 F 值检验结果 P＝.000＜0.05，达到显著水平，应将两组方差视为不相等。如此，就性别在“师生人际关系”“成绩自评”的差异比较而言，男女两组样本方差同质，按“假设方差相等”栏的数据，性别的“师生人际关系”“成绩自评”感受有显著差异存在，其中男生的师生人际关系高于女生，女生的成绩自评高于男生，且差异值 95% 的置信区间分别为（－0.038，0.090）、（－0.194，－0.038），前者包含 0 表示必须接受虚无假设——“师生关系”因性别不同的差异不显著，后者未包含 0 表示会因性别不同而有显著差异；就性别在“学业满意度”的差异性而言，男女两组样本方差不同质，按“假设方差不相等”栏的数据，p＝0.005＜0.05 达显著水平，表示男女学生的“学业满意度”有显著差异存在，男生的学业发展满意度高于女生，且差异值 95% 的置信区间分别为（0.034，0.187）未包含 0，表示会因性别不同而有显著差异。

表 6 – 12 独立样本检验

项目		方差方程的 Levene 检验		均值方程的 t 检验						
		F	Sig.	t	df	Sig.（双侧）	均值差值	标准误差值	差分的 95% 置信区间	
									下限	上限
师生人际关系	假设方差相等	3.567	0.059	0.791	2050	0.429	0.026	0.033	-0.038	0.090
	假设方差不相等			0.782	1839.299	0.435	0.026	0.033	-0.039	0.091
成绩自评	假设方差相等	1.669	0.197	-2.914	2050	0.004	-0.116	0.040	-0.194	-0.038
	假设方差不相等			-2.897	1892.114	0.004	-0.116	0.040	-0.194	-0.037
学业发展满意度	假设方差相等	33.159	0.000	2.866	2050	0.004	0.110	0.039	0.035	0.186
	假设方差不相等			2.817	1792.266	0.005	0.110	0.039	0.034	0.187

对于不同年级学生的师生人际关系、成绩情况和学业满意度之间是否有显著差异的问题，我们以“年级”为四分类别自变量，因变量为连续变量，采用单因子方差分析（Analysis of variance，简称 ANOVA）法，得到的输出数据统计见以下表格 6 – 13 所示：

表 6 – 13 描述性统计量

项目		N	均值	标准差	标准误	均值的 95% 置信区间		极小值	极大值
						下限	上限		
师生人际关系	1	580	3.90	0.739	0.031	3.84	3.96	1	5
	2	575	3.81	0.691	0.029	3.75	3.87	1	5
	3	513	3.80	0.755	0.033	3.73	3.86	1	5
	4	370	3.83	0.749	0.039	3.75	3.90	1	5
	5	4	4.25	0.500	0.250	3.45	5.05	4	5
	6	10	3.20	1.619	0.512	2.04	4.36	1	5
	总数	2052	3.83	0.739	0.016	3.80	3.86	1	5

续表

项目		N	均值	标准差	标准误	均值的95%置信区间		极小值	极大值
						下限	上限		
成绩自评	1	580	3.45	0.881	0.037	3.38	3.52	1	5
	2	575	3.50	0.881	0.037	3.43	3.57	1	5
	3	513	3.56	0.897	0.040	3.49	3.64	1	5
	4	370	3.80	0.865	0.045	3.71	3.89	1	5
	5	4	3.25	0.957	0.479	1.73	4.77	2	4
	6	10	3.70	1.889	0.597	2.35	5.05	1	5
	总数	2052	3.56	0.897	0.020	3.52	3.60	1	5
学业发展满意度	1	580	3.56	0.838	0.035	3.49	3.63	1	5
	2	575	3.35	0.812	0.034	3.28	3.41	1	5
	3	513	3.32	0.901	0.040	3.24	3.40	1	5
	4	370	3.45	0.898	0.047	3.35	3.54	1	5
	5	4	4.50	1.000	0.500	2.91	6.09	3	5
	6	10	3.10	1.370	0.433	2.12	4.08	1	5
	总数	2052	3.42	0.868	0.019	3.38	3.46	1	5

从上表6-13的统计可以看出，大一至大四的学生个数是基本一致的，只有5为大五（医学类）和6为延长生的相对受试者个数较少，分别为4个和10个，属于问卷调研中的随机个例，由于这两类人数较少，涉及的相关统计仅仅作为参考，不作为重要证据资料。另外，从数据显示得知，大一学生样本在师生人际关系、成绩情况和学业发展满意度三个因变量的“平均数的95%置信区间”估计值所构成的区间，均未包含相应的总平均数（M=3.83，M=3.56，M=3.42）这个点，表示大一组的平均数与总平均数间的差异达0.05的显著水平；大二、大三样本学生仅在学业发展满意度这个因变量的“平均数的95%置信区间”估计值所构成的区间，均未包含相应的总平均数（M=3.42）这个点，表示大一组的平均数与总平均数间的差异未达0.05的显著水平。

表 6－14　方差齐性检验

项目	Levene 统计量	df1	df2	显著性
师生人际关系	6. 367	5	2046	0. 000
成绩自评	6. 845	5	2046	0. 000
学业发展满意度	3. 093	5	2046	0. 009

上表 6－14 为方差同质性检验结果，由此可以得知：“学业发展满意度”的 Levene 统计量的 $p = 0.009 > 0.005$，未达 0. 05 的显著水平，应接受虚无假设，表示此组的样本方差差异均未达显著差异，即不同年级学生的“学业发展满意度”方面无显著差异；“师生人际关系”“成绩自评”的 Levene 统计量的 $p = 0.000 < 0.05$，达到显著水平，须拒绝虚无假设，表示该群体样本的两组方差均不具有同质性，方差分析违反了同质性假设，可以从 SPSS19 提供的四种方差异质的事后比较方法 Tamhame’s T2 检验法、Dunnett’s T3 检验法、Games－Howell 检验法、Dunnett’s C 检验法中，选择一种进行比较检验。

表 6－15　ANOVA 表

项目		平方和	df	均方	F	显著性
师生人际关系	组间	8. 077	5	1. 615	2. 970	0. 011
	组内	1112. 919	2046	0. 544		
	总数	1120. 996	2051			
成绩自评	组间	30. 308	5	6. 062	7. 664	0. 000
	组内	1618. 134	2046	0. 791		
	总数	1648. 442	2051			
学业发展满意度	组间	25. 802	5	5. 160	6. 955	0. 000
	组内	1518. 090	2046	0. 742		
	总数	1543. 893	2051			

从上述分析摘要表 6－15 中知悉：“师生人际关系”“成绩自评”两个因变量整体检验的 F 值分别为 7. 664（$p = 0.000 < 0.05$）、6. 995（$p = 0.000 < 0.05$），均达到显著水平，因此须拒绝虚无假设，接受对立假设，表示不同年级的学生在“师生人际关系”“成绩自评”间均有显著差异存在。至于是哪些配对组别间的差异达到显著，需要进行事后比较方能得知。而因变量“师生人际关系”在方差分析中的 F 值为 2. 970（$p = 0.011 > 0.05$）未达显著差异，须接受虚无假

设，拒绝对立假设，不用进行事后比较，也不用再查看多重比较摘要表。

采用 Tukey 最实在的显著差异法（HSD 法）进行多重比较，差异值如果达到 0.05 的显著水平，会在差异值的右上方增列一个星号“（ * ）”。从下表 6-16 可以发现：就“成绩自评”因变量而言，“四年级”组群体显著高于“一年级”“二年级”和“三年级”组群体；而对于因变量“学业发展满意度”而言，则是“一年级”组群体显著高于“二年级”和“三年级”。

表 6-16 多重比较（Tukey HSD）

因变量		(I) 年级	(J) 年级	均值差 (I-J)	标准误	显著性	95% 置信区间	
							下限	上限
成绩自评	Tukey HSD	1	2	-0.053	0.052	0.916	-0.20	0.10
			3	-0.113	0.054	0.286	-0.27	0.04
			4	-0.347*	0.059	0.000	-0.52	-0.18
			5	0.200	0.446	0.998	-1.07	1.47
			6	-0.250	0.284	0.951	-1.06	0.56
		2	1	0.053	0.052	0.916	-0.10	0.20
			3	-0.061	0.054	0.871	-0.21	0.09
			4	-0.295*	0.059	0.000	-0.46	-0.13
			5	0.253	0.446	0.993	-1.02	1.53
			6	-0.197	0.284	0.982	-1.01	0.61
		3	1	0.113	0.054	0.286	-0.04	0.27
			2	0.061	0.054	0.871	-0.09	0.21
			4	-0.234*	0.061	0.002	-0.41	-0.06
			5	0.313	0.446	0.982	-0.96	1.59
			6	-0.137	0.284	0.997	-0.95	0.67
		4	1	0.347*	0.059	0.000	0.18	0.52
			2	0.295*	0.059	0.000	0.13	0.46
			3	0.234*	0.061	0.002	0.06	0.41
			5	0.547	0.447	0.825	-0.73	1.82
			6	0.097	0.285	0.999	-0.72	0.91

续表

因变量		(I) 年级	(J) 年级	均值差 (I－J)	标准误	显著性	95% 置信区间	
							下限	上限
成绩自评	Tukey HSD	5	1	－0. 200	0. 446	0. 998	－1. 47	1. 07
			2	－0. 253	0. 446	0. 993	－1. 53	1. 02
			3	－0. 313	0. 446	0. 982	－1. 59	0. 96
			4	－0. 547	0. 447	0. 825	－1. 82	0. 73
			6	－0. 450	0. 526	0. 957	－1. 95	1. 05
		6	1	0. 250	0. 284	0. 951	－0. 56	1. 06
			2	0. 197	0. 284	0. 982	－0. 61	1. 01
			3	0. 137	0. 284	0. 997	－0. 67	0. 95
			4	－0. 097	0. 285	0. 999	－0. 91	0. 72
			5	0. 450	0. 526	0. 957	－1. 05	1. 95
学业发展满意度	Tukey HSD	1	2	0. 214*	0. 051	0. 000	0. 07	0. 36
			3	0. 242*	0. 052	0. 000	0. 09	0. 39
			4	0. 116	0. 057	0. 328	－0. 05	0. 28
			5	－0. 938	0. 432	0. 252	－2. 17	0. 29
			6	0. 462	0. 275	0. 544	－0. 32	1. 25
		2	1	－0. 214*	0. 051	0. 000	－0. 36	－0. 07
			3	0. 028	0. 052	0. 995	－0. 12	0. 18
			4	－0. 098	0. 057	0. 526	－0. 26	0. 07
			5	－1. 152	0. 432	0. 083	－2. 38	0. 08
			6	0. 248	0. 275	0. 946	－0. 54	1. 03
		3	1	－0. 242*	0. 052	0. 000	－0. 39	－0. 09
			2	－0. 028	0. 052	0. 995	－0. 18	0. 12
			4	－0. 126	0. 059	0. 263	－0. 29	0. 04
			5	－1. 180	0. 432	0. 070	－2. 41	0. 05
			6	0. 220	0. 275	0. 968	－0. 56	1. 00

续表

因变量		(I) 年级	(J) 年级	均值差 (I-J)	标准误	显著性	95% 置信区间	
							下限	上限
学业发展满意度	Tukey HSD	4	1	-0.116	0.057	0.328	-0.28	0.05
			2	0.098	0.057	0.526	-0.07	0.26
			3	0.126	0.059	0.263	-0.04	0.29
			5	-1.054	0.433	0.145	-2.29	0.18
			6	0.346	0.276	0.810	-0.44	1.13
		5	1	0.938	0.432	0.252	-0.29	2.17
			2	1.152	0.432	0.083	-0.08	2.38
			3	1.180	0.432	0.070	-0.05	2.41
			4	1.054	0.433	0.145	-0.18	2.29
			6	1.400	0.510	0.067	-0.05	2.85
		6	1	-0.462	0.275	0.544	-1.25	0.32
			2	-0.248	0.275	0.946	-1.03	0.54
			3	-0.220	0.275	0.968	-1.00	0.56
			4	-0.346	0.276	0.810	-1.13	0.44
			5	-1.400	0.510	0.067	-2.85	0.05

*. 均值差的显著性水平为 0.05。

若为不同年级的6个群体制作在三个因变量方面的平均数图，设定水平横轴为自变量的6个水平数值，纵轴为各水平在因变量的平均数，则从下面三个平均数图中可得知：哪几组在因变量测量值的分数较高，哪个组别群体的平均数最低。

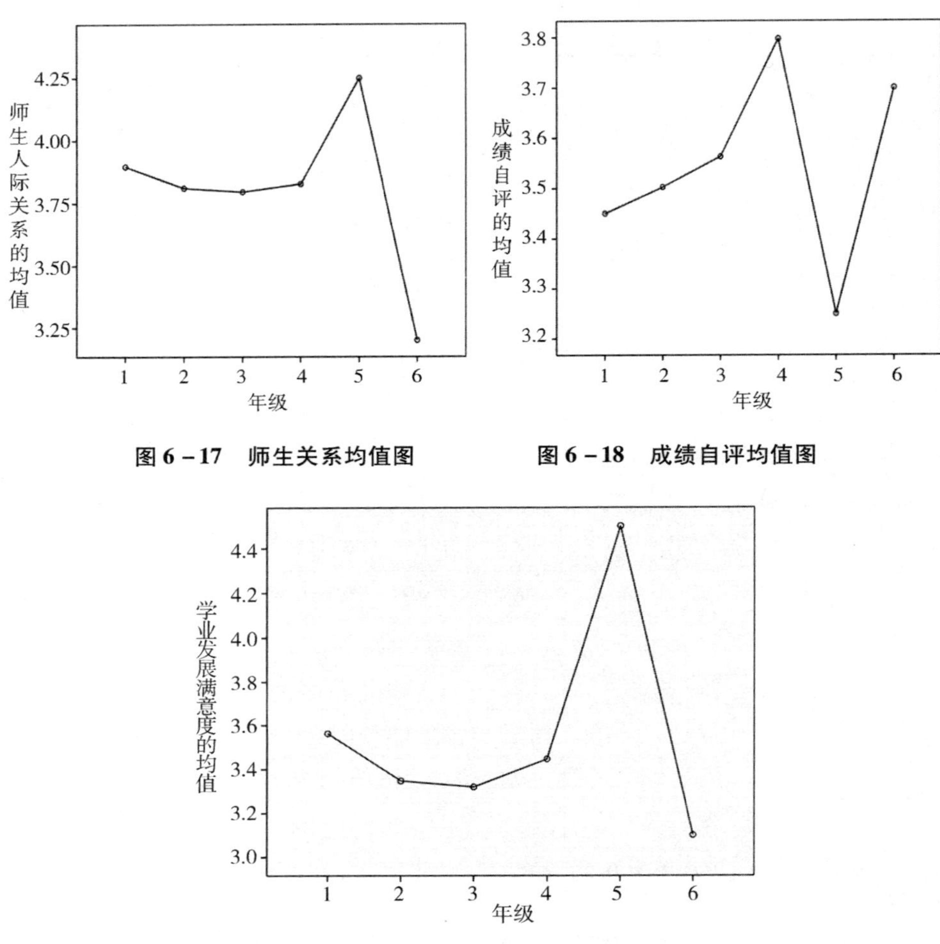

图 6－17　师生关系均值图

图 6－18　成绩自评均值图

图 6－19　学业发展满意度均值图

从上面 6－17、6－18、6－19 三个图可以看出：就“师生关系”而言，不同年级的 6 个组群中以“5 年级”组（医学类）平均数最高，其次是 1 年级、4 年级、2 年级、3 年级，最低是 6 延长生；就“成绩自评”而言，“4 年级”组平均数最高，其次是 3 年级、2 年级、1 年级、5 年级，对于 6 延长生的成绩自评来说，一般是比较差的人或是其他原因才延长毕业，然而这部分群体的自评却出乎意料的高，可能是由于此随机样本数量过少、抽样误差或者偶然造成的；就“学业满意度”而言，“5 年级”组（医学类）平均数最高，其次是 1 年级、4 年级、2 年级、3 年级，最低是 6 延长生。“师生关系”和“学业满意度”两个因变量的组别差异走向，表现出较强的一致，再次证明“师生关系”和“学业满意度”具备较强的关联度。

调查中还发现，现代大学生中也存在着一些其他的基本问题，比如很多大学生的学习意愿比较高，但是自律或自我控制能力较弱，自觉主动的学习能力还不够高，还需要依靠外力的协助和督促；大部分学生平时对学习不重视，只在考前进行高强度复习，死记硬背，考后即丢，不利于学生的过程性学习，不利于学生对知识的掌握；期末考试对平时学习的督促作用比较弱，因为学生认为平时的学习时间还很长，只要期末进行突击复习就可以了；学校缺乏对学生学习过程的细致了解，关于学生对教师授课方式、授课内容的反馈信息，缺乏较为准确的了解和评价，同时教师也缺乏对学生学习过程的实时了解；大学生缺少对自身学习过程进行全面细致的了解和评价，仅仅通过期末考试被动式结果评价，评价手段单一；教师只管教和考，学生只管考试；学校人才培养计划不精致，课程设置不合理，无用的必修课程过多，开设课程质量不够高，造成学生学习负担仍过重等。

2. 学习过程评价中主要问题体现及原因探究

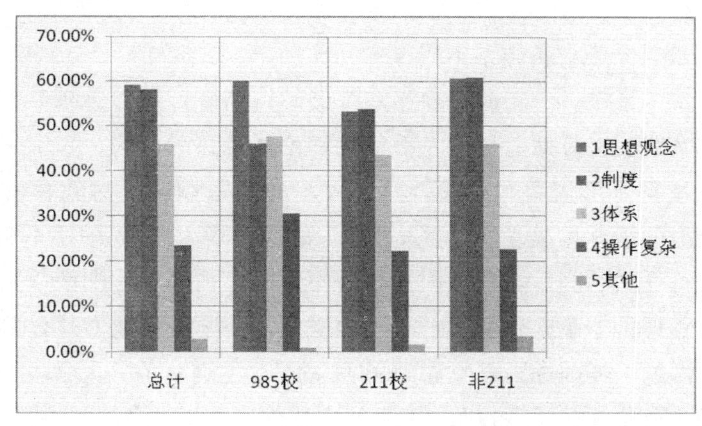

图 6 – 20　大学生学习过程评价主要问题现状柱形图

本研究者对大学生学习过程评价现状问题进行了调研，发现：有 59.02% 的学生认为，大学生学习过程评价现状问题主要体现在思想观念方面；有 57.99% 的学生认为，大学生学习过程评价现状问题主要体现在制度方面；有 45.66% 的学生认为，大学生学习过程评价现状问题主要体现在体系方面；有 23.44% 的学生认为，大学生学习过程评价现状问题源于操作过于复杂；还有 2.88% 的学生则认为大学生学习过程评价现状问题还存在其他方面的原因。详见上面图 6 – 20 所示。具体来说，目前大学生学习过程评价主要存在以下问题：

（1）过程性学习评价的理念不够明晰

英国伦敦大学国王学院，研究学习性评价的权威专家布莱克（Paul Black，2002）指出，学习性评价是指任何其设计与实施的首要目的，是为了促进学生学习的评价①。过程性学习评价的目的在于促进学生的学习过程，与传统的结果性评价在理念上有较大的不同：学习过程评价重过程轻结果，重在提高学生学习过程中的经验收获，重在提升学生的学习能力和创新素质。而目前的大部分学生学习评价，仅仅依靠期末纸笔测验考试成绩或结果性学习定论，用统一的结论效标来衡量学生学习的整个过程，忽视了学生作为学习主体的实际付出和个性化发展需求，是不科学的学习评价。关于这一点，有较大一部分比例的教师和学生都没有清晰地认识到，这些是对过程性学习评价的理念还不够明晰的体现。而且，本研究者在实际调研中发现，有59.02%的受试学生认为，大学生学习过程评价现状问题主要体现在思想观念方面，对评价的理念不甚明晰。从上图6－20就可以看出，对于评价理念认识不足的问题，已成为学习过程评价的最主要问题。

（2）过程性学习评价体系不完善

学习评价体系是一个较为完整、系统的结构体系，包含所涉及评价的理论层次方面和实践层次方面。目前，不论是理论还是实践模块，大学生的过程性学习评价体系都不够完善，高等教育人才培养体系倾向于对教育的输出结果——学生能力的培养和塑造，对于人才培养的“过程”，重视的还不够，这与国家对高校进行评估的测量点和导向性是分不开的。顶层设计加政策引导，对大学生学习过程评价体系进行细化、深入的研究，是国家和地方教育部门或机构的一项重要课题。经调查研究，有45.66%的学生主体认为，大学生学习过程评价现状问题主要体现在体系方面，而且所占比例也是相当高。

（3）过程性学习评价制度不完善

制度（Institution）也称为建制，从社会科学的角度对制度进行理解的话，泛指以规则或运作模式来规范个体行动的一种社会结构，并且以执行力为保障。过程性学习评价的制度是实施过程性学习评价的“法律”和规定的依据，目前制度建设还不够完善，这与传统学习评价的历史悠久与沿用盛行，以及人们的思维习惯，有着较大的关系。目前，基础教育阶段的过程性评价研究和实行已取得一定进展，但对高等教育的过程性评价研究还有待加强加大。这需要教育

① 转引自丁邦平．学习性评价：含义、方法及原理［J］．比较教育研究，2006（2）：3－8.

政策的制定者和研究者，以及学校部门与一线教师们，多开展深层次的理论构建，多探讨实践性的改革检验，将理论与实践结合起来，在优化学习评价各方面内容的基础上，进一步在制度上对大学生学习过程评价进行完善。

（4）评价实施过程难以准确把握

过程是事物发展所经过的程序或阶段；也可以说是将输入转化为输出的一系列中间状态；具备持续性和动态性特征。由于持续时间长、状态久，而且处于非静止状态，具备一定的不可预测性和不可控制性，需要不断地进行跟踪、测量、反馈和调节，较起点评价和结果评价而言，复杂程度相对高，也就相对难于把握衡量和操作实施。经实践调研，有23.44%的受试学生认为，目前学习过程评价问题主要体现在操作实施的过程之中。

（5）过程性评价的标准界定不清晰，与结果性评价较难整合起来

学习评价，对于起点评价或结果评价来说都相对简单，只要用统一的一把尺子或标准，对学生的学习现状进行衡量就好。然而，对于学习过程性评价来说，过程的持续性、动态性，使得其在不同阶段会有不同的要求、不同的表现。如此，统一的标准就不可能再成为衡量的唯一刻度，而是要根据学习者的个性化需求和自主性特征，考虑多方面因素的综合影响，进行灵活性、多面性、多样化、科学化的标准制定，才能科学地评价出过程的真实状态。过程性评价，应与结果性评价进行有效整合，成为结果评价的组成部分、核心指标、重要依据及支撑来源。

（6）过程性评价存在一定的误差倾向因素

由于学习者在学习过程中的表现各不相同，学习速度快慢不均衡，有的前慢后快，有的前快后慢，有的则一直保持稳定状态；学习效率高低不一，有的较高有的较低；大学生的学习自主性较强，时间宽松，可以体现自我管理的有效性程度；学习动机强度具备差异性、主动性和自觉性，具有时间上的阶段性；学习成效标准不一，各有优劣。这些因素都会导致过程性学习评价的误差来源，集中误差呈现相对性趋势大的特点，对于评价结果的正确性会有一定的影响。而加强评价体系、评价指标的完备性和科学性，则可以修正这种误差倾向因素。

（7）学生作为学习者主体评价的作用，还未完全发挥出来

过程性评价主张评价主体和客体的整合，学习者身兼过程性学习评价的主体和客体的双重身份，教师则担任着评价主体的角色之一，发挥着重要的学习评价功能和教育引导作用。传统学习评价夸大了教师作为评价主体的比重，往往把学习者仅仅作为评价客体，却忽视了其作为评价主体的身份和职责。事实

上，重视学习者学习评价主体的作用，充分发挥其内驱动力，是可以起到增强其学习主动性和有效性的有力手段。过称性学习评价强调师生间共同的“民主参与、协商和交往的过程”，强调共同判断学习者在一定阶段内学习行为的发生过程和学习成果，成为下一阶段螺旋式学习上升的起点或基础。

（三）大学生学习过程及其评价的对策建议、路径实现

现有的学习过程评价，主要是从过程性评价的内容指向——学习过程来看，对于学习过程可以有以下几种理解观点①：（1）可把学习过程看作认知/思维过程（Mental processes）。在一篇关于过程性评价的文章中桑娅·C. 卡尔（Sonya C. Carr）认为，学习过程是指学生所从事的“高级思维和问题解决”的过程，是一种认知/思维的过程（Mental processes）。（2）可把学习过程看作学习动机和学习策略。约翰·比格斯（John Biggs）在自己设计的《学习过程问卷》中，曾把学习过程理解为学生在学习中具有的动机与所使用的策略的总和。（3）可把学习过程看作是学生在学习中持有的情感与态度。研究性学习特别注重对学习过程进行评价，评价重点对象除了包含学习过程与方法外，把学生在学习中持有的情感与态度，理解为学习过程评价的突出内容。这些观点中的任何一个，都是不全面的，都不能充分、全面、系统地表达学习过程及其评价的精髓，而仅仅能作为本研究中所倡行的学习过程评价的内涵中，学生对学习知识、策略、情感、态度、价值观的其中一个方面。

本研究者对全国16所大学进行调研后，收集得到了学习者主体对于学习过程及其评价的对策建议，并进行了详细的分析总结。由于三种类型的高校学生在学习过程特点及学习问题存在着一定的差异性，故将分开对学习过程及其评价的对策建议分别进行阐述。

1. 学习过程的对策建议

我们以问卷中设置的开放性题目的形式，对参与受试的学生进行了实践调研，从学生群体的视角，对学生关于学习过程中的问题和对策建议进行了收集。问卷也发挥出了匿名调查的优势特征，收集到了丰富的资料。由于考虑到生源质量不同，可能会对调查结果存在一定的差异性，所以这里将从不同学校类别的角度出发，分别进行阐述：

（1）985高校

①学校管理阶层方面。在教学课程配置上应选择合适的教材，这样才能让

---

① 梁惠燕. 过程性学习评价行动研究［D］. 广州：华南师范大学，2004：6－7.

学生获得适当的教学内容。自主选择课程时，要注重师生能力的合适度。在课程设置上降低专业壁垒，减少必修课，增加自觉性。开设专业导航专题讲座，告诉大学生学习过程有哪些，促使大学生找到适合的方法去学习。除了培养学生的学习能力，还要注重培养学生的实践能力，加强过程管理职能，考试与日常学习行为表现相结合，改变单一的考试考核方式，加入生活中实践的应用，降低纸笔考试的比重。

②教师方面。应培养学生养成课前预习的习惯，积极引导良性学习氛围的营造，提高课堂效率。在课堂之外，教师应增加课后答疑与练习，改变课堂答疑的传统习惯，增加线上学习辅导。加强教师教学技术的提高，授课节奏与速度应适合学习对象，不可操之过急；课程进度要适当，设置恰当的重点，降低知识的灌输性，多注意加强如何引导学生学习方法的提高，加强学生复习环节。加强新生的入学教育，把握刚入大学校园的适应期和空窗期，注意加强大学生自主学习意识，改进学习方式。

③学生方面。学生在课堂学习时要保持专注认真，及时复习、学以致用，加强大学知识学习的应用性。课前做好预习，利用好上课时间、认真听讲、作业独立完成，对零碎时间进行有效学习管理。在学习时要注意学习效率，要学会劳逸结合，防止过度学习、疲劳学习。

④辅导员方面。组织学生通过讲座掌握相关时间管理的知识和技巧，给予时间管理咨询服务与指导建议，教会学生学会如何适当安排自主学习时间，找到适合自己的学习方法，加强自我反思与自主规划。鼓励学生拓展学习思维和创新思维，广泛培养兴趣，全面发展。

⑤院系方面。在调查中发现，学生在学习中有希望“学霸”领衔的需求，充分发挥朋辈教育效应。对此，院系可以通过评优来树立优秀学生的典范；可以在班级内部成立学习互助小组，让小组成员之间互相监督互相促进，发挥协作学习的功能，有助于加强学生的参与性、合作性，提升效率，提高学习的主动性，让学生主动学习。修订专业人才计划方案，减少理论知识学习的比重，多开展实验性学习，多开设一些主修课之外的兴趣辅修课程，让学生参与一定的项目研究。

⑥师生之间。教师和学生之间也应多一些互动交流，而不是教师的一味单向传输。研究证明，较多的互动交流，可以启发学生进行思考探索，加强自主学习能力，学会学习。围绕自主学习，教师可开展学习小组讨论等活动，学生多实施自我监督和他人监督，以目标管理带动学习管理，逐步完成阶段学习

任务。

⑦课程方面。在学生课程的选择和安排上，给予更多的指导，给予更大的自由选择空间，这样能更好地促进他们对学习的兴趣，增强大学生自主学习的灵活性。少作业，多实践，让学生多参与活动性学习，将学习到的知识用于实践，将课内实践与课外学习相融合。课程设置引导学生以应用性为主，把学到的知识应用到实践中去，让学生有意识地去实践运用，形成学习的主动性习惯。

（2）211 高校

①改善教学设施与环境。强健体魄乃学习根本，道德修养乃学习基础，二者皆为生存保障。要想让学生有好的学习体验，学校首先要提供良好的教学设施和校园环境，提升后勤服务水平，改善餐厅问题，保障学生的饮食和健康，为学习提供基本的物质基础。外在条件对身心感受会有一定的影响，学校应该配置良好的学习环境，比如说环境的美化、设施的优化，宿舍环境的改善、住宿条件的加强，配套服务设施需跟得上学生的需求，扩大图书馆容量、增设自修室等。

②有效管理网络资源。网络资源是一把双刃剑。网络成瘾是大学生学习方面一个较为严峻的问题，有相当一部分自律性差、自控性弱的学生，因为网络成瘾而荒废学业，甚至达到退学的地步。对此，如何有效管理网络，引导学生合理使用网络资源，是很多高校面临的一个现实问题。有人建议取消学校教室和宿舍的网络，或者关闭学校附近的网吧，但这都是不现实的想法。因为，一方面来说，大学生作为成年人群体，是高校培养的未来能满足社会需求的人才，而非只会读书的学生；另一方面，禁网也会影响到大学生的学习途径，比如在线学习、查阅资料，这些已经成为当今时代一种普遍的学习路径；第三方面，移动网络作为另一种网络形式，是获取新闻、信息渠道的主要方式，成为人们日常生活中不可缺少的一部分，也已基本覆盖了所有的大学生群体。所以，加强网络的有效管理，引导学生对网瘾案例引以为戒，从思想意识上加强防范，增加学习性投入，做好时间管理，增强自律性，强化自我管理能力，尽量避免网络成瘾的发生。

③加强学生的学习主体性意识。在思想方面，学校应引导学生对学习的重要性能自我感悟，形成主动学习的积极思维，增强学习动机，创新学习方式，细化学习过程，明确学习目标。有了准确的目标，良好的学习环境，可以促使学生增加自身学习动力、增强学习自主性、端正学习态度。有效把握课堂时间，自觉培养学习兴趣，注意改进学习方法，这对于学习者自主性、自控性能力的

提升很重要。同时，还要注意学习流程要精细化，学习速度要适度化，加强学习过程的系统性，灵活运用不同学科之间学习过程方面的共通性。

④循序渐进学习过程。大学的学习内容广泛，难度和深度较大，学习过程需要以系统的方式循序渐进。学生要学会合理规划时间，有计划、有目的地进行学习；学会目标管理，按轻重缓急的法则完成学习任务。要选择适合自己的学习方法，投入足够多的努力。学习时要劳逸结合，注意锻炼身体，保障一定的学习性投入，注重学习效率，培养兴趣特长，提高学习时的认真专注度。

⑤优化自我认知。大学学习的主体性体现在两个方面，一是上课认真听讲，做好笔记，不懂就问；二是课后要勤于复习。对于疑难问题，可以通过在课后组织同伴一起学习讨论、创建学习小组，营造优良学习氛围，增强学习动机。学生也可以利用名言警句来进行勉励，如“来大学的目的是什么?”“如何一步步实现目标?”“多看书少打游戏，多做事少谈恋爱”等，以此来经常提醒自己，可以激发学习者的内在学习动力。还可以培养一定的业余爱好，陶冶情操、调节学习生活，学会合理安排时间。根据自己的兴趣，把自主学习和合作探究学习相结合，多向教师和同学请教，形成学习的多元化体系。

⑥完善教学体制。教师要有正确的教学思路，教学内容要求真、求精，不求多、杂、混乱；教师要熟悉教学大纲，对待教学严肃认真，备课、授课、布置作业，不可应付了事；同时，语言表达最好风趣幽默，不随意敷衍。提高学生的学习兴趣，改善传统的教学方式。在讲课速度上应适中，不可过快或过慢。教学风格灵活多变，也可以引导学生学习风格的改进，增加学习内容的有趣性，多组织开展互动性交流探讨，增加学习动力。多安排一些自由时间，让学生自主安排内容，多学习一些感兴趣的事物。学校要力抓学风，增强学习氛围的营造，加强学习条件的改进。

⑦加强辅导员与家长之间的联系沟通。每学期至少进行三次以上的联系沟通，每次都把考试成绩、近期表现以短信形式通知家长，这在一定程度上可以通过家庭来施加压力，加强学生的学习动力强度。辅导员还应促进任课教师和家长之间的信息沟通，对于个别问题学生，必要时可以推荐家长与任课教师直接沟通。随着高校规模扩招、远郊办学的弊端凸显，教师上班路途拉远、成本增加，呈现身心俱疲现象，同时学生也被所谓的“大学城”“圈养”起来，使得师生之间的交流沟通大大减少，专业任课教师与学生之间的沟通交流，呈现普遍减少的趋势，与家长基本处于“零交流”状态。由于工作性质的特殊性，辅导员身为学生事务性工作者和日常管理者，是学生与教师、家长、同学和其

他部门之间关系的协调者和管理者，架起了学生与其个体之外沟通的桥梁。

⑧课程设置要合理，满足学生需求。在课程设置上，应合理设置，合理安排。学校方面应同时加强对学生课程学习过程的监督，加强对教师课程教学过程的监督。及时改进课程时间安排的不合理性，增强课程丰富度。教师应适当施加压力，促使学生形成良好学习习惯，鼓励启发创新思维和批判性思维，提高学生自学能力，丰富学习资源，加大学生自我学习监督力度，加强课外知识的学习提高。课程内容宜精忌泛，允许学生自主选择课程；公共基础课目前的要求过高，应加强专业知识的养成，专业化课程，不强迫学生多修，而是鼓励精修，开设更多大学生感兴趣的课程。学生不喜欢校方重视公共基础，而是倾向于自习课，希望学校多安排自主学习时间，让学生有意识地主动学习，以兴趣为引导，使学生学有所长、学有所乐。

⑨注重学习的实践应用性。大学生学习是为了在生活中进行应用，实践是检验真理的唯一标准。除了课程的专业性，学校还应关注课程的实践性，注意加强学习的巩固性，运用实践模块，多学一些实践性较强的知识，将学习与实践紧密地结合起来。院系应多组织开展一些社会实践活动，结合学生所学专业知识，注重实践过程；应增加更多的实习实践环节，增加实践应用，丰富社会实践，注重实际运用，通过学以致用促进实践，反过来实践又可以促进创新。理论与实践相结合，以目标为引领，发挥实践在知识学习中的作用，夯实专业理论在实践中的应用，增强专业知识的社会服务性能。

（3）非211高校

①加强有效时间管理。经调查显示，在非211高校的学生内部，最大的学习问题就是网络问题，作为大学生应减少对网络的依赖、树立正确的学习观念，端正学习态度，不断督促自己。比如限定上网的时间，对学习进行合理的规划，定制适合的学习计划，并按时完成学习任务。通过制定短期学习计划，还可以与志趣相投的同学一起学习，促进互相监督与沟通交流。关于课堂上实施网络管理的问题，有人建议可以采用禁止带手机，或者教室禁止网络的方法，但这样的做法治标不治本。若要实现对网络使用资源的有效管理，首先需要学生改变自身来自中学阶段的学习理念及学习方式，中学时期的学习以机械化、接受式、记忆式方法为主，家长和教师实施的学习监督比较多；而大学学习是以自主性为主，重在提高学生的学习能力，学生只有从本源上增强内驱力——自身学习动力，降低对手机网络、电脑游戏的依赖，才能转变学习态度，真正从“别人要我学”转成“我要学”。

②加强自主学习的意识。将学生自主学习与教师教育知识相结合，让学生在自主学习中爱上学习、乐于学习、勤于学习，自觉主动地投入学习的激情和热情，促进学习兴趣和爱好的形成。学生要想加强自主学习，还需要增加学习时间，进一步探索对自身的认知能力，多进行自我反思、自我监控；还可以通过参加学校举办的一些知识竞赛，自主学习课外知识，提升综合素质。学校可以通过实施由学生自主选课，减少必修课程科目的数量；激励教师实行多样化考核方式，倡导融入学生学习评价的自主性成分——自我评价。教师要有理论结合实践的教学理念，开展自主创新的有效教学研究；鼓励学生将自学与听讲相结合，发挥分类教学的正向作用，开展个性化分层教学。

③增强大学生学习的自主性。学生开展自我教育的效果，很多时候比课堂上教师说教的教育方式效果要更好。学生自主学习能力的培养，有助于培养其创新技术和能力。增强教师自主性教育教学策略，根据课程学习内容的不同特色，灵活改变对学生成绩考核的方式；鼓励学生辅修兴趣课程。提高大学生自我管理能力，可以增强大学生自主学习能力训练。培养大学生对专业知识的学习兴趣，可以吸纳学生参与教师课题项目的研究，或者组织学生进行科技创新项目的训练，增强其动手能力。完善教学设备，在自主性学习中培养学生的生存技能。按需适量增加自修教室，让学生进行适当自习，可采取规定自习时间和地点的方式，增加课后学习内容和时间，让学生有更多的时间去自行学习。引导学生学会自我管理与自我监督，通过自我反省不断改善；充分利用课余时间，学会自主学习，寻找适合自己的学习方法。学校根据学生主动性的强弱，可以尝试建立两种教育体系，并进行适当的融合：一是被动学习教育，二是自由学习教育。这样更能针对性的教育学生，实现因材施教的良好效果。

④增强学习动力强度。学习动力是影响学生学习过程的重要因素，强大的动力是行动的驱动力，可以带动学习行为的有效实施。学生要在学习劳动中注意劳逸结合，持续增强学习动力强度，营造良好的学习氛围。现代大学所具备的知识学习的经济性特征和人才市场的输出特性，导致很多大学生认为本科学习就是为了取得一纸文凭，毕业好找工作，这在一定程度上歪曲了大学学习的真正意义。学生应树立正确的学习观念，端正学习动机，不要为了纯粹学习和成绩排名而学习；应确定好适宜的人生目标，思考如何实现自身在大学期间的最大价值；辅修学习感兴趣的专业和课程，提高学习动机强度，提升素质能力。增加学习动力，可以加强学生对于知识重要性的认识，提高学习自主性，营造良好学习气氛。

⑤树立目标，以目标为导向。目的明确，是学会自我约束、自我控制的方式之一。师生都要在自身实际条件的基础上，制定适宜的目标并逐步实施，认清目标、调整心态，是实现目标的过程。学生树立明确的人生目标后，要积极探索学习的新途径，提高日常学习的积极性，提高课堂学习的效率和乐趣，加强自身综合素质，提高自主学习能力和自我控制能力。作为教师也要明确教学目标，可以采取启发式教学模式，给学生留下思考、探索的空间，启发学生的思想思维，增强与学生之间的互动交流，密切师生关系。许多事实证明，良好的师生关系，与学生的学业成就呈正相关。

⑥加强自我认知。自我认知，可以促使学生在了解社会对于人才需求趋向的基础上，早日明确职业生涯方向。学生增加学习的自觉性，符合当今社会的发展现状。学校也要以服务学生自主学习为主线，提供多元化的认知方式。可以通过开展相关知识讲座，邀请成功人士、优秀学生代表分享其学习过程的经历，多开展一些丰富多彩的社团活动，多开展一些富有趣味的知识竞赛，督促学生进行良好的自我认知和自我反思。多开展一些学生感兴趣的活动，让同学们在趣味中更快熟悉和认知自身喜好与特长，多开展学生之间的交流互动活动，帮助相互之间都能更准确地认识自我，听从自身内心的真正想法，找到适合自身学习风格的学习策略，莫被其他人所左右。

⑦加强自我监督。学生对学习进行设计，可使自身的自主学习更具有规划性，提升自身的自主学习能力和综合素质。学校加强大学生学习过程中的政策监督，制定奖励措施，增加实验课程，开展趣味性的社会服务或实践活动，寓教于乐，既可加强实践活动应用，提升专业实践技能，还可以进一步完善教育体系。教师要有对课堂教学的把控能力，调动学生课堂学习的积极性，活跃课堂气氛，集中学生的课堂注意力。学生要增强目标意识，富有自我完善意识，能节约时间，正确利用课余时间，高效完成学习任务。

⑧激发学习兴趣。兴趣是最好的老师，浓厚的学习兴趣可以激发学生的求知欲。兴趣是学习的动力，可以引导学生自学能力的提升，充分发挥学习的自主性。通过多种渠道激发并培养学生专业学习的兴趣，可以使其主动制定并规范执行自身学习计划，按进程安排各项学习活动。提高学习兴趣，可以使枯燥的学习活动变得十分有趣而轻松，使大脑处于亢奋状态，思维敏捷；可以降低学习活动的难度，让学习感觉简单易行。

⑨掌握学习方法。好的方法是成功的一半。学生要注重学习方法的改进，找到适合自己的学习方法，专注于学习任务的完成。学生要把学习行为常态化、

日常化，不要为了考试而学习。作为学习活动的主体，学生还要在平时多注重知识的巩固与复习，不要依赖于考前抱佛脚或者投机取巧；上课时注意力高度集中，认真听讲，少玩手机少聊天，充分利用上课时间；对知识点要经常进行预习、复习和总结，上课时要有选择性地记笔记，着重于重点和难点；课后要加以复习巩固，对知识点进行梳理，并进行针对性的扩充练习；复习时要注意有效利用时间，进行合理分配，有计划有目标，利用便捷的学习途径。另外，还要掌握科学的学习方法，培养兴趣、独立思考，形成辩证思维；注意课堂上要认真听讲，课后要多复习，找准自身不足的地方，对症下药。对于体育类学习，可以结合多开展趣味性活动开展，利用理解式或动作式的学习方法。

⑩加强协作式学习。学生要学会共享学习资源，经常交流学习方式。教师要致力于改变学生以往单独学习的方式，通过在学习中设置小组活动，鼓励小组成员之间进行互相督促、讨论学习，让学生在学习中学会协作，提高团结合作能力。低年级的学生可以多与学长学姐进行沙龙或交流活动，发挥朋辈教育的积极效应。注意吸取他人优质学习方法，注重学习效率，同学之间要经常进行信息反馈与改进建议的交流。学校要注重增强对大学生个性的适应力，提供让每个人发挥自己优势的机会，如可以从社区建设的平台出发，加强协作式学习，提高学习效果。协作式学习过程，也可以促使大家保持谦虚谨慎的学习态度，对大学生学习有重要意义，能提高学生的整体合作学习水平。

⑪加强学校教育设施建设。部分学校的老校区，设施落后几十年，硬件环境有待加强。学校应提供完善的学习设备，提供丰富的学习资源，加大经费投资力度，提高硬件设施，让学生体验更多先进的教育内容。学校应设法了解学生的学习想法和对课程的需求，建立更多奖励机制，提供丰富而优质的学习资源。学校课程实际应该多元化，多设计能增强学生实践能力的课程体系。学校要建立良好的学习环境，给学生提供足够多的学习机会和场所，改善宿舍条件，扩充学习资源，完善公共设施。学习环境改善良好了，可让学生学习更有成效。图书馆是体现一个学校的校园文化中心，阅读书籍的类目要有厚度、深度、广度，鼓励学生平时多去图书馆，多阅读专业知识书籍，以及提升人文素养、外文类的书籍，不仅可以开阔视野，了解知识前沿，还可以丰富自我内涵，有助于提高学习的效率。

⑫建立学校监督机制。学校的监督职能，旨在提高学生动脑思考能力和发散性思维，提高创新力和创造力；优化学习方法，避免死记硬背式学习；提高大学课程的质量，提高素质教育。特别是对一年级学生群体，提供学习过程的

优秀范例，必要时采取强制性措施，促使学生形成良好的学习习惯。另外，学校可以给每个班级配置固定的自习教室，最大程度上鼓励学生进行自主学习。学校还可以多组织一些技能培训或专题讲座，让学生增长见识，获得实用的知识和技能。还可以通过加强学习过程体系的改善，开展实质性学术实践，杜绝形式主义实践活动的出现，改善师资队伍力量，加强教与学的双重过程监督与教育管理。

⑬课程体系设置要合理。课程设置应具有系统性、连贯性和目的性。课程安排要合理，公选课安排应减少，选修课有所增加。据调研，学生普遍反映，在学业中无关的科目学习过多，学校设置的课程应更多地落实到学生适用、实用之处。有些课程则不需要设立，如果仅仅是为了完成教师教学任务而设，学生既学不到东西，又认为没意义，对学习的积极性会产生一定的消极影响。学校要关注课程设置本身，来切实提高课程安排的质量，这样才对学生更富有吸引力。科学的设置学习课程，最好不要出现知识“倒挂”的现象：即未学的知识先用，学过的没用，如果增加了课程学习难度，反而降低了学生学习的兴趣性、积极性和主动性。学生作为学习者，一般来说，只对自己喜欢的知识类学习有兴趣，有了兴趣就能激发他们更强的学习动力。学校要改变课程传统的学习方式，就要改变那些流程化、形式化、表面化的内容，让学生真正地学到知识。另外，如果学校提前公布后期学习计划和科程安排，可以便于学生树立明确的学习目标，进行合理的选择，设置适宜的课程学习计划。

⑭注意学习过程的复杂性。大学学习内容是广泛而多样化的，学校要突破课本教材的思维局限，达到真正实施学生自选课程修读学分制的层次。鼓励学生多接触各类课程知识，在学习过程的复杂性中抽丝剥茧、重点发展，强化个体的个性化学习和创新性学习。引导学生理性安排时间，早期进行人生职业发展规划，制定学习计划，改进学习方式，拓展学习途径，提高学习效率。注重学生学习思维、创新思维的培养，遵照循序渐进的原则，保持认真和努力的学习态度。并推崇在学生学习活动中劳逸结合，鼓励多锻炼多运动，时刻充满精神活力。

⑮增强师生课堂交互式学习。交互式的学习，就是让学生参与到课堂授课活动中来，融入教师课堂教学环节。它是从学生和教师两个角度出发，寻求合适的学习过程平衡点，有针对性地解决学习过程中出现的问题。教师课堂讲授内容要依据学生实际基础情况，强调知识重点，授课时思路清晰、主次分明，多讲授实质内容，少说废话；不要采取灌输式、填鸭式的教育方法，要多开展

提问环节，与学生进行交流，吸引学生的注意力。并且，教师要注意转换教学方式，开展课堂互动，使课堂气氛活跃，让学生感觉自由无拘束。教师要在充分了解学生思想动态的基础上，掌握学生的需求，关注学生心理状态，并进行适当引导、适度讲课。学生也要争取与教师主动交流，尽量在课外也有较多的时间进行接触，打造师生学习的共同体。现代网络、通讯方式等新媒体的发展，对学生学习最有益的支持之一，就是可以为师生交流提供便捷的条件与方式。师生共同体的创新发展，可促进校园浓郁学习氛围的营造，实现交互式学习的双赢。

⑯促进教师开展有效教学。教师要注重启发大学生的学习兴趣，授课技术要先进，适当运用多媒体课件，使课堂呈现更加生动有趣，让学生自觉放下手机网络，身心都投入到课堂学习中。课后多带领学生开展学术实践类活动，常去学生自修室走走，进行指导答疑解惑。学校也要对教师加强管理引导，采取教学激励制度；多为学生提供优质的学习环境和学习资源。教师还要指导帮助学生认清自我，制订学年学习计划，设置合理可行的学习目标，并促进其目标进程的实现；作业布置要有学习意义，文科可以列读书单、写读书报告，甚至可以是搜集查阅文献；课堂讲授的知识，最好与课程内容有一定的相关度。除此之外，教师应减少课内传授，增加学生课外知识的学习，使其学习内容不受课本局限；拓展学生视野，启发学习思维；及时公布考核成绩，让学生了解自身缺陷和不足。教师要加强课堂有效性教学管理：加强课堂监督，顺利完成课堂教学任务；加强课堂秩序，严禁上课玩手机、睡觉；加强过程控制和管理，提高课堂教学的有效性；加强创造性学习启发，培养创新思维；加强随时抽测，检验课堂教学效果。除此之外，教师尽量加大学习资源的投入，多开展实践类教学活动；各方面多层次鼓励学生，给学生以主动性关爱和教育；课堂上给予适量的练习巩固学习活动，给学生独立思考的时间和空间。

⑰注重能力的培养。首先，学生自己要注重实践能力，专注在课堂学习之外，尽量多实践、多实验、多动手，不要局限于书本知识，增强实践活动。其次，教师要注重培养学生的自主学习能力，改善教学方式，提高学生的学习积极性，对不同的学生采取因材施教的教学方式，从教授知识到教授学习方法；注重学生应用能力的培养，将知识与技能相结合，关注学生在学习过程的生长力。再次，学校要注重学生动手能力的培养，将实践与理论知识相结合，多开展操作性实验课程，在学生社会实践的过程中增强其灵活性，与社会实际紧密联系，增强学生课外学习的强度，多开展课外实践学习；注重学生个性化能力

的发展，从意识方面着手，关注家庭教育对学生学习的影响，可通过新生家长会的召开更新家长教育观念，改变学生学习观念，注重对学生灵活性的培养。

⑱学习的社会性。学生大学毕业后是要走上社会、服务社会发展的，所以，在学习的同时，要增强自身社会实践学习时间，突破课堂和课本的局限，完成对专业知识的学习，学习有关社会热门的技能知识；要不断加强自学能力，加强社会实践能力。学校要定期举行就业指导讲座，传授面试技巧方法，促进大学生学习过程的输出成效；为大学生提供一些与社会接轨学习的机会，让学生充分体验校园学习生活之外的社会经历，增强其就业竞争力。

2. 学习过程评价的对策建议

从实践调研的开放性题目中，我们也收集到了学生关于学习过程评价的对策和建议，在学生群体的视角下，对本研究问题进行了深入的思考。具体内容在这里以学校类别分别进行阐述：

（1）985 高校

①评价主体上，由师生共同参与，以教师评价为主，同学评价为辅。增加学生自评部分，能促进学生学习活动的参与性和主动性；增加学生互评部分，能让学生们之间更加团结协作，增强协作式学习的评价意识。

②评价内容上，除了成绩评价之外，还要适当增加对考试之外的过程性活动内容的评定。并且，还要开展学生在有关学习活动方面的自我评价和同伴互评，加大权重系数，这样才能够更全面地评价其学习过程。

③评价实施要多方面，不以成绩作为唯一的评价方式，不以成绩评定一个人的所有方面，要从不同的侧面、不同的层次进行评价。对评价对象要从多方面多角度进行分类，把评价工作做实，做到独立自主、公平公正公开和信息透明，消除主观差异。过程中要进行多次考试、测试，对学习之外的部分也要进行测评。

④评价体系上，要进一步完善。可以利用设计更详细的过程程序并建立评价标准，这样能够更直观、更有针对性地进行评价。还可以更改本科学习学分修读制度，让学分设置更加合理化、科学化。

⑤评价手段上，要更加丰富化，可以采取多种方式综合的方法进行互补，降低实施单一方式带来的片面性，发挥过程评价的真实性、客观性作用。

⑥评价的角度上，要注重评价的全面性。可以多开展交流会，进行多方面学习，如建议经常组织一些专业覆盖性强的学科学习交流会等。

⑦评价要求上，要具体和细化指标。各项指标的测评要具备循序渐进性，

多样化、专业化地开展评价活动。

⑧评价结束后，要注意评价的事后反馈、调整。以解决学生实际学习过程问题为主，多开展学习过程评价，有利于学校的管理。

（2）211 高校

①增加过程性评价的频率和效果运用。要经常性开展评价，可以让学生更多地进行自我反思，了解自身的不足，及时纠正学习行为；也可以通过定量分析，达到质性的结论。自主、灵活地学习是学习过程的关键之一，应加强学生日常学习、复习的连续性，禁止考前突击。

②注重评价的系统性。根据评价主体的多样化、评价结果的动态性特征，改变以往教师评价过多的情况，由师生协调进行同学互评，与学生自评相结合，以专家督评为补充，进行多方评价以增加其系统性。并且，适当增大教师、同学评价力度，适当减少自评力度，防止个人主观意识浓厚，合理进行评判，增强评价的客观性。完善评价制度和评价方式，坚持过程的公平公正公开。

③从个人的综合素质入手，把平时作业完成情况再纳入评价系统，不单看学习成绩，加强对平时学习的考评。并且这种方式，不要浮于形式，应落到实处，最重要的是改变观念，不然效果为零。

④设置简单易懂、富有趣味性、便于操作的评价题目，必要时进行提示和解释。问题设计更接近学生兴趣点，这样可以提高评价的有效性，促使评价结果更真实。

⑤加强评价过程的细致性和准确性，制定一些强制性措施，加大监督力度，使评价切实做到实处，防止走形式。

⑥注重评价结果分析和评价报告。营造良好的评价氛围，提升学习效率，培养学生学习的规划性、主动性、准时性，这样可以使大学生更明白努力的方向，理解所学的知识。

⑦革新学习过程评价的内容。现有的大学生学习评价方式更多地倾向于女生，因为女生有较强的自主性和自律能力，而男生则在课余实践类学习活动方面擅长。适当调节学习评价的内容，多开展动手实践类学习内容和活动，可促进学生之间的交流沟通，实现共同学习、集体学习、讨论学习，改进自身学习方式，同时也可加强师生联系，更有利于知识的获得。

（3）非 211 高校

①改进学习方式。对于大学阶段的学习来说，与以往高中的强制性、督促性学习方式不同，大学的学习中自学时间占了大部分，但普遍来说现在的大学

生自学的学习能力不强，应以自学、探讨为主，参考为辅，加强协作式学习，探索学习方法，促进学习过程成效。

②增强学习自主性。让大学生逐步适应大学生活过程的方式，要自觉监督好自己的学习，制订好学习计划，有助于提高大学生的学习效率。大学生学习特征是自主性的，学习时间也应该以自由性为主，积极参与学习活动或社团活动，可以有助于引导大学生进行有效自我反思。大学生应定期进行自我学习评价报告，反思自身学习情况，有计划有实施地开展学习活动，按时完成学业。另外，自主学习可以进一步集中注意力，提高学习效率，以合理安排时间为基础，进行有计划地学习。

③学习目标评价要因人而异。目标的制定要分层次、分阶段，远期的大目标，要分解为短期的小目标，分阶段一步步努力推进、逐步实施，产生激励个体去实现大目标的驱动力。

④对学习过程评价的有效信息要把握好沟通反馈。学习不仅仅是学生的事情。学习过程是教学过程的双生体，是师生间的相互配合，需要双方的交流和沟通，吸纳经验、取长补短，促进教学相长。了解和把握好学习过程，保障一定量的交流时间，这是对学生能力的一种锻炼，要努力并坚持。作为教师，应与学生积极配合，拉近彼此感情和角色的距离。作为学生，交流之后要积极进行自我反思，经常思考自己学习过程中效率低的步骤，进行改进；更要经常主动地与教师交流，吸取知识的精髓。

⑤评价方式应与课堂特点相结合，方法要多样灵活。不能仅仅使用纸笔测验代替过程性考核的全部，可以采用抽测考核的方法进行考试或考察，也可以以实践交流报告的形式进行。

⑥注重理论与实践相结合的评价。大学学习生活相对较为轻松自由，课外活动丰富，但缺乏一定的质性体验，缺乏实践类主题。提高与人生活的贴近度，注重理论实践相结合，增加实践类课程，多开展社会实践，走出校门进行实践性学习，不但有助于增强学生的社会经验，还有助于学生了解社会形态，体验知识、学习、能力和技能的重要性，实现与社会的日常接轨，提升社会生存力。

⑦着重对实践应用能力的评测。多样化学习，多贴近社会实际，让学生在体验中成长，是一种有效的学习方式。学校应鼓励大学生多参与社会活动，增强学习动力。

⑧注重思想道德素质的评价。大学学习过程，不仅包括知识的学习，还包括生活的学习。学生的情感、态度、价值观的培养，决定了思想道德素质的水

平。多开展课外活动，多开展有意义的活动，有利于学生通过多种渠道进行自我认知、自我反省。既关注大学生学习水平，更关注在实践中表现出的情感态度价值观的个性倾向，这对大学生学习起到一定的促进作用。

⑨制定课外实践与社会实践相融合的评测条例。完善第二、第三课堂学分的设置和管理，通过对学生参与学校举行的人文知识、素质教育类主题讲座的形式，或者通过校外企业实习平台的方式，将理论学习融入实践活动当中，增加一些动手操作的学习内容，让学生在实际体验中进行学习反思总结，进一步加强实践应用能力。

⑩结合学生学习过程的评价，开展对教师职能发挥的评价。学生学习的过程，离不开教师教书育人的职责。作为辅导员，应多组织开展主题班会，积极与学生进行思想和心理上的沟通，增加学生学习的动力，及时地进行疏导释压，可以增强大学生学习过程的趣味性。作为任课教师，可以把更多的自主学习时间留给学生，不能局限于书本教学，要改变传统授课方式，多发挥学生的自主能动性；培养学生的学习兴趣，提供更多的展示机会、更多的学习时间给大学生；可为学生建立学习小组团队，增强课堂上小组共同讨论的学习环节，调动学习的积极性与趣味性，让兴趣引导学生获取学习上的成功。另外，教师还可以加强宣传督促的力度，帮助学生实现良好的自我管理。

⑪丰富评价方式。教师应定期组织班级进行内部评价，除自我评价、同学互评、教师评价外，还可以开展学长评价，以及社会评价、专家评价部分。评价指标多贴近学生学习生活实际，以便于了解他们真实的学习过程情况。学校增加组织开展评价活动的次数，注重学生方面的评价，摒弃单独依靠教师主观意识的评价方式，注重真实性。要尊重学生人格，客观理性地看待他们的特长与不足，保持公平公正的态度，对学生进行全面综合分析，评价内容多元化，防止过于注重成绩的单一化思维习惯，要把重点放在过程评价后的反馈实施阶段，帮助学生进行矫正调整。还可以增加同伴互评，会发现更多潜在问题。

⑫拓宽评价途径和方式，增加评价的科学性。有学生认为，目前的评价方式不灵活，评价主体比较单一，应该多元化评价主体，使多种评价方式并存。可采取教师评价、自我评价、同伴互评、专家督评、家长评价结合的综合评价法，各个评价方式的比率应科学设置、慎重考虑，以学生自评、教师评价、同学互评为主，重在引导学生对自我形成正确的反思，支持师生、生生关系在学习共同体发展上的必要性。另外，评价内容需多样化，包容性要强。实施过程性学习评价的频度适当，不宜过于频繁或流于形式。

⑬细化评价指标和内容。评价之前，首先要对学生明确告知学习过程及其评价的内涵。有学生认为，评价标准应因人而异，根据不同具体科目课程的不同性质，进行相应的评价；增强内容的灵活性，增加对影响学习原因的分析评价，过程要严谨，否则会无法做到完全的公平公正。

⑭评价形式和实施方式要灵活。调研学生认为，大力开展大学生学习过程评价是很有必要的，这可以通过问卷调查的方式来证明学生有此需求。有学生认为，过程性评价中同学互评部分的实施可以采取纸质量表的形式，以寝室、班级或者院系为单位分组来实施测评。也有学生认为，测试要紧跟时代发展，量表改为电子版形式，可以节省时间、人力、物力和财力，提高评价的速度。也有学生认为，传统问卷方法太传统，既费时又费力，可以把纸质版、电子版结合开展，还可以增加开放性题目的量，详细地解读大学生学习过程中存在的疑惑。另外，我们还可以通过信息渠道的形式开展，比如利用微信互动平台实施评价，有利于更深入、更频繁地开展评价。

⑮对学生过程性学习测评题目的设置要适当、适量、适宜。题目设计应以学生层次为主，有简略有详细，不要烦琐；问卷调查选项的陈述要简洁明了，题量适当，相似题不能太多，满足有效性检验就好，还要避免选项重复、单一化或不全面的题目。对课程学习的过程性评价题目内容，不要局限于课程学习，还要增加时间管理与学习关系的问题。

⑯学校要提供好的评价环境。完善教学设施条件，改善教学制度，制定完善的评价机制，以科学评价的方法方式，促进评价活动的开展实施。可以通过开展一些相关学术交流活动、多开设公开课、讲授学习的方法等形式，鼓励学生进行自主学习，师生一起互动学习，或者通过举办活动竞赛实施奖励办法，调动广大同学参与过程性学习评价的积极性。

⑰对学习实施过程性评价的看法。有学生认为，过程性学习评价非常有教育意义，非常适合大学生的日常学习生活，在很多方面都可以起到督促过程的作用。对于大学生学习有更好的帮助，应当在大学生学习过程中多次开展，可以起到让学生充分认识自身的作用，进行合理有效的执行学习活动。过程性学习评价，可以使学校详细了解学生在过程中的真实发展情况，更加实际、深刻地了解大学生的所知所想，认真听取学生的合理意见，有利于学校进行有效整改；更有利于学生进行及时改善总结，找出自身学习的不足，提升学习体验的愉悦感和幸福感。被调查者认为，约 90% 的学生认为开展过程性评价很重要，因为这个过程可以让学生认识到自身问题的根源。也有个别学生认为，这种评价方式对他

们来说意义不大，目的想法不错，但实际操作可能会有形式主义出现。

总之，过程性学习评价可以克服传统的单纯依靠学习成绩评价学生总体的弊端。要注重过程的实施，要防止评价程序流于形式；认真听取学生的建议，不能引起学生反感和抵触心理。评价者也要注意利益相关者，减少个人主观意识成分。

3. 实现路径

加德纳认为，个性化教育的理念既在发展学生多元智力的课程方面有所体现，也在教师教学、学生学习和学习评价方面有所表现。对大学生学习过程及其评价问题、对策建议进行研究的同时，也要着手对问题解决的实现路径进行思考。本书以对评价理论和框架的构建和对16所高校大学生学习过程及其评价的应用为立足点，研究各项内容的实际操作。在评价应用中发现，目前大学生学习过程评价的实现，有以下一些路径：

（1）评价机制趋向自评与他评相结合的整合型，且重视学生自评

学习过程评价是贯穿发生在学生学习过程之中，并且动态地进行的，是对学习进程中问题与质量的判断，并利用诊断信息为后阶段的学生学习与教师教学提供参考。它以学习过程中每一阶段的后续行动为关注点，尤其是学生对于学习过程中的自我判断、自我评价与自觉反思，将自评与他评（含教师评价、专家评价或家长评价等）进行有效整合，促进学生对于自身形成更加全面客观地认识，以及进行正确地自我分析、自我矫正、自我提高，从而达到预期的学习目标。

（2）评价内容注重强调对学习过程的评价

社会是由不同的单元组成，作为其中的一元，学生个体也是其组成部分之一。世上没有任何两片完全相同的叶子，对于每个人来讲也一样，人与人之间都实际存在着个体差异，不尽相同。更何况，人与其他有机生物的最大不同，就在于人具有活跃的思想和独特的思维，不可能在统一格式、同一模式下实现发展。要把人作为人，重视其多元智力、个性化发展，才能实现社会进步，促进教育发展。另外，个体的自主性发展是教育的目的之一，注意培养与激发学生的自主性学习能力，且在课程构建与教学活动中，为了对优化课程结构，改进教学过程，要注意对学生学习过程适时开展评价，顺应社会创新发展、教育改革前行的发展趋势。

（3）评价标准关注学生的个体差异

加德纳认为，每个人都或强或弱地拥有九种智力潜能，而且这些不同智力

之间以不同的运作方式进行组合，构成了每个个体独立的多元智力。由此说明了一点，每个学生个体具备不同的多元智力组合，个体差异性真真实实地存在于人与人之间。认真对待学生个体差异，是多元智力理论的核心理念之一。为此，加德纳还指出了个别化教育（individually configured education）的构想，来促进因材施教理想的实现①。在关注学生个体差异，利用评价标准来促进学生的个性化发展方面，美国拥有一定的先进性经验。20 世纪 80 年代末，美国政府对教育标准开始进行了立法化；2001 年，《不让一个孩子掉队法》由美国政府通过实行，要求各州教育评价标准继续执行变革，对学生学习成绩的评价标准，也要从 3 项及以上等级的水平标准进行测评，这对于各州的教育评价发展起到了较大的影响作用；2004 年，美国各州对课程标准进行了制定；2009 年，美国政府教育部对各州的课程标准提出了更高标准的要求，并对学生学习评价系统进行改革完善。

（4）评价方法的多元化需求

当今社会具备信息化、多元化、复合化的发展特征，关于各角度评价方法的影响要素，也要进行合理性、科学化解释分析，结合评价信息的日趋复合化、综合化收集趋势，可以为科学化、合理化的决策服务，提供可靠的理论基础与有力支撑。美国在评价方法研究方面，采取了许多实践性变革，获得了一定的研究成果，值得其他国家借鉴。比如奥巴马政府，为了能促进各州在反映学生多元能力发展方面切实做出实效，鼓励各州在革新学生成绩测评方法方面能有所突破，这一点与小布什政府时期的教育评价方式相比，有了比较大的进步。在科学评价研究中，运用多元化方法，使用多样化工具，不但能为科学决策提供合理的依据，也是促进学习科学朝着实证方向发展的必经路径。

（四）S 大学学生学习过程评价的个案跟踪调查研究

教育部在其颁布的全日制义务教育《数学课程标准（实验稿）》（北京师范大学，2001）中建议，对学生基础知识和基本技能进行恰当评价；重视对学生数学学习过程的评价；多样化评价主体和评价方式；注重培养学生发现问题、解决问题的能力；以定性和定量描述相结合的方式对评价结果进行呈现②。数学知识的获取与应用是相通的，大学生关于数学课程学习过程性评价的理解与基

① 夏惠贤．多元智力理论与个性化教学［M］．上海：上海科技教育出版社，2003：57.

② 张炳意．小学数学新课程实施中学生数学学习过程性评价研究［D］．兰州：西北师范大学，2003：6.

础教育阶段类似，对于知识技能、发现问题与解决问题的能力、评价多样化有着同样的诉求，采取定性与定量相结合的方法。本研究以S大学理学院一工科自然班级学生为样本，对其《高等数学》课程学习过程跟踪调查分析为例，观察、研究、验证大学生学习过程评价体系在实践实施中的效果体现。该班级学生的基本信息情况为：

表6-17　个案研究对象基本信息一览表

项目类别	选项	人数（N=28）	比例
性别	男	18	64.29%
	女	10	35.71%
民族	汉族	27	96.43%
	少数民族	1	3.57%
高校类别	非211	28	100%
年级	大一	28	100%
住宿情况	住读	28	100%
区域	东部	28	100%
专业类别	工科（光电）	28	100%
生源地特征	城镇	20	71.43%
	农村	8	28.57%

1. 样本学生学习起点评价情况

以该班级学生在2014年9月进校时的高考数学科目成绩（见表格中有底色为灰色的一列）作为《高等数学》学习的起点评价，具体情况见下表所示：

表6-18　样本班级学生学习起点评价情况表

序号	姓名	性别	院系	学号	出生年月	民族	考生类别	省市	投档成绩	语文	数学	外语	综合
1	*梦*	女	理学院	1412231101	11-95	汉族	城镇	江苏	343	108	122	83	/
2	**蓥	女	理学院	1412231102	08-96	汉族	农村	江苏	343	107	122	80	/
3	*健*	男	理学院	1412231103	09-94	汉族	农村	江西	517.9	91	119	103	204
4	**霄	男	理学院	1412231104	06-95	汉族	农村	浙江	531.9	103	117	99	212
5	**媛	女	理学院	1412231105	01-95	汉族	城镇	陕西	492.3	126	114	107	145
6	*玺*	男	理学院	1412231106	03-94	汉族	农村	山西	529.1	108	113	104	204

续表

序号	姓名	性别	院系	学号	出生年月	民族	考生类别	省市	投档成绩	语文	数学	外语	综合
7	* * 阳	男	理学院	1412231107	01 – 96	汉族	城镇	上海	397	95	110	88	/
8	* * 妍	女	理学院	1412231108	01 – 97	汉族	城镇	上海	392	97	108	90	/
9	* * 豪	男	理学院	1412231109	07 – 95	汉族	城镇	上海	394	92	108	104	/
10	* * 平	男	理学院	1412231110	02 – 96	汉族	城镇	新疆	466. 1	99	106	125	136
11	* * 晟	男	理学院	1412231111	03 – 96	汉族	城镇	上海	393	86	106	83	/
12	* 曦 *	男	理学院	1412231112	02 – 96	汉族	城镇	上海	392	90	105	113	/
13	* * 淳	男	理学院	1412231113	11 – 95	汉族	城镇	上海	398	84	105	117	/
14	* 珏 *	男	理学院	1412231114	07 – 96	汉族	城镇	上海	392	87	104	101	/
15	* 禛 *	女	理学院	1412231115	06 – 96	汉族	城镇	上海	397	90	102	98	/
16	* * 哲	男	理学院	1412231116	10 – 95	回族	城镇	陕西	491. 3	124	102	106	159
17	* * 晔	男	理学院	1412231117	08 – 96	汉族	城镇	上海	400	103	99	112	/
18	* * 琪	女	理学院	1412231118	05 – 95	汉族	城镇	四川	510. 0	110	97	125	178
19	* * 怡	女	理学院	1412231119	10 – 95	汉族	城镇	上海	394	89	95	114	/
20	* * 斐	男	理学院	1412231120	04 – 96	汉族	城镇	上海	395	100	92	103	/
21	* 辉 *	男	理学院	1412231121	08 – 95	汉族	城镇	浙江	534. 5	115	91	133	195
22	* * 丰	男	理学院	1412231122	07 – 96	汉族	农村	江西	520. 9	93	91	122	214
23	* 欢 *	男	理学院	1412231124	12 – 94	汉族	城镇	上海	394	105	84	112	/
24	* * 蔚	女	理学院	1412231125	03 – 96	汉族	城镇	上海	398	100	80	118	/
25	* * 慧	女	理学院	1412231126	05 – 95	汉族	农村	贵州	437	115	75	109	138
26	* * 鑫	男	理学院	1412231127	09 – 95	汉族	农村	广西	469. 9	112	74	108	175
27	* * 浩	男	理学院	1412231128	09 – 96	汉族	城镇	安徽	485	103	66	116	200
28	* * 敏	女	理学院	1412231129	04 – 96	汉族	农村	安徽	484	102	63	125	194
平均分									439. 0		98. 9		

表格中“/”表示录取时无此项内容。另外，鉴于仅对数学科目作入校前和过程中的比较，所以表格中平均分只对数学科目进行了计算，其他科目或总分的平均分忽略。从表格中我们可以看出，此样本班级学生入学时的数学成绩平均为 98. 9（150 分制），折合为 100 分制的 65. 9，可作为起点评价的重要参考

依据。

该样本班级学生在 2014 年 9 月进校时上海生源和外地生源的比例为 13: 15，外地生源质量随地域区别表现出较大的差异性，若以高考成绩为起点评价，在全校理工科学院（不含文科类学院，因其不参与全校统考排名，故此处不作数据对比）学生中的排名情况如下表 6 – 19 所示：

表 6 – 19　样本班级学生学习起点评价成绩排名情况表

序号	学院名称	投档总平均分	投档数学平均分	上海生投档总平均分	上海生投档数学平均分
1	香料香精技术与工程学院	467.3	96.1	400.7	96.6
2	计算机科学与信息工程学院	467.0	99.2	395.6	100.2
3	轨道交通学院	467.0	97.7	397.3	100.3
4	城市建设与安全工程学院	465.7	99.4	393.0	100.8
5	化学与环境工程学院	462.7	97.7	395.7	96.8
6	生态技术与工程学院	462.6	98.7	406.1	100.2
7	材料科学与工程学院	457.6	96.1	396.3	98.0
8	机械工程学院	452.6	101.6	395.7	103.8
9	电气与电子工程学院	448.9	98.9	394.2	99.6
10	理学院（仅含样本学生）	439.0	98.9	395.1	99.8
11	全校平均分	462.2	98.6	396.9	99.7

从上面表格 6 – 19 可以看出，该样本班级学生的高考投档总平均分位居最后，显著落后于全校平均水平，数学单科投档和上海生源学生的成绩在全校也仅仅处于中间水平，学习起点评价情况处于绝对劣势的水平。

2. 样本学生学习过程评价分析研究

本研究者把该样本班级学生作为 S 大学参与学习过程评价的试点班级，按照以下过程性学习评价方法进行课程成绩的评定，具体方法如下：

每两周一次的数学学习过程性统一测评 10% （N 次测评的平均分，作为该课程总评成绩的 10%）；平时表现在过程性学习评价中占总评成绩的 20%，主要包括课堂出勤、作业提交的 10%，在晚自修上开展的每周一次的课外讨论 10%（以个人轮流讲解试题与小课题分组讨论交流汇报的形式进行评价），按学习过程评价指标权重系数模块一的方式进行计算，详见后面表格 6－21 所示，教师测评权重 0.35，学生自评权重 0.34 和同伴互评权重 0.34。由于测评时采取的满分制为 120 分，为了保证平时成绩最高为 100 分，对评价分数进行了相应比例上的调整处理，即所得评价分/1.05 后所得的分数才为平时成绩的原始权重分数部分；期中考试成绩占总评成绩的 20%；期末考试占总评成绩的 50%。照此评定方法，该样本班级课程评价成绩动态变化情况如下表格 6－20 所示（个别用“/”号标注的，表示该学生在对应统测中因会议、活动等其他情况实际未参与）：

表 6－20 样本班级《高等数学（上）工》（学习过程评价）总成绩一览表

学号	姓名	平时成绩 20%	1 测	2 测	3 测	4 测	5 测	测平均分 10%	期中考 20%	期末考 50%	课程总分
1412231101	*梦*	83.9	90	64	71	60	49	66.8	89	94	88.3
1412231102	**蓥	90.5	73	54	76	23	41	53.4	79	76	77.2
1412231103	*健*	100.0	65	70	54	25	28	48.4	76	65	72.5
1412231104	**霄	91.0	93	84	55	29	66	65.4	74	59	74.0
1412231105	**媛	80.0	62	42	42	15	53	42.8	64	54	60.1
1412231106	*玺*	92.0	85	48	46	58	19	51.2	85	79	80.0
1412231107	**阳	90.7	/	47	48	35	42	43.0	76	64	69.6
1412231108	**妍	80.3	35	32	30	/	50	36.8	64	80	72.5
1412231109	**豪	86.6	57	36	53	29	43	43.6	90	68	73.7
1412231110	**平	80.7	33	33	35	10	56	33.4	64	62	63.3
1412231111	**晟	88.3	85	82	45	48	35	59.0	87	74	78.0
1412231112	*曦*	87.2	56	59	28	53	54	50.0	84	67	72.7
1412231113	**淳	94.0	78	48	58	47	32	52.6	90	64	74.1
1412231114	*珏*	93.2	77	73	60	40	42	58.4	83	67	74.6
1412231115	*禛*	95.3	89	45	48	/	28	52.5	74	64	71.1
1412231116	**哲	79.3	18	57	14	/	48	34.3	43	58	56.9
1412231117	**晔	86.0	57	47	42	/	36	45.5	70	66	68.8

续表

学号	姓名	平时成绩20%	1测	2测	3测	4测	5测	测平均分10%	期中考20%	期末考50%	课程总分
1412231118	＊＊琪	97.8	/	52	62	34	32	45.0	81	78	79.3
1412231119	＊＊怡	91.4	/	68	50	21	20	39.8	73	82	77.9
1412231120	＊＊斐	80.7	55	47	44	32	22	40.0	77	65	68.0
1412231121	＊辉＊	68.2	/	35	35	/	23	31.0	76	37	50.4
1412231122	＊＊丰	87.7	87	45	42	/	/	58.0	87	77	79.2
1412231124	＊欢＊	68.8	46	32	33	/	33	37.0	63	37	48.6
1412231125	＊＊蔚	76.9	31	51	29	3	3	23.4	64	37	49.0
1412231126	＊＊慧	98.7	53	39	33	14	/	34.8	76	76	76.4
1412231127	＊＊鑫	79.0	75	48	39	23	/	46.3	64	82	74.2
1412231128	＊＊浩	85.3	76	60	52	37	/	56.3	72	87	80.6
1412231129	＊＊敏	77.9	81	87	62	51	/	70.3	92	98	90.0
平均分		86.1	64.9	53.0	45.9	32.7	37.2	46.7	75.6	68.8	71.4

经实践成果检验证明，学习过程中的定期评价，对于学生的学习过程起到了一定的促进作用。总体上，日常测验成绩基本上比较稳定，随着课程内容的不断深入，部分地域来源的学生在中学阶段里提前接触过的一些课程知识也逐渐消散，班级平均分呈现逐渐走低的趋势，特别是最后两次测验的成绩表现普遍较低。主要原因在于以下几个方面：①测验前后有其他科目的期末考试，学生精力主要投入在其复习迎考上，忽略了该课程的强化学习；②同时，与相应部分测验模块内容的难度大，也有着直接的关系；③另外，各种社团、迎新活动在学期后期有所增多，刚入大学的学生又比较新奇，热衷于参加这些课外活动，也在一定程度上分散了他们学习时间的分配。

本研究者与参与学习过程评价的部分课程教师进行了访谈，从教师方面看：①几次测验成绩表现出差异性和平均分较低的情况，与测验题的难度大（高于实际课程讲授内容的难度）有着紧密的关系，因为实际上测评成绩在60分以上的学生，就可以达到历届能考取插班生的优秀水平；②前两次测评成绩相对较好，主要是因为学习内容中有一些在高中阶段就已学习过的知识，学生对这些内容基本有所熟悉；③而后面3次的测评基本属于随堂测验，当日内在白天课堂上刚刚讲授的内容，在晚上就紧接着进行测试，没有复习强化的多余时间，甚至于有些授课进度稍慢的班级学生，对于部分测验内容实际上还未学到。

另外，经对任课教师进行访谈还得知，日常测评题目的难度偏大，不利于学生学习自信心的树立；教师在测评巡考的时候，是可以直接观察到学生们对测评试题较难的表现和感受。因此，相关任课教师决定对测验的平均分进行一些计算处理，即把卷面得分乘以系数 1.3 后再进行总权重系数计算（此举得到了班级学生的拥护，继而对单次测评、其他评价也表现出了较大的积极性，提升了后期改进学习过程的信心和兴趣），之后，再把表格 6－20 中最后一列的“课程总成绩”按公式＝测验平均分＊10%＊1.3＋平时成绩 20%（作业＊10%＋课外讨论＊10%）＋期中考试＊20%＋期末考试＊50% 的方法进行评定。

该班级学生的期中考试成绩在全校统考中位居第一（理学院），而且平均分高出第二名达4.5 分之多，详见下图6－21 所示。数学科目全班平均成绩在期中考试时为 75.61 分，比入校时平均分 150 分制的 98.9 分（150 分制的 98.9，折算为 100 分制的 65.9 分），提高了 9.7 分。虽然平时在课余时间开展的随学即考的测验成绩，在没有复习时间、题型难度偏向于竞赛水平的情况下，总体成绩表现不太乐观，但对学生日常学习过程中的坚持努力不松懈，还是起到了一定的督促和推动作用。

2014–2015学年第1学期高等数学(工)1
期中成绩平均分排序

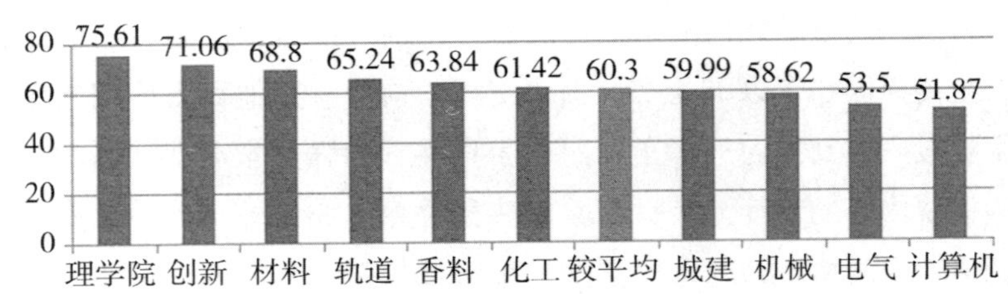

图 6－21 样本学生学习过程之期中考试成绩排名情况

该班级学生（理学院）的期末考试成绩在全校统考中仍位居第一（且班级平均分为 79.4 分，高出第二名达 2 分之多），而且排名是按照全校本次所采取的统一、新式的总评成绩计算方法（平时 30%＋期中 20%＋期末 50%），这与以往所采取的方法（平时 20%＋期中 20%＋期末 60%）有所不同：平时成绩提高 10%、期末降低 10% 的比例；融入了过程性学习评价的理念，注重学生的日常学习过程，并引导学生重视其在日常学习过程中的表现，促进学习过程，提升学习质量。

3. 样本学生学习过程评价结果呈现

本研究者对该班级的《高等数学》课程，进行了每个月一次的学习情况跟踪量表测评（见附录），包括学生自评、同学互评和教师评价（可根据实际情况决定是否需要在学期末增加专家督评和家长评价这两个模块作为辅助评价，专家督评可由学院督导专家评定，家长评价可由辅导员直接联系班级每一位学生的家长，经访谈调查后得以评定），其综合作为课程总评成绩的“平时成绩”部分。关于三次学习过程平时成绩评价的结果（满分120分制）对比，见下表6-21所呈现。

表6-21　样本班级《高等数学（上）工》学习过程评价情况表

学号	学生自评1	同伴互评1	教师评价1	平时总评1	学生自评1	同伴互评2	教师评价2	平时总评2	学生自评3	同伴互评3	教师评价3	平时总评3	平时总评平均
1412231101	76	85	99	86.8	63	64	109	79.4	92	88	113	98.1	88.1
1412231102	97	97	105	99.8	91	91	83	88.2	96	96	99	97.1	95.0
1412231103	111	100	111	107.6	98	93	104	98.6	106	105	115	108.8	105.0
1412231104	88	91	102	93.8	91	95	97	94.3	94	94	106	98.2	95.5
1412231105	66	68	105	80.3	72	97	107	92.0	79	78	82	79.7	84.0
1412231106	86	90	114	97.0	75	99	96	89.8	98	107	104	102.9	96.6
1412231107	98	85	85	89.4	104	97	80	93.4	100	99	109	102.8	95.2
1412231108	69	93	98	86.6	74	75	105	85.2	67	71	104	81.2	84.3
1412231109	93	103	100	98.6	72	84	96	84.1	83	91	96	90.0	90.9
1412231110	75	87	107	89.9	75	78	97	83.6	74	68	98	80.5	84.7
1412231111	83	89	101	91.2	105	96	99	100.1	81	76	102	86.8	92.7
1412231112	78	76	88	80.9	120	75	96	97.7	95	90	103	96.3	91.6
1412231113	85	90	110	95.3	120	96	88	101.4	92	96	110	99.5	98.7
1412231114	100	100	95	98.3	90	94	92	91.9	92	110	109	103.5	97.9
1412231115	97	97	111	101.9	94	94	109	99.3	96	97	104	99.1	100.1
1412231116	86	97	60	80.3	65	120	80	87.3	72	96	80	82.2	83.3
1412231117	90	89	98	92.5	70	87	81	79.1	98	89	110	99.4	90.3

续表

学号	学生自评1	同伴互评1	教师评价1	平时总评1	学生自评1	同伴互评2	教师评价2	平时总评2	学生自评3	同伴互评3	教师评价3	平时总评3	平时总评平均
1412231118	85	85	117	96.2	103	120	112	111.4	95	95	111	100.6	102.7
1412231119	84	98	115	99.2	77	83	105	88.7	80	107	114	100.3	96.0
1412231120	80	86	90	85.4	40	66	106	71.2	82	96	114	97.5	84.7
1412231121	48	90	95	77.5	48	48	82	59.9	48	72	111	77.5	71.6
1412231122	76	82	113	90.8	94	93	109	98.9	74	75	109	86.6	92.1
1412231124	70	67	65	67.3	77	78	66	73.5	70	72	85	75.9	72.2
1412231125	76	85	98	86.5	64	60	92	72.6	74	77	97	83.0	80.7
1412231126	120	120	102	113.7	92	93	91	92.0	120	95	100	105.3	103.6
1412231127	82	91	85	85.8	81	84	76	80.2	70	75	102	82.8	82.9
1412231128	83	107	108	99.2	60	60	82	67.7	81	113	112	101.8	89.6
1412231129	68	120	98	94.6	52	63	94	70.1	72	72	97	80.8	81.8
班级平均分	83.9	91.7	99.1	91.7	81.0	85.1	94.1	86.8	85.0	89.3	103.4	92.8	90.4

对于三次自评、同伴互评、教师评价的成绩，按评价指标体系的权重系数模块一（自评0.34，教师评价0.35，同学互评0.31的权重系数），分别进行综合评价后，得到单次评价的总评1、总评2、总评3。然后把三次总评进行平均后，便得到《高等数学》课程的学习过程评价之平时成绩的总评，即表6－21最后一列数据，此列作为表6－20中该班级过程性学习评价情况表格中的第一列“平时成绩”。

从上面表格6－21数据还可以看出，对每次学生自评、同伴互评、教师评价三个模块成绩进行对比后，笔者发现，学生自评普遍表现出比总评低、教师评价普遍表现出比总评高的现象，而同伴评价则与总评分数表现出较强的一致性。这也进一步表明了，由学生构成的学习共同体贯穿了教师教学、学习者学习的全过程，相处时间比较长，相互之间的了解程度比较贴近于学习者的实际情况，从而使评价结果表现出了更加科学化的特征。

4. 实施过程性学习评价后的结果反馈

研究者所调研高校中的其中一所——S大学，在2014年下半年时，对所属六个二级学院的27门课程实施了过程性考核评价的试点改革，包括公共基础课

（涉及大学英语 1A、1B 共 3340 人次，《高等数学（上）工》《大学物理（下）工》共 3238 人次）、专业类课程（共涉及 23 门课程、593 人次）（含专业纯基础课、专业理论实践课、专业纯实践课），按课程类别分别实施了个性化权重比例的过程性评价方法。本研究者与相关六个二级学院的教学副院长一起进行了面谈和沟通交流，对相关试点改革操作过程获取了一手的调研资料（在此表示诚挚感谢）。例如，其中的一门专业理论课程，对此次实施的过程性学习评价方法与传统的评价方法进行了比较，见下表 6－22 所示：

表 6－22 S 大学某课程的过程性学习评价与传统学习评价对照表

传统学习评价			过程性学习评价		
评价内容	评价项目	评价方法	评价内容	评价项目	评价方法
平时成绩 30%	——	——	平时成绩 50%	日常表现 15%	课堂互动、课下网络交流频繁程度
	课堂出勤 50%	点名记录		课堂出勤 15%	点名记录
	作业情况 50%	作业批阅		作业情况 35%	作业评阅均评分
	——	——		单元测试 35%	单元测试成绩均绩
——	——	——	期中考试 10%	考试试卷 100%	阅卷评分
期末考试 70%	考试试卷 100%	考试考核	期末考试 30%	考试试卷 100%	阅卷评分

另外，其中一个工科学院对参与学习过程评价的《安全科学原理》等 7 门试点课程、涉及 384 人次，实施了为期一个学期的过程性考核评价方法改革试验，并对参加评价的 384 名学生一一进行了事后问卷调研，对学习过程评价的效果进行了复评价。问卷调研中，其中四个题目的问题及选项情况具体为：

（1）您认为，实施过程考核评价后，自身对专业的兴趣如何？A. 对专业感兴趣了，B. 对专业了解了，C. 没有任何影响，D. 降低对专业的兴趣；

（2）您认为，实施过程考核评价后，自身与老师的交流如何？A. 增加很多，B. 增加不多，C. 没有变化，D. 减少；

（6）您认为，实施过程考核评价后，自身学业任务是否增加？A. 增加很多，B. 增加不多，C. 没有变化，D. 减少；

（8）您认为，实施过程考核评价后，自身学习时间投入如何？A. 平时投入很多，期末投入不多，B. 投入一直比较均匀，C. 没有变化，D. 平时投入很多，期末投入减少。

调研得到的数据统计情况，见如下图 6－22 所示：

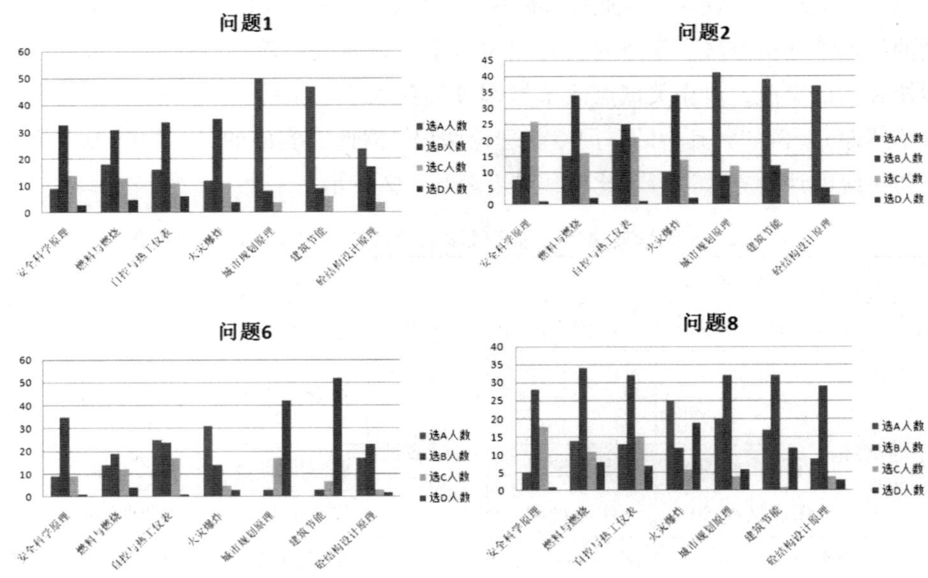

图 6－22　实施过程性学习评价的结果反馈情况柱形图

从上面图 6－22 我们可以看出：①实施过程性考核评价后，50% 以上的受试者表示，自身对于专业的兴趣有了显著提高；②超过半数的学生认为，实施过程性考核评价后，自身与老师的交流也有所增加，个别课程科目增加尤其明显；③在实施过程性考核评价后学业任务是否增加方面，会因课程科目的不同而表现出一定的差异性：对于个别科目学生认为学习任务略有增加，其他科目学生认为学业任务显著减少，还有的科目学生则认为学习任务实际变化不大，而仅仅是在考核形式上有所变化；④在实施过程性学习评价后，逾半学生认为，自身及学习同伴在时间等学习性投入方面，普遍表现出在整个过程都比较均衡的特征，其中有一门课程被大家一致公认为：平时的学习性投入量要远远多于期末时投入的量，这与未实施过程性评价时的学习情况（平时学习性投入少，期末考试时熬夜学习复习加大投入量）相比，表现出了截然不同的现象。另外，通过对参与过程性评价的三门课程的考核成绩进行同期相比后发现，学生学习的优良率有较大提高，不及格率有所降低，班级平均分有一定的提高。同时，通过调研还可得知：⑤超过 1/3 的学生认为自身的学习自主性得到了提升；⑥ 50% 以上的学生认为，对专业知识的掌握效果有所提升，特别是在掌握的持久性方面有所增加；⑦在对学习压力的反馈方面，学生普遍认为实施过程性学习评价的压力比原来传统学习评价的压力有所增加：大多数学生认为压力增加不大，也有少数学生认为压力增加较大，这应该与学习者主体平时的个人努力程度、学习习惯有着紧密的联系；⑧半数以上的学生认为，实施过程性学习评价效果较好。

由此，我们不但在实践中进行了检验，也对本研究开始之初的假设获得了证明：①学习过程评价对于提升大学生学习兴趣、学习自主性，促进他们对于知识技能的掌握，提高其学习过程的有效性，发挥了较大的作用；②另外，可根据具体课程科目学业学习特征的不同，有选择性地实施个性化的学习过程评价方法，还可以减少学生对于学业学习的压力，实现快乐学习、幸福成长的过程。

另一方面，实施过程性学习评价的实践过程中也带来了一些问题：①教师对于课程设计的精力、时间、工作量都有较大幅度的增加，同时也造成了工作压力的增大；②在过程性学习评价实施方案中，对教师参与的积极性缺乏完善的激励制度和办法；③实施过程性学习评价，对教师的教学能力、业务能力、综合素质能力等带来了一定的挑战；④对于实践操作类课程，相配套的实验室条件与实施过程性考核评价的要求还不够匹配；⑤从规模和效果上来说，过程性学习评价更适合于40人及以下的小班制班级，对于80人及以上大班级的适应性则相对较低；⑥对于各类别课程，可操作实施的具体方法不宜完全相同，须分门别类地制定富有个性化特征的评价方案。

对此，本研究者经过专家访谈和深入思考后认为，可以从以下几个方面着手进行实践应对：①选拔能力优秀的研究生，作为任课教师的教学助手或助教，分担过程性学习评价中的一部分工作量，缓解教师的授课压力；②制订合情合理的教师激励办法，鼓励教师主动参与实施过程性教学、学习评价方法；③由学校牵头对教师进行过程性学习评价的技巧和技能培训，提升过程性教学技术；④加强实践试验类课程的硬件环境和设施的完善；⑤尽量实施小班化教学，对于大班化课堂可按1:1的比例配备助教进行辅助实施，小班级可实行1:0.5的比例配备助教，或者发挥传帮带的功能，即由新进的青年教师帮助其他教师实施过程性学习评价；⑥过程性学习评价要根据课程特征实施具体化的测评方法，过程可采用集体备课或研讨式集体教学法，形成可复制或可推广的评价实施方案。

总体来说，学习过程评价作为高校学生学习或教师教学工作中的重要环节，其引导作用的发挥及对高校教育质量的影响，还需要引起国家政府与教育部门的重视，也可以通过立法化的形式，要求更多的甚至是全部的高校来进一步参与实践，实现推广运用。俗话说，实践是检验真理的唯一标准。作者在本书中对于理论体系的构建和实践分析的论证这两个方面的研究，对于形成一套科学、完备的评价体系来说还不够，还需要其他专家或学者继续努力，从其他角度对大学生学习过程评价体系进行修改、补充、完善和升华。大学生学习过程及其评价的理论构建与实证研究，还需要我们进一步探讨改进与完善提高。

第七章

总结与展望

教育发展是一个过程，促进学生发展也是一个过程。“立足过程、促进发展”是新课程倡导的评价理念，重视过程性学习评价，通过重视学习“过程”的改进来促进学习“结果”的提高，“过程”就是其评价的重心[①]。为此，本项研究也是教育发展背景下的一个时代性产物。若要概括其对于教育学术研究的贡献，则可从以下两个方面来主要体现：一是初步系统地构建了大学生学习过程评价体系；二是进一步丰富了高等教育课程与教学论的研究。

一、结论

芭芭拉·E. 沃尔弗德（Barbara E. Walvoord）和弗吉尼亚·约翰逊·安迪生（Virginia Johnson Anderson）认为，“学习不仅包括学生学会应该掌握的知识，还包括学生应用所学知识解决面临问题的能力，它是一个复杂的过程系统；学习内容不仅包含知识与能力，还包含能影响学生学业成就与课外行为的态度、思维习惯和价值观”。[②] 通过本研究者对理论研究的阐述与实证调研的检验证明，本书在最初提出的几个问题，在本研究的基础依据之上，是可以得到有效解决的。

1. 大学生学习过程的成效，是可以通过学校、教师、和学生的改善而提高的。

2. 大学生学习过程评价的实施，是可以通过评价制度的完善、评价体系的

① 周卫勇．走向发展性课程评价——谈新课程的评价改革［M］．北京：北京大学出版社，2002：10.

② ［美］BarbaraE. Walvoord，Virginia Johnson Anderson 著，国家基础教育课程改革“促进教师成长与学生发展的评价研究”项目组译．等级评分——学习和评价的有效工具［M］．北京：中国轻工业出版社，2004：171.

完备、指标体系的科学化设置，来真正实现公平、合理的过程性学习评价。

3. 对大学生学习过程及其评价的系统性研究，是可以促进人才培养体系和培养质量的提高，并且可以促进创新型人才的实现、国家竞争力的加强。

并且，随着本项研究的逐步推进，作者在过程中还引起了对其他方面问题的深入思考，创新思维有了一定的启发，对后续研究也有了进一步的启迪：即可以构建一个学习过程管理及其支持系统，对于大学生及其他学习者的学习过程与评价，可以实现一个基本的实施手段和推广渠道。网络的快速发展，使人们从材料学习逐渐过渡到了网络学习；移动网络的迅速发展，又实现了人们从网络学习到“指尖学习”的快速过渡。知识的碎片化、学习的及时化，给人们的学习过程管理带来了新的挑战与机遇，由此，构建一个过程管理与监控的学习系统，成为新时代发展的另一个需要。下阶段，本研究者拟与其他软件研发人员联合创建一个手机 APP 新系统（见后面略图所示），以满足时代发展的需要，满足人们新的学习要求和学习需求。这对于本研究学习过程模块的实践推广、学习过程评价的信息收集，都是一个便捷而优质的实现手段。

新的学习系统，通过手机，电脑终端等个人终端信息系统实现实时、互动、过程控制的学习模式

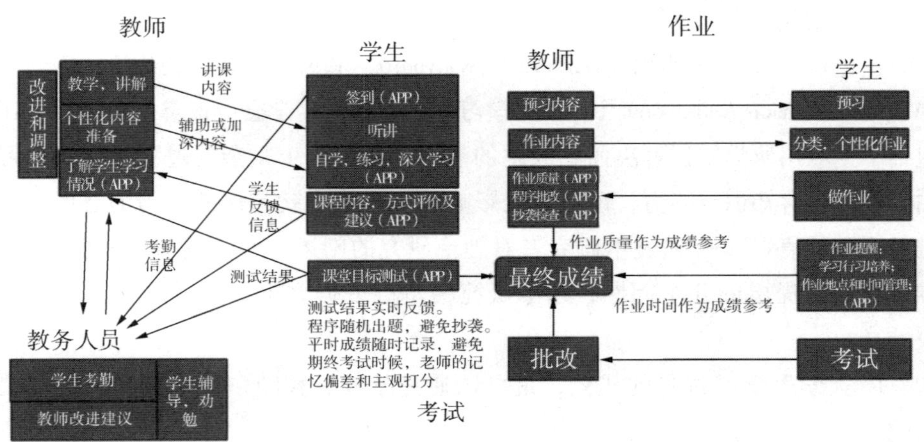

二、讨论

在人类发展史上，教育之花之所以能够长盛不衰，是源于其有着绵绵不断的生长力。允许百花齐放，百家争鸣，从思想与灵魂的碰撞中，激发不同的或创新的火花与理念，这也是教育学术研究的生命力体现。为此，在本研究的基

础之上，笔者在这里与众多研究者真诚交流一些关于学习研究的想法与观点。

首先，社会不断发展向前，教育亦如此。21世纪的全球化进程，使国际组织在促进全球教育发展方面发挥的作用，也越来越突出。2010年6月，《欧洲2020：智慧、可持续发展与包容性的增长战略》，作为未来10年的发展蓝图，被欧盟正式通过，这是在2000年欧盟《里斯本战略》或2005年《里斯本新战略》之后，欧盟的第二个十年经济社会发展规划。在新战略里，教育、终身学习和培训的地位得到了显著提高，被看作促进“智慧增长”和“包容性的增长”实现的路径，是欧盟未来发展的重心，也是帮助欧洲各国摆脱经济危机的关键。新战略特别强调，“必须作好教育、培训与终身学习方面的工作”。①2011年4月，《世界银行2020教育战略——全民学习：投资于人们的知识和技能以促进发展》被世界银行集团郑重推出，该战略规划了世界银行在教育领域里未来10年的关注重点和实践动向，并提出了其教育战略的未来愿景，即实现“全民学习”。

其次，学习观念与教育思想的不断革新，是推动科学发展与社会进步的驱动轮。从“全民教育”转变到“全民学习”，“全民学习”的新战略可以帮助实现这一过程的完成，也促进了从“教育”转移到“学习”这一过程的加快。世界银行认为，一个国家经济长期增长和减贫的关键，就是“全民学习”。目前，对于教育面临的世界性挑战问题，各国教育部门应从促进“全民教育”到促进“全民学习”这一转变的角度出发，来树立未来教育的目标。“全民学习”的内涵是，不仅能让所有的儿童和青年都能读书，而且还能让他们对自身健康和有效地生活，拥有一定的掌握权，还可以让他们通过对知识和技能的学习，来获得较为理想的工作。“面向全民学习”，作为一种全新的教育理念和教育目标，进一步丰富了教育的时间观，也对教育的空间维度进行了拓宽和延展，将“学习”的内涵进行了更高层次的提高，比普通“教育”的概念更加宽厚。

再次，学习素养的提升，成为衡量学习者学习力及未来竞争力的重要指标。在家庭经济背景正强烈影响着学生教育是否成功的时代背景下，“素养”也成为决定人们成功的核心技能。经合组织认为，知识和技能都不是“素养”的实质，而是在于个人获取知识与技能或者对其进行运用的动机、兴趣，以及学习策略、学习能力等。2011年，经合组织在其发布的PISA2009结果报告中，曾得出了一项极具政策内涵的重要性结论：学习结果的质量，才是影响经济及社会进步的

① 商发明．全球十大教育发展新理念［N］．北京日报（第19版），2014-03-12.

真正要素，而非现在各国所普遍采用的一个指标——“教育年限”。①

最后，基于以上的大学生学习过程及其评价的研究，既完备了教育研究的手段和教育技术的提高，进一步丰富了教育思想，又促进了教育战略的实现，缩短了“全民教育”向“全民学习”转变的过程时限。那么，如何在高校中推广学习过程评价的理念、机制及评价指标体系？这也是需要我们后续思考讨论的另一个问题。

三、建议

在对大学生学习过程及其评价进行系统性的理论与实践研究后，研究者对这两个方面深入思考后，给出了一些相应个人建议，仅供高校机构或教师作为参考。

1. 改进大学生学习过程的建议

本研究中，对于大学生学习过程调查发现问题，总结问题原因，结合实践调研数据，给出如下建议：

（1）加强学校教学资源、教学设施、教学师资、教学环境的优化；进一步改善课程设置、人才培养计划和监督机制，增设实践类、应用类选修科目；积极搭建多方平台，整合资源，丰富校内外实践实验类实习活动，满足学生个性化学习过程和个性化持续发展的需求；以学生为本，推进学风建设，举办学习、素质等知识讲座和相关活动，积极营造优良学风氛围。

（2）加强教师教学水平、教学技术、教学质量的提高；激励教师不断提升业务素质和理论研究水平，切实发挥教书育人的功能，研究推进课堂有效教学；挖掘师生交互式学习的潜力，激发学生学习兴趣，在学生学习过程中致力于师生教学相长，促进学生的终身发展。

（3）注重对学生进行科学自我规划、有效自我管理、合理自我监控的引导；以目标、问题为导向，加强学生自主性学习和过程性管理，启发创新思维，增强学生问题意识、和学习自主性、主体性意识；增加学生学习投入度，充分利用学习资源，获取满意度较高的学习经验、学习质量和学业成就；注意师生、生生之间进行积极交流，发挥同伴协作式学习效能，提升学习能力，促进学生全面可持续发展。

2. 改进大学生学习过程评价的建议

本研究对目前高校学习过程评价现状进行了调研分析，结合实践调研数据，

---

① 商发明．全球十大教育发展新理念［N］．北京日报（第19版），2014－03－12.

给出如下建议：

（1）评价多元化趋向。评价主体多元化，以教师、学习者、同伴为主，结合学校其他部门和社会成员的评价主体；评价内容多元化，注重对理论学习、实践应用、和思想道德素质的综合评价；评价方式多元化，学生自评、教师评价、同伴互评为主，适当融合专家督评、社会评价和家长评价。

（2）完善评价体系。评价体系的构建依据具备科学性，理论基础要有可靠性；评价指标、标准、权重的设置方法要合理；信息资料的收集要完整齐全，操作实施要简便；能真实反映大学生学习过程的特点和问题，有效发挥评价的鉴定、导向、激励、诊断、调节、监督等功能。

（3）评价过程系统性。注意测评题目的真实性，从学习者个体综合素质测评入手，注重评价学习的过程性和应用性，进行多方评价，保证评价数据的系统性、准确性和全面性；评价实施要兼顾相关利益群体，保证评价的客观性；评价指标和过程要公平、公正、公开，保证评价结果的有效性。

（4）重视评价的结果分析报告。对学习过程进行评价的目的，是为了发现学习过程的问题并进行改进提高，促进学生学习过程的有效性；营造良性的学习评价氛围，培养学生学习的规划性、自主性、创造性，形成正确的学习过程性评价意识与观念；评价值要认真对待每一份过程性评价报告的整理，在结果分析中研究提高学习过程的路径原理。

四、局限

大学生学习过程评价作为一种研究领域，基本上仍处于起步阶段，笔者期望通过此项研究，能推进该领域的可持续性深入研究，以促进高等教育的改革前行与科学发展。本书探索至此，反思研究成果，笔者认为还存在以下两点不足之处：

1. 国外文献资料还不够丰富。由于学习过程评价是一种相对较新的评价领域，虽然在国外基础教育阶段已有一定的研究和进展，但是对于学科种类广泛、课程内容较多、学习过程较长的高等教育阶段来说研究相对偏少，对其进行系统性的理论研究和实证研究相对匮乏，目前已有文献相对不多，国外可参考的资料量有限，搜集过程也存在一定的难度，虽经多方努力获取了资料，促进了本研究的顺利完成，但总体来说还有待进一步丰富。争取以后在继续深造或国内外访学之际，能充分搜索挖掘文献资料，进行可持续研究。

2. 对此研究的操作实施还存在一定的局限性。虽然关于大学生学习过程评价研究的社会应用价值较高，但高校若运用，则应适当结合地域教育发展特征。“评定过程具有很大的难度”①。但我们并不能因为其难度大，就搁置不理，反而要知难而行、攻坚克难，唯有如此，社会才能不断发展和进步。评价学习过程对教师和学生有了更高更多的要求，需要教师有更高的教学活动实施技能和对评价过程的掌控能力，增加学校教务部门和教师的工作量，需要学生收集信息资料，操作实施具有一定的系统性，推广开展须具备一定的基础条件。另外，高校发展的地域性特征明显，发展速度存在差异性等因素，因此，若对本研究成果进行实践运用的话，还要依据各高校的个性化发展特色而具体操作。

总之，本研究者虽然围绕大学生学习过程评价进行了初步较为系统和全面的研究，但由于个人精力能力所限，目前在理论研究与实证研究方面还存在一定的不足，也期待以后能进行可持续性深入研究，如大学生学习过程评价的应用性研究及学习过程评价量表的制定研究等。同时，也希冀其他专家或学者能进一步深入开展改革实践，推动高等教育课程与教学理论领域的发展，以更有利于促进大学生学习过程及其评价问题的改进与完善，实现人才培养质量的进一步提升。

五、展望

芭芭拉·E. 沃尔弗德和弗吉尼亚·约翰逊·安迪生认为，“当学习的意义被理解为是一种多维的整合的、并且表现为长期的行为活动时，评价的有效性最高”②。学习过程评价应结合主体取向、过程取向、目标取向和价值取向评价的优点，注重评价主体和评价客体之间的交互关系，共同构建有意义的评价过程；评价实施过程受“解放理性”和“实践理性”的双重支配，以质性研究方法为评价引领，以量性研究方法为工具支持，“既强调评价者对于情景环境的理解，又强调评价过程本身的价值，是一种民主、协商和交往的过程”③。

通过本项研究，笔者对教育学的未来发展怀有以下两点期望：

1. 能促进多学科的协同创新发展。对课程与教学论、高等教育管理、学习

① David Satterly. Assessment in Schools [M]. Basil Blackwell Ltd, 1989: 49 – 59.

② [美] Barbara E. Walvoord, Virginia Johnson Anderson 著，国家基础教育课程改革“促进教师成长与学生发展的评价研究”项目组译. 等级评分——学习和评价的有效工具 [M]. 北京：中国轻工业出版社，2004：171.

③ 钟启泉等. 为了中华民族的复兴，为了每位学生的发展——《基础教育课程改革纲要（试行）》解读 [M]. 上海：华东师范大学出版社，2001：285 – 286.

科学等多学科的交叉联盟，进行协同创新发展性研究，提供了理论构建上的合理依据、技术上的有效支持和数据上的有力支撑。

2. 能促进可持续性后期研究成果。关于本研究，笔者希望以后能够通过继续学习深造或研究，在后续阶段继续开展有关持续性研究，如可以研究学习过程评价量表的制定，进行实践应用的专门研究；也可以围绕重点大学和普通本科高校学生群体学习过程特征的不同，分别构建相应的评价指标体系，按类别设定常模标准，进行差异性比较研究；研究者也可以凝练有关研究结论，发表广泛而高质量的研究成果。

学无止境，吾将上下而求索。

参考文献

一、中文部分

(一) 学术著作

[1] [美] 巴格托, [美] 考夫曼主编; 陈菲等译. 培养学生的创造力 [M]. 上海: 华东师范大学出版社, 2013: 9 (总序).

[2] 殷伯明等. 教育督导方法论 [M]. 上海: 上海三联书店, 2013: 2-5, 173.

[3] 张奇, 林崇德. 学习理论 [M]. 武汉: 湖北教育出版社, 2012: 210-219, 327.

[4] [英] 罗纳德·巴尼特著, 蓝劲松主译. 高等教育理念 [M]. 北京: 北京大学出版社, 2012: 10.

[5] 丁念金. 人性的力量——中西教育文化变迁 [M]. 福州: 福建教育出版社, 2011: 208.

[6] 陈新汉. 自我评价论 [M]. 上海: 上海人民出版社, 2011: 82, 131, 540-547.

[7] [美] B. R. 赫根汉, [美] 马修·H. 奥尔森著; 郭本禹等译. 学习理论导论 (第七版) [M]. 上海: 上海教育出版社, 2011: 6-27, 266-268.

[8] [美] 黄全愈. 美式校园: 素质教育在美国 [M]. 中国人民大学出版社, 2010: 332-334.

[9] 邱均平, 文庭孝等. 评价学: 理论·方法·实践 [M]. 北京: 科学出版社, 2010: 1, 112-114, 131-132, 148.

[10] 吴明隆. 问卷统计分析实务——SPSS 操作与应用 [M]. 重庆: 重庆大学出版社, 2010: 331.

[11] [丹] 克努兹·伊列雷斯著, 孙玫璐译. 我们如何学习: 全视角学习理论 [M]. 北京: 教育科学出版社, 2010: 序.

[12] [美] R. 基思·索耶著, 徐晓东等译. 剑桥学习科学手册 [M]. 北京: 教育科学出版社, 2010: 11-15, 28-35, 44-49.

[13] 经济合作与发展组织编, 周加仙等译. 理解脑——新的学习科学的诞生 [M]. 北京: 教育科学出版社, 2010: 19-20.

[14] [美] 拉塞尔·L. 阿克夫, [美] 丹尼尔·格林伯格著; 杨彩霞译. 21 世纪学习的革命 [M]. 北京: 中国人民大学出版社, 2010: 76-84, 163, 185-190.

[15] 王天蓉，徐谊．有效学习设计——问题化、图式化、信息化［M］．北京：教育科学出版社，2010：4－19.

[16]［美］威廉·威伦等著；李森，王纬虹译．有效教学决策［M］．北京：教育科学出版社，2009：168.

[17]［美］Airasian，P．著，徐士强译．课堂评估：理论与实践［M］．上海：华东师范大学出版社，2008：9.

[18]［英］莱恩·多亚尔，［英］伊恩·高夫著；汪淳波，张宝莹译．人的需要理论［M］．北京：商务印书馆，2008：78.

[19] 叶茂林．科技评价理论与方法［M］．北京：社会科学文献出版社，2007：114－122.

[20] 胡小林，袁伯诚．中国学习思想通史［M］．北京：人民出版社，2007：182－184，1450－1455.

[21] 郑葳．学习共同体——文化生态学习环境的理想架构［M］．北京：教育科学出版社，2007：2－16，183－195.

[22]［美］D. C. 菲利普斯，［美］乔纳斯·F. 索尔蒂斯著；尤秀译．学习的视界［M］．北京：教育科学出版社，2006：56－59，130－131.

[23] 申国昌，史降云．中国学习思想史［M］．北京：科学出版社，2006：5－27，88－91，275－295.

[24]［美］Grant Wiggins 著，国家基础教育课程改革"促进教师发展与学生成长的评价研究"项目组译．教育性评价［M］．北京：中国轻工业出版社，2005：3.

[25]［加拿大］Maurice Gibbons 著，迟春燕等译．自我指导学习——挑战卓越［M］．北京：中国轻工业出版社，2005：149－155.

[26] 张建伟，孙燕青．建构性学习——学习科学的整合性探索［M］．上海：上海教育出版社，2005：3－4，62－63，88－91，127－132.

[27] 陈玉琨等．高等教育质量保障体系概论［M］．北京：北京师范大学出版社，2004：59.

[28] 吴维宁．新课程学生学业评价的理论与实践［M］．广州：广东教育出版社，2004：78－83.

[29]［美］坎贝尔（Campbell，L.），［美］坎贝尔（Campbell，B.），［美］迪金森（Dickinson，D.）著；霍力岩等译．多元智力——教与学的策略（第三版）［M］．北京：中国轻工业出版社，2004：1（译者的话），326－332.

[30]［美］霍华德·加德纳（Gardner. H.）著，沈致隆译．多元智能［M］．北京：新华出版社，2004：8－9.

[31]［美］Barbara E. Walvoord & Virginia Johnson Anderson 著，国家基础教育课程改革"促进教师成长与学生发展的评价研究"项目组译．等级评分——学习和评价的有效工具［M］．北京：中国轻工业出版社，2004：171.

[32]［美］贝兰卡（Bellanca，J.），［美］查普曼（Chapman，C.），［美］斯沃茨（Swartz，E.）著；夏惠贤等译．多元智能与多元评价：运用评价促进学生发展［M］．北

京：中国轻工业出版社，2004：173－175.

［33］［美］伯曼（Berman，S.）著，夏惠贤等译．多元智能与项目学习［M］．北京：中国轻工业出版社，2004：译者序．

［34］［英］阿尔弗雷德·诺思·怀特海著，杨富斌译．过程与实在［M］．北京：中国城市出版社，2003：30.

［35］教育部高等教育司组织编写，王言根主编．学会学习——大学生学习引论［M］．北京：教育科学出版社，2003：3－4.

［36］夏惠贤．多元智力理论与个性化教学［M］．上海：上海科技教育出版社，2003：46－57，58－60，202－221.

［37］［美］埃利泽·盖斯勒著，周萍等译．科学技术测度体系［M］．北京：科学技术文献出版社，2003：42.

［38］［美］哈维·席尔瓦，［美］理查德·斯特朗，［美］马修·佩里尼著；张玲译．多元智能与学习风格［M］．北京：教育科学出版社，2003：36.

［39］庞维国．自主学习：学与教的原理和策略［M］．上海：华东师范大学出版社，2003：6－18.

［40］金娣，王刚．教育评价与测量［M］．北京：教育科学出版社，2002：136.

［41］［美］约翰·D. 布兰思特，［美］安·L. 布朗，［美］德尼·R. 科金著；程可拉，孙亚玲，王旭卿译．人是如何学习的——大脑、心理、经验及学校［M］．上海：华东师范大学出版社，2002：2.

［42］［美］史蒂芬·柯维著，顾淑馨等译．高效能人士的七个习惯［M］．北京：中国青年出版社，2002：119－120.

［43］李雁冰．课程评价论［M］．上海：上海教育出版社，2002：311.

［44］周卫勇．走向发展性课程评价——谈新课程的评价改革［M］．北京：北京大学出版社，2002：10.

［45］郝贵生．大学学习学［M］．北京：人民出版社，2001：22.

［46］［美］罗们特·G. 欧文斯著，窦霖等译．教育组织行为学［M］．上海：华东师范大学出版社，2001：374.

［47］世界银行，联合国教科文组织高等教育与社会特别工作组著；蒋凯译．发展中国家的高等教育：危机与出路［M］．北京：教育科学出版社，2001：51.

［48］国家科技评估中心．科技评估规范（第一版）［M］．北京：中国物价出版社，2001：32.

［49］钟启泉等．为了中华民族的复兴，为了每位学生的发展——〈基础教育课程改革纲要（试行）〉解读［M］．上海：华东师范大学出版社，2001：285－286.

［50］施良方，崔允漷．教学理论：课堂教学的原理、策略与研究［M］．上海：华东师范大学出版社，1999：336.

［51］［美］霍华德·加德纳著，沈致隆译．多元智能［M］．北京：新华出版社，1999：前言．

［52］［德］黑格尔著；贺麟，王玖兴译．精神现象学［M］．北京：商务印书馆出版

社，1997：116.

［53］叶瑞祥．学习学概论［M］．广州：广东省高等教育出版社，1997：序言．

［54］吴钢．现代教育评价基础［M］．上海：学林出版社，1996：51.

［55］联合国教科文组织国际教育发展委员会编著，华东师范大学比较教育研究所译．学会生存——教育世界的今天和明天［M］．教育科学出版社，1996：117.

［56］乔炳臣，潘莉娟．中国古代学习思想史［M］．北京：人民教育出版社，1996：496－497.

［57］中共中央马克思恩格斯列宁斯大林著作编译局．马克思恩格斯选集（第3卷）：反杜林论［M］．上海：上海人民出版社，1995：426.

［58］滕大春．外国教育通史（第五卷）［M］．济南：山东教育出版社，1993：275.

［59］廖哲勋．课程学［M］．武汉：华中师范大学出版社，1991：259.

［60］［美］B. S. 布卢姆等著，邱渊等译．教育评价［M］．上海：华东师范大学出版社，1987：5，228.

［61］毛礼锐，沈灌群．中国教育通史（第一卷）［M］．济南：山东教育出版社，1985：244.

［62］［德］恩斯特·卡西尔著，甘阳译．人论［M］．上海：上海译文出版社，1985：3.

［63］［英］贝弗里奇WIB著，陈捷译．科学研究的艺术［M］．北京：科学出版社，1984：译者序．

［64］宋子成．通用科学方法三百种［M］．北京：中国科技咨询服务中心预测开发公司，1984：1.

［65］［瑞士］皮亚杰著，王宪钿等译．发生认识论原理［M］．北京：商务印书馆，1981（第一版）：译者序．

［66］［德］黑格尔著，贺麟译．小逻辑［M］．北京：商务印书馆，1980：402.

［67］中共中央马克思恩格斯列宁斯大林著作编译局．马克思恩格斯全集（第3卷）［M］．北京：人民出版社，1972：515.

（二）期刊论文

［1］牛亏环．西方自主性学习研究进展分析［J］．外国中小学教育，2014（11）：57.

［2］牛亏环．学习兴趣研究进展分析［J］．教育学术月刊，2014（10）：33－36.

［3］丁念金．中学生学习过程自我评价机制探讨［J］．全球教育展望，2013（9）：71.

［4］丁念金．基于个性化学习的课堂转变［J］．课程·教材·教法，2013（8）：43.

［5］牛亏环，丁念金．西方形成性学习评价的进展分析［J］．外国中小学教育，2013（8）：52.

［6］牛亏环，丁念金．教育质量元评价初探［J］．河北师范大学学报（教育科学版），2013（6）：9.

［7］王晓阳．美国当前教育改革的观念与趋势［J］．教育研究，2012（3）：141.

［8］丁念金．学习兴趣源之探讨［J］．教育学术月刊，2012（7）：12.

[9] 郑淑华. 如何培养学生自主性学习的能力 [J]. 成才之路, 2012 (11): 30.

[10] 王秋林. 英国高校学生自主学习能力培养探析 [J]. 长沙民政职业技术学院学报, 2012 (6): 73 -74.

[11] 李芯茹, 桂勤. 致力于个性化学习的学校改革领导者 [J]. 外国中小学教育, 2012 (5): 45 -49.

[12] 丁念金. 校本课程决策的文化使命 [J]. 全球教育展望, 2011 (1): 36.

[13] 林崇德. 创造性人才特征与教育模式再构 [J]. 中国教育学刊, 2010 (6): 2.

[14] 阎光才. 关于教育评价及其风险 [J]. 教育科学研究, 2010 (4): 17 -20.

[15] 崔允漷. 促进学习: 学习评价的新范式 [J]. 教育科学研究, 2010 (3): 11.

[16] 费龙, 马元丽. 发展个性化学习, 促进教育公正 [J]. 全球教育展望, 2010 (8): 43.

[17] 钟春玲, 陈华, 陈兴明等. 大学生学习性投入调查研究 [J]. 高等理科教育, 2010 (6): 64.

[18] 夏人青, 何玉海. 论高质量大学的品质特征与内涵 [J]. 上海师范大学学报 (哲学社会科学版), 2009 (4): 117 -125.

[19] 朱益明. 对我国教育评价实践的审视 [J]. 教育测量与评价 (理论版), 2009 (6): 4 -7.

[20] 谢利民, 褚慧玲. 多元评价体系中制定评价标准的思考 [J]. 全球教育展望, 2009 (2): 22 -27.

[21] 吕达, 刘立德. 关于中国教育创新的理性思考 [J]. 中国教育学刊, 2008 (12): 6 -9.

[22] 何苗. 从第四代评价视角看我国本科教学水平评估的完善 [J]. 理工高教研究, 2008 (1): 58.

[23] 赵小青. 基于创新能人才培养的大学生学习过程评价研究 [J]. 湖南医科大学学报 (社会科学版), 2008 (2): 230.

[24] 夏惠贤, 汪小丽. 论自由对学生成长的意义 [J]. 全球教育展望, 2008 (4): 10 -15.

[25] 吕达. 创新教育研究如何才能超越自我 [J]. 当代教育科学, 2007 (14): 8 -9.

[26] 谢利民, 褚慧玲. 关注学生学习过程的学业评价——南澳洲中学教学过程中的学生学业评价 [J]. 外国中小学教育, 2007 (5): 6 -11.

[27] 孙芙蓉, 谢利民. 美国“评估三角形”研究: 框架、设计及应用 [J]. 外国教育研究, 2007 (3): 71 -75.

[28] 姜艳华. 试论过程性评价与结果性评价的同一 [J]. 当代教育论坛, 2007 (4): 52.

[29] 于开莲. 发展性评价与相关评价概念辨析 [J]. 当代教育论坛, 2007 (3): 37.

[30] 侯建军. 国外自主学习能力培养研究及启示 [J]. 教学与管理, 2007 (36): 157.

[31] 朱益明．初论教育评价［J］．中国高等教育评估，2007（1）：7－10.

[32] 顾泠沅，吕达等．建设一个实践型的学习共同体［J］．课程·教材·教法，2006（7）：3－9.

[33] 夏人青，吕济峰．俄罗斯高校的综合评价体系述评［J］．化工高等教育，2006（6）：20－23.

[34] 吴维宁．过程性评价的理念与方法［J］．课程·教材·教法，2006（6）：19.

[35] 李国庆．从评价到评定：美国基础教育课程评估的转向［J］．辽宁教育研究，2006（3）：82－85.

[36] 转引自丁邦平．学习性评价：涵义、方法及原理［J］．比较教育研究，2006（2）：3－8.

[37] 陶百强．国外形成性评价相关研究［J］．基础教育课程，2005（23）：30，30－31.

[38] 张筱兰．高校学生学习的多元化评价的理念与方法［J］．高等理科教育，2003（5）：65－68.

[39] 仝允恒．科学评价理论与方法的体系结构［J］．科技成果纵横，2003（5）：18－20.

[40] 阎光才．教育评价的正当性与批判性评价［J］．北京师范大学学报（社会科学版），2003（2）：124－131.

[41] 杨欣，陈娴．美国初中物理浮力课程学生学业成就评价［J］．物理教师，2002（12）：35－37.

[42] 曹梅．网络学习中学习评价的要求及实施［J］．中国远程教育，2002（1）：47.

[43] 夏惠贤．学习风格与学习策略［J］．外国中小学教育，2000（6）：13－18.

[44] 孙士杰，张国荣，冯喜英．高校学生学业成就评价现状及改革的研究［J］．河南师范大学学报（哲学社会科学版），2000（5）：106.

[45] 余胜泉，何克抗．基于INTERNET的教学模式［J］．中国电化教育杂志，1998（4）：58－61.

[46] 张建伟，陈琦．从认知主义到建构主义［J］．北京师范大学学报（社会科学版），1996（4）：75.

[47] 冯惠敏．我国高等教育评估现状分析［J］．交通高教研究，1996（1）：50－51.

[48] 夏惠贤，宋秋前．学习评定的七种方式［J］．外国中小学教育，1993（3）：9－10，49.

（三）学位论文

[1] 赵士果．促进学习的课堂评价研究［D］．上海：华东师范大学博士学位论文，2013：24－27，50－52.

[2] 黄剑飞．大学生时间管理倾向、学生内生动机、学生能力自我效能感与心理健康的关系模型构建［D］．长沙：中南大学硕士学位论文，2012：摘要.

[3] 张宝峰．高校学生学习评价系统研究［D］．长沙：中南大学硕士学位论文，2008：9，15.

[4] 张生．混合式学习环境下给予学习活动的形成性评价的理论与实践［D］．吉林：

东北师范大学博士学位论文，2008：21 -22.

［5］张向东．大学生参与高校管理理论与实践研究［D］．南昌：江西师范大学硕士学位论文，2006：45，1.

［6］张红梅．美国高校学生评价方法研究［D］．上海：华东师范大学硕士学位论文，2005：2.

［7］张海燕．网络学习评价系统的设计与实现［D］．曲阜：曲阜师范大学硕士学位论文，2005：2，6，11.

［8］黄韶斌．关于学生学习的过程性评价的理论与方法研究［D］．广州：华南师范大学硕士学位论文，2005：21.

［9］梁惠燕．过程性学习评价行动研究［D］．广州：华南师范大学硕士学位论文，2004：6 -7.

［10］张炳意．小学数学新课程实施中学生数学学习过程性评价研究［D］．兰州：西北师范大学硕士学位论文，2003：6.

［11］沈志莉．发展性高等教育评价研究［D］．武汉：华中师范大学博士学位论文，2003：32 -43.

［12］陈敬全．科学评价方法与实证研究［D］．武汉：武汉大学博士学位论文，2003：14.

［13］苏为华．多指标综合评价体系和评价方法［D］．厦门：厦门大学博士学位论文，2002：1 -3.

（四）其他

［1］中国教育在线．2014 年中国教育在线高招调查报告［DB/OL］．http：//www. eol. cn/html/g/report/2014/report1. shtml#baogao1 -1/2014 -12 -22.

［2］中国教育在线：高考频道．2014 年全国高考录取率约 74. 3%［EB/OL］．http：//gaokao. eol. cn/

kuai_ xun_ 3075/20140609/t20140609_ 1129694. shtml/2014 -06 -09/2014 -12 -22.

［3］中国教育在线．2014 年中国教育在线高招调查报告［DB/OL］．http：//www. eol. cn/html/g/report/2014/report3. shtml/2014 -12 -13.

［4］商发明．全球十大教育发展新理念［N］．北京日报（第 19 版），2014 -03 -12.

［5］王津．历年全国高考报名人数与录取率［N］．生活报（第 74 版），2013 -06 -06：.

［6］新微观经济学最优内涵不同，新浪博客．为什么必须以资源投入—产出比的效率为研究对象？［EB/OL］．http：//blog. sina. com. cn/s/blog_ 501dac880100rrgx. html/2011 -05 -13/2014 -12 -15.

［7］果园的猫，新浪博客．总产量、平均产量和边际产量的关系分析［EB/OL］．http：//blog. sina. com. cn/s/blog_ 556a47480100qp4v. html/2011 -03 -25/2014 -12 -15.

［8］创业教育网．交大远程教育学生网上学习流程示意图［EB/OL］．http：//www. hbfan. cn/bjd/2/937. html/2011 -03 -11/2014 -11 -27.

［9］杨晓谜．L≥C：让学习速度大于或等于环境变化速度［N］．教育时报，2008 -

11－25：第3版（视点）.

［10］丁铭．我国少数民族学生十分之一以上就读于民族院校［EB/OL］．新华网：教育新闻．http：//news. xinhuanet. com/edu/2007－05/14/content_ 6096918. htm/2014－03－19.

［11］姚本先．问题意识与创新精神［N］．中国教育报（第03版），2001－02－21.

［12］顾明远编著．教育大辞典（增订合编本上）［Z］．上海：上海教育出版社，1998：191.

［13］汝信主编．社会科学新辞典［Z］．重庆：重庆出版社，1988：872.

二、英文部分（按字母顺序）

［1］Assessment Rerorm Group. Assessment for Learnning：10 principles［R］．Cambrige：University of Cambrige. 2002.

［2］Assessment for learning［EB/OL］．http：//cms. curriculum. edu. au/assessment/what is. asp，2005/2013－02－21.

［3］Astin，A. W.．Achiving Education Excellence：ACritical Assessment ofPriorities and Practices in Higher Education［M］．San Francissco：Jossey－Bass. 1985.

［4］Assessment Reform Group. Assessment for Learning：10 principles［R］．Cambridge：University of Cambridge. 2002.

［5］ArgyrisChris. On Organizational Learning［M］．Cambridge，MA：Blackwell. 1992：8.

［6］Berry，R.．Assessment for leaning［M］：Hongkong University Press. 2008：6.

［7］Broady，E.，&Kenning，M－M.．Promoting Learner Autonomy in University Language Teaching［M］．London：the Association for French Studies in association with the Centre for Information on Lauguage Teaching and Research. 1996：12.

［8］Black，P.，&William，D.．Assessment and Classroom Learing［J］，in Assessment in Education：Principles，Policy and Practice，1998. 5（1）：7－74. Black，P.，&William，D.（2004）. The Formative purpose：Assessment Must First Promote Learing［C］，in Wilson M.（Ed.），Towards Coherence between Classroom Assessment and Accountability. Chicago：University of Chicago Press. 2004.

［9］JensBjerg. Education developmental work：principles and conditions illustrated by the Brovst－project 1970－74［M］．1976：45.

［10］Bruner，JerromeS.．The Process of Education［M］．Cambridege，MA：Harvard University Press. 1960：13，33，52.

［11］David Boud. Some Competing Traditions in Experiential Learning. In Susan Warner Weil and Ian McGill（eds）：Making Sense of Experiential Learning：Diversity in Theory and Practice［M］．Buckingham：Open University Press. 1989：39，44.

［12］Chickering，A. W，&Gamson，Z. F.．Seven Principles for Good Practice in Undergraduate Education［Z］．AAHE. Bulletin. 1987.

［13］Council of Chief State School Officers. Characteristics of sound classroom assessment

[EB/OL], http: //www. education. nh. gov/instruction/curriculum/arts/documents/character. pdf, 1997/2013 - 10 - 10.

[14] Coffield, F., Moseley, D., Hall, E., &Ecclestone, K.. Should we be using learning styles? What research has to say to practice [G]. London, UK: Learning and Skill Research Center. 2004: 41.

[15] Drummond, M. J.. Assessing children' s learning [M], London: David FultonPublishers Ltd (2nd Revised edition). 2003: 13.

[16] Davies, A., et al. Position paper on assessment for learning from the ThirdInternational Conference on Assessment for Learning [EB/OL]. http: //annedavi - es. com/pdf/11D_ Position Paper AFL - NZ. pdf, 2009/2013 - 10 - 06.

[17] David Satterly. Assessment in Schools [M]. Basil Blackwell Ltd. 1989: 49 - 59.

[18] Duncan Harris, and Chris Bell. Evaluating and Assessing for Learning [M]. London, KoganPage Ltd. 1994: 100, 106.

[19] David Satterly. Assessment in Schools [M]. Basil Blackwell Ltd. 1989: 49 - 59.

[20] JohnDewey. The need of a theory of experience [EB/OL]. http: //www. molloy. edu/academic/philosophy/sophia/topics/phiedu/exp_ edu/ch2. Htm/2013 - 11 - 07.

[21] Dunn, R.. How to implement and supervise a learning style program [M]. Alexan dria, VA: Association for Supervision and Curriculum Development. 1996: 2.

[22] John Dewey. Experience and Education [M]. Free Press. 1997: 35, 43.

[23] Education Commission of the States. Making Quality Count in Undergraduate Education [M]. Denver: Education Commssion of the States. 1995.

[24] Eric Jensen. Brain - Based Learning: The New Paradigm of Teaching [M]. Thousand Oaks: Corwin Press. 2008: 233 - 237.

[25] Feldman, D. H.. Beyond universals in cognitive development (second ed.) [M]. Norwood, Nj: Ablex. 1994.

[26] Paulo Freire. Pedagogy of the Oppressed [M]. Harmondsworth, Penguin. 1972: 53.

[27] Howard Gardner. The Unschooled Mind: How Children Think and How Schools Should Teach [M]. New York: Basic Books. 1991.

[28] Greenfield Patricia, andLaveJean. Cognitive Aspects of Informal Education. In Daniel A. Wagner and Harold W. Stevenson (eds): Cultural Perspectives on Child Development [M]. San Francisco, CA: Jossey - Bass. 1982: 183.

[29] GPRA. Government Performance and Results Act of 1993 [M]. PL. 1993: 103 - 162.

[30] Heidi, L.. Andrade and Gregory J. Cizek. Handbook of Formative Assessment [M]. Routledge: Taylor&Francis Group. 2010: 5.

[31] Heritage, M.. Formative Assessment: Making it Happen in the Classroom [M]. Thousand Oaks: Corwin Press. 2010.

[32] Heilman, K. M.. Creativity and the brain [R]. New York: Psychology Press. 2005.

[33] Hu, S., &Kuh, G. D.. Maximizing What Students Get Out of College: Testing a

Learning Productivity Model [J]. Journal of College Student Development. 2003, 44 (2): 185 - 203.

[34] Hegel, Georg Wilhelm Friedrich. The Phenomenology of Mind [M]. New York: Harper. 1967: 142.

[35] Illeris Knud. Adult Education and Adult Learning [M]. Copenhagen: Roskilde University Press/Malabar, FL: Krieger Publishing. 2004: 69.

[36] IllerisKnud. Learning, development and qualification [M]. Roskilde: The Adult Education Research Group, Roskilde University. 1995: 60 - 61, 131, 188.

[37] PeterJarvis. Adult Learning in the Social Context [M]. New York: Croom Helm. 1987: 25, 133.

[38] PeterJarvis. Globalisation, Lifelong Learning and the Learning Society: Sociological Perspectives [M]. London: Routledge. 2007.

[39] Kuh, G. D.. Assessing What Really Matters to Student Learning Change: Inside the National Survey of Student Engagement [J]. Change. 2001, 33 (3): 10.

[40] Kaufman, J. C., & Beghetto, R. A.. Beyond big and little: The four C model of creativity [J]. Review of General Psychology. 2009, (13): 1 - 12.

[41] Kolb, A. Y., &Kolb, D. A.. Learning styles and learning spaces: enhancing experiential learning in higher education [EB/OL]. http: //www. learning from experience. com/images/uploads/Learning styles and learning spaces. pdf/2013 - 11 - 18.

[42] Kolb, DavidA.. Experiential Learning: Experience as the Source of Learning and Development [M]. Englewood Cliffs, NJ: Prentice - Hall. 1984: 23, 33, 41 - 42, 141.

[43] Robert Kegan. In Over Our Heads: The Mental Demands of Modern Life [M]. Cambridge, MA: Harvard University Press. 1994: 314 - 315.

[44] Robert Kegan. What Form Transforms et al.: A Constructive - Developmental Approach to Transformative Learnin. In Jack Mezirow et al.: Learning as Transformation: Critical Perspectives on a Theory in Progress [M]. San Francisco, CA: Jossey - Bass. 2000: 62 - 63.

[45] Niklas Luhmann. Social Systems [M]. Stanford, CA: Stanford University Press. 1996.

[46] Jean Lave, andEtienne Wenger. Situated Learning: Legitimate Peripheral Participation [M]. New York: Cambridge University Press. 1991: 33.

[47] Marsh, C.. Planning, management& ideology: Key concepts for understanding curriculum [M]. London: Falmer Press. 1997: 169.

[48] Meheus, J., & Nickles, T. (Ed.). Models of discovery and creativity [R]. New York: Springer. 2006.

[49] OECD. The Evaluation of Scientific Research: Selected Expenses [C]. OECD/GD (97). Paris. 1997: 83 - 90, 194.

[50] P. C. R. Achivement and the Quality of Student Effort [C]. Paper presentedat a Meeting of the National Commission on Excellent in Education. 1982.

[51] Pascrella, E. T.. College Environmental In fluences on Leaning and Cognitive Development: A Critical Rereiw and Synthesis [M]. In J. Smart (Ed.). Higher education: Handbook of theory and research. New York: Agathon. 1985: 1.

[52] Rogers, C. R.. Freedom to Learn [M]. 1969: 104.

[53] Richard I. Arends, and Ann Kilcher. Teaching for Student Leanring: Becoming an Accomplished Teacher [M]. New York AndLondon: Routledge. 2010: 139.

[54] Rajeev, B.. Individualism in Social Science [M]. Clarendon Press, 1992: 105.

[55] Riedel, S. L., &Pilz, G. F.. Utilization – oriented evaluation of decision support systems [J]. IEEE Transactions on SMC. 1986, 16 (6): 980 – 996.

[56] RobinUsher, IanBryant, andRennieJohnston. Adult Education and the Postmodern Challenge: Learning Beyond the Limits [M]. London: Routledge. 1997: 106.

[57] Stuffebeam, D., &Shinkfield, A.. Systematic Evaluation [R]. Boston, MA: Kluwer – Nijhoff. 1985.

[58] Satterly, D.. Assessment in school [M]. New York: Blackwell Ltd., 1989: 1.

[59] Swaffield, S.. Getting to the heart of authentic assessment for learning [J]. Assessment in Education: Principles, Policy & Practice. 2011, 18 (12): 443 – 449.

[60] State of Victoria, Department of Education and Training, Blueprint for Government School [EB/OL], www. det. vic. gov. au, 2002/2013 – 11 – 07.

[61] Stiggins, R., Arter, J., Chappuis, J., &Chappuis, S.. Classroom assessment for student learning: Doing it right – Using it well [M]. Portland, OR: ETS Assessment Training Institute. 2006: 27.

[62] Sternberg, R. J.. A propulsion model of types of creative contributions [J]. Review of General Psychology. 1999, (3): 83 – 100.

[63] Sternberg, R. J.; Grigorenko, E. L., & Singer, J. L.. Creativity: From potential to realization [M]. Washington, DC: American Psychological Association. 2004.

[64] Tom Schuller. Age and Generation in Life Cource Modelling. In Kirsten Weber (ed.): Life History, Gender and Experience [M]. Roskilde: The Adult Educatin Researth Group, Roskilde University. 1998: 32 – 33.

[65] SusanWarner Weil, and Ian McGill. A Framework for Making Sense of Experiential Learning. In Susan Warner Weil and Ian McGill (eds): Making Sense of Experiential Learning: Diversity in Theory and Practice [M]. Buckingham: Open University Press. 1989b: 3.

[66] Tyler, Ralph. W.. Basic Principles of Curriculum and Instruction [M]. Chicago, IL: University of Chicago Press. 1950: 38 – 50.

[67] Etienne Wenger. Communities of Practice: Learning, Meaning and Identity [M]. Cambridge, MA: Cambridge University Press. 1998: 4 – 6.

[68] 2003 National Student Satisfaction Report [EB/OL]. http://www.noellevitz.com/NR/rdonlyres/0438FAA8 – D50F – 4F56 – 83AD – 769C308BF203/0/2003 – SSI – Report. pdf/2005 – 12 – 16/2013 – 11 – 05.

附录一

大学生学习过程评价研究

大学本科生学习过程评价指标体系

一级指标	二级指标	三级指标	指标的有效性（√）			备注
			必要	参考	无效	
学习过程的创造性	学习路径	课堂学习				
		图书馆学习				
		实践实验学习				
		素质拓展学习				
	学习方式	正式学习				
		非正式学习				
	学习创新力	学科竞赛				
		技能竞赛				
		科技创新				
		课题研究				
学习过程的个性化	学习目标	课程目标				
		学业目标				
		职业生涯目标				
	学习内容	课程学习				
		专业技能学习				
		综合素质学习				
		社交能力学习				

续表

<table>
<tr><th rowspan="2">一级指标</th><th rowspan="2">二级指标</th><th rowspan="2">三级指标</th><th colspan="3">指标的有效性（√）</th><th rowspan="2">备注</th></tr>
<tr><th>必要</th><th>参考</th><th>无效</th></tr>
<tr><td rowspan="8">学习过程的个性化</td><td rowspan="4">学习分析</td><td>学习数据</td><td></td><td></td><td></td><td rowspan="8"></td></tr>
<tr><td>学习特点</td><td></td><td></td><td></td></tr>
<tr><td>学习习惯</td><td></td><td></td><td></td></tr>
<tr><td>学习能力</td><td></td><td></td><td></td></tr>
<tr><td rowspan="4">学习耦合度</td><td>合性格度</td><td></td><td></td><td></td></tr>
<tr><td>合智力度</td><td></td><td></td><td></td></tr>
<tr><td>合基础度</td><td></td><td></td><td></td></tr>
<tr><td>合认知风格度</td><td></td><td></td><td></td></tr>
<tr><td rowspan="8">学习过程的自主性</td><td rowspan="3">学习设计</td><td>学习计划</td><td></td><td></td><td></td><td rowspan="8"></td></tr>
<tr><td>学习流程</td><td></td><td></td><td></td></tr>
<tr><td>学习模式</td><td></td><td></td><td></td></tr>
<tr><td rowspan="3">自我监控</td><td>自我监督</td><td></td><td></td><td></td></tr>
<tr><td>自我反馈</td><td></td><td></td><td></td></tr>
<tr><td>自我调控</td><td></td><td></td><td></td></tr>
<tr><td rowspan="2">自觉反思</td><td>自我总结</td><td></td><td></td><td></td></tr>
<tr><td>自我管理</td><td></td><td></td><td></td></tr>
<tr><td rowspan="10">学习过程的投入度</td><td rowspan="3">学习时间</td><td>课堂时间</td><td></td><td></td><td></td><td rowspan="10"></td></tr>
<tr><td>预习复习</td><td></td><td></td><td></td></tr>
<tr><td>拓展时间</td><td></td><td></td><td></td></tr>
<tr><td rowspan="3">学习兴趣</td><td>课堂表现</td><td></td><td></td><td></td></tr>
<tr><td>课外表现</td><td></td><td></td><td></td></tr>
<tr><td>其他表现</td><td></td><td></td><td></td></tr>
<tr><td rowspan="4">学习努力度</td><td>努力的体现</td><td></td><td></td><td></td></tr>
<tr><td>努力的程度</td><td></td><td></td><td></td></tr>
<tr><td>努力的质量</td><td></td><td></td><td></td></tr>
<tr><td>努力的效益</td><td></td><td></td><td></td></tr>
</table>

附录二

学生问卷调研学校和数量分配情况(1)

类别	学校	学校数量					大文科类				理科类				工科类			
		总	大一	大二	大三	大四	大一	大二	大三	大四	大一	大二	大三	大四	大一	大二	大三	大四
985	上海交通大学	200	50	50	50	50	20		20			30		30		20		20
211	郑州大学	150	60	30	30	30		30			30						30	
	广西大学	150	30	30	30	60				30			30		30			
	华南师范大学	120	30	30	30	30		30						30			30	

续表

类别	学校	学校数量					大文科类				理科类				工科类			
		总	大一	大二	大三	大四	大一	大二	大三	大四	大一	大二	大三	大四	大一	大二	大三	大四
非211类	首都师范大学	120	30	30	30	30	30						30			30		
	沈阳师范大学	120	30	30	30	30		30						30			30	
	上海师范大学	180	30	60	30	60			30					30				
	山西师范大学	120	30	0	60	30				30			30		30			
	浙江师范大学	120	30	60	30	0	30					30					30	
	湖南科技大学	120	60	30	0	30		30			30							30
	喀什大学	120	0	30	60	30			30			30						30
	湖北大学	120	60	0	30	30				30	30				30			
	南通大学	120	30	60	30	0	30						30			30		
	成都大学	120	0	30	60	30											30	
	云南农业大学	120	60	0	30	30			30						30			
	上海应用技术大学	120	0	60	0	60				30		30						30
类别小计		2120	530	530	530	530	110	120	110	120	90	120	120	120	120	80	150	110
合计		2120	2120	460	450	460												

附录三

学生问卷调研学校和数量分配情况(2)

类别	学校	艺术类				体育类				医学类				其他	备注
		大一	大二	大三	大四	大一	大二	大三	大四	大一	大二	大三	大四		
985	上海交通大学									30		30			39 所
211	郑州大学												30	农一 30	985 除外,73 所
	广西大学		30											农学大四 30	
	华南师范大学	30													

续表

类别	学校	艺术类				体育类				医学类				其他	备注
		大一	大二	大三	大四	大一	大二	大三	大四	大一	大二	大三	大四		
非211类	首都师范大学				30										926所
	沈阳师范大学					30									
	上海师范大学		30						30	30				天华工二30	天华学院60（医30）
	山西师范大学							30							
	浙江师范大学						30								
	湖南科技大学	30													
	喀什大学			30											
	湖北大学							30							
	南通大学										30				
	成都大学				30		30					30			
	云南农业大学													动一30 林四30	动物一30，植物四30
	上海应用技术大学													农二30	
类别小计			60	60	30	60	30	60	60	30	60	30	60	30	
合计			210	180	180	180									

后　记

正值书稿整理成文之时，亦即博士毕业两周年之际，同样的梅雨霏霏，同样的百感交集。回首体味整个博士学习历程，那曾是一段多么快乐的时光，曾是一段耕耘成长的时光，并由此奠定了本书完成的重要基础。

《大学生学习过程评价研究》一书的文稿是在本人博士毕业论文的基础上整理而成，从研究主题确定、毕业论文完成到书稿出炉，是一个漫长却也短暂的过程，是一个努力成长的过程，也是一个踌躇满志不断进取的过程。在有限的博士学习生涯中，老师给予我宝贵的学习机会，充实了我的精神世界，在上海师范大学的学习时光，已成为此生最美丽的一段回忆。

衷心感谢我的恩师上海师范大学教育学院丁念金教授。跟随导师学习以来，他一直身先示范，用实际行动教导、引领着我们要认真学习、踏实研究、老实做人，一步一个脚印，在勤奋夯实理论基础的同时，努力攀登科学研究的高峰。记得老师的严谨认真、真诚善良，对教育研究工作一丝不苟；记得老师的鼓励与支持，充分激发我们的学习研究兴趣、树立信心；记得老师的和蔼可亲，耐心指导我们写作论文；记得老师的“私人图书馆”，是那么丰富而浩瀚；记得老师的关怀与爱护，经常叮嘱我们要守护一个健康的身体；记得老师的疏导与关怀，促进我们专注学习与研究。他激励着我们在追求学问的道路上一路向前，孜孜不倦，勤奋踏实，努力实现自身发展。

在开展研究的过程中，专家访谈、问卷调研由于调研范围比较广、跨度比较大，操作实施具有一定的难度，然而调研结果顺利完成，这完全受益于众多专家学者和朋友、同学、同事们的支持与帮助，特别是吕达教授，在此表示诚挚的感谢。

感谢父母和家人，使我在忙碌工作之余，腾出时间和精力专心完成书稿整理。特别地，谨以此书献给我的宝贝张潇月，希望聪明伶俐的她在长大以后可以实现个人梦想，像妈妈一样写书和出书。

初夏之夜，风的寂静带动着雨的温暖。多年奋斗的成果由于融入了众多亲友的支持而倍感厚重，让人感觉到亲切与温暖，同时又实在与踏实。在做学问的道路上，我将心怀感恩，坚持梦想，继续努力、向前。

牛亏环
2017 年 6 月